| movies | works

biography

他们就是电影
20世纪电影大师小传及作品

江小鱼 著

人民出版社

责任编辑：宫　共
封面设计：尚书堂

图书在版编目（CIP）数据

他们就是电影：20世纪电影大师小传及作品 / 江小鱼 著． — 北京：人民出版社，2018.3
ISBN 978－7－01－018991－8

Ⅰ．①他… Ⅱ．①江… Ⅲ．①电影导演－生平事迹－世界－20世纪②电影导演－导演艺术－研究－世界－20世纪 Ⅳ．①K815.78②J911

中国版本图书馆CIP数据核字(2018)第035273号

他们就是电影：20世纪电影大师小传及作品
TAMEN JIUSHI DIANYING 20 SHIJI DIANYING DASHI XIAOZHUAN JI ZUOPIN

江小鱼　著

人民出版社 出版发行
（100706　北京市东城区隆福寺街99号）

三河市祥达印刷包装有限公司　新华书店经销

2018年3月第1版　2018年3月北京第1次印刷
开本：710毫米×1000毫米　1/16　印张：19.5
字数：271千字

ISBN 978-7-01-018991-8　定价：52.00元

邮购地址：100706　北京市东城区隆福寺街99号
人民东方图书销售中心　电话：(010) 65250042　65289539

版权所有·侵权必究
凡购买本社图书，如有印制质量问题，我社负责调换。
服务电话 (010) 65250042

序 言

不能想象，如果没有他们

当我们说起电影，问电影是什么？要回答这个问题，可以随意地列出一千种答案。但电影是谁？谁又是电影？这也许是一个值得你驻足凝想、回望来路的契机，当电影以一种人格化的群像向你走来，你所看见的他们都是谁？

在一百多年的世界电影工业进程中，经过不同时期和不同国家的那些最富创造性和天才性的电影人的共同努力，世界电影已经在各方面呈现它成熟而纷繁的形态。尽管电影创作当下在艺术的创造力上略显疲软，但技术唤醒的想象力却突飞猛进。

也正因如此，我们才更加尊崇那些在如此之短的时间里，把世界电影打造得生机勃发、情意盎然，堪与那些有着数千年孕育历史的艺术形态比肩，并后来居上的人类梦想的那些最伟大的创造者和守护者。

他们和电影的那种不可分割的你中有我我中有你的血脉相连的关系，没有他们，就没有我们今天如此波澜壮阔的电影生态，从这个意义上来说，他们就代表了电影，或者更极端地说，他们就是电影。

不能想象，如果没有他们，世界电影的星空将会如何的暗淡无光，一部世界电影史将如何艰难地书写，人类这一百多年的精神世界将如何的贫乏无趣……

如果没有库布里克，世界电影将如何拓宽类型片的疆界、书写电影艺术的高峰？从开拓宇宙的探索和预言，到关于人类精神领域乃至人类内心恐惧和人性阴暗的主题，以及对战争和历史发展的反思，以及对社会结构和对技术无限的依赖的讽刺，电影史上从题材的广度和深度上超越库布里克的，除了上帝之外，找不出第二个人。

如果没有马丁·斯科塞斯，谁会为街头小人物树碑立传？谁来打破传统美学，以真实的质感、独特的视角，冷静地剖析，犀利而准确地直指当代社会与人性的本质和黑暗面？

如果没有佩德罗·阿尔莫多瓦，谁能如此浓烈地呈现欲望与道德法规的对抗？作为现代西班牙电影的标志性人物，阿尔莫多瓦成功塑造了一个个令我们爱怜交加的边缘人物。在他的镜头下，所有的事物都显出一派自然流畅的美感，即使是那些让你感到崩溃混乱的性关系。

如果没有昆汀·塔伦蒂诺，谁能带给我们如此淋漓尽致的后现代的暴力游戏和狂欢精神。他的暴力美学是血而不腥，在并非悬念但却胜似悬念的叙事结构中，让观众在一头雾水之后带来恍然大悟的观影快感。

如果没有大卫·芬奇，谁能给你带来有声势、又热闹、还能牵动你的大脑，让你思考的电影？作为一个视觉大师，他的画面会让你的眼睛从眼眶上掉出来。作为擅长拍摄黑色惊悚剧的导演，他的影片在逻辑和知识经验上可以获得共鸣，观之令人不寒而栗。

如果没有大岛渚，我们无法从整体上掌握到现代日本人受到压迫的实貌，虽然他的电影关键词通常是情色、暴力与政治。但他的电影无时不在尖锐地刻画社会与爱、性本身所含的压迫，对这些的反抗是他电影的思考主题。他一直在探讨的核心问题是，人如何才能成为真正的反抗者，获得真正的自由。

如果没有赛尔乔·莱昂内，世界上将缺失一部最伟大的电影。在美国电影史上，只有一部类型片可以与《教父》相提并论，那就是赛尔乔·莱昂内历时十三年制作的《美国往事》。这是一部描写友谊与对立、忠诚和背叛等人性冲突的黑帮史诗电影，一改好莱坞传统西部片的格局，以独特的视角塑造了美国黑社会人出生入死的人物形象。

如果没有卡梅隆，世界电影工业不会如此突飞猛进，立体电影的时代不会这么快真正到来。作为电影史上最卖座的电影导演，他是一个喜欢也能够创造奇迹的人，他的动手能力之强远远超过同时代的电影人，他喜欢做别人做不成的事，而且要掌控一切。他有着一般好莱坞导演无法望其项背的近乎受虐式的努力和疯狂。他对视觉的处理和追逐做到了极致，让他人短时间内难以超越。

如果没有吕克·贝松，法国的电影还依然停留在新浪潮年代，沉醉在富有文学韵味以内心描写见长的艺术电影之中，而吕克·贝松却游离之外，大胆向好莱坞挑战，在他的带动下，法国的新一代年轻导演也开始加入到类型片的行列里来，使得法国呈现出一种复兴大众化电影的局面。吕克·贝松的电影视觉语言风格与法国传统电影有很大不同，虽然融入了很多好莱坞电影元素，并呈现出商业化的创作特征，但是其"新巴洛克"电影风格却有效地保留下来，成为其电影艺术特点中的重要构成部分。

如果没有卢卡斯，就没有用高科技和对未来的想象写就的当代神话——星球大战。作为一个神话的开拓者，一个电影技术的开拓者，他创造了一个伟大的帝国，一个美国电影史上最大的IP，一个属于全体美国人的神话系统。星战作为一个现代的史前神话，是人类电影史上的里程碑，也是本世纪最为重要的文化事件之一。也是他第一个把好莱坞电影业代进了大制作人大导演把持的时代，对于他所创造和革新的好莱坞电影技术，他堪称"电影界的托马斯·爱迪生"。

如果没有科波拉，就没有在百年电影史的各种排名中始终名列前茅，每一位真正的电影人都应该顶礼膜拜的电影教科书——《教父》三部曲。每一位导演都希望死前有一部真正拿得出手的作品可以垫棺材，对于科波拉而言，那就不是一部了，作为拍出过三部曲《教父》，还有《现代启示录》《美国风情画》《巴顿将军》（改编剧本）的人，临终前放哪一部恐怕还得犹豫一番。

如果没有北野武，就无法理解暴力同死亡，生命与温情，这两种看似矛盾的特性是如何在一部电影中和谐统一，相互融合的。他的电影奇妙地混杂了暴力血腥与黑色幽默、热切疯狂与纯真稚气，不经意间令人深受吸引。在他的电影中，极致的爆裂与极致的平静，奇异的和谐共存着。以暴制暴是北野武电影中主人公实践爱的方式。如同《菊与刀》的作者用菊花与武士刀来对日本人的矛盾性格进行描述——"他们恰如其分地揭示了日本人的矛盾性格亦是日本文化的双重性"。

如果没有斯皮尔伯格，就无法找到一个人来形象地标注解释什么叫好莱坞电影。他是现今好莱坞商业片风格的奠基人之一，创造了如今好莱坞优秀商业片的叙事风格。他的电影既不局限于如今好莱坞电影泛滥的暴力和商业化，同时又继承了好莱坞大片注重讲述故事的精髓，既能够精准地拿捏观众心理设置情节悬念，却也不盲目渲染电影的虚幻成分，写实与科幻完美结合的他加上纯熟的叙事技巧，让他的众多电影成为难以超越的经典。

如果没有萨蒂亚吉特·雷伊，就没有"印度新电影"运动，作为领军人物的他，通过其影片所呈现的成长历程、精神觉醒、女权运动、自然灾害和神秘主义等主题，改变了人们对印度电影一以贯之的宝莱坞廉价道德剧的印象。雷伊电影的最大特色是一种舒缓的诗意和被这种诗意包裹的悲剧感。在他的影片中，人物在崇高和卑微、信仰和诱惑、苦难和幸福中走过，他使印度电影的写实主义传统更上一层楼，也使得印度电影从此摆脱了只有歌舞片为世人所知的状况，让印度情节故事片也开始在世界获得瞩目。他仿佛一个古印度佛学家一般注视着印度大地上的万千生灵和人生，记录他们的叹息和生活的诸种无奈。

如果没有戈达尔，世界电影可能还依旧在各种常规的、传统的、迂腐僵化的电影体制和叙事中缓缓行进。在电影史上你要找到一个最为激进，反体制，反叙事，并且一辈子战斗到底绝不妥协的老混蛋，那这个人非戈达尔莫属。他的电影和影评既是对电影历史的彻底挑战与革命，也是对人类历史的反思与写照。他是一个一辈子先锋到底的集大成者，他的作品正是现代世界的最好写照，因为除了他再也无人能够更好地描绘这个混乱的社会了。

如果没有帕索里尼，你就无法知道什么是真正的世界级禁片。电影史上，大概没有一个人像帕索里尼这样容易被人误读了，他的一生堪称不可思议的疯狂、执着、酷烈、勇敢、无畏，他是自己观念和理念的最纯粹最勇敢的斗士，他简直是"虽千万人吾往矣"的最佳注释，这位饱受争议的天才一生树敌无数，作品多次遭到抗议、被批判和禁映，最后以最惨烈的被人打死的方式结束了一生。他是纯粹的斗士，不与任何人为伍，却对创造新世界永远热忱。他的一生是一个巨大的激越躁动的矛盾体，而贯穿始终的是他对真正信仰的找寻，他像极了陀思妥耶夫斯基笔下伊万式的人物，只不过，他比伊万更有行动力，更勇敢，更无畏，更敢于否定自己，对信仰更有焚心蚀骨的饥渴。

……

除了本书中的这16位电影人，以及包括我在另外一本书《电影思想者》里所介绍的20位电影人之外，还有另外不少这样卓绝的世界电影人，限于篇幅，我无法在一本书中道尽他们的全貌。他们以其非凡的才华、智慧、勇气和行动力构成了百年影史的宏大群像，电影就是他们，他们就是电影。

目录

上帝忘了自己是谁
——[美] 斯坦利·库布里克（Stanley Kubrick） / 001
1928-07-26 至 1999-03-07
作品：2001：太空漫游 / 发条橙 / 闪灵 / 全金属外壳 / 大开眼戒

好莱坞的无冕之王
——[美] 马丁·斯科塞斯（Martin Scorsese） / 018
1942-11-17
作品：出租车司机 / 愤怒的公牛 / 好家伙

关于性别的颠覆
——[西] 佩德罗·阿尔莫多瓦（Pedro Almodovar） / 034
1949-09-24
作品：斗牛士 / 对她说 / 关于我母亲的一切 / 回归 / 捆着我，绑着我 / 欲望法则

一半是天使，一半是魔鬼
——[美] 昆汀·塔伦蒂诺（Quentin Tarantino） / 052
1963-03-27
作品：低俗小说 / 落水狗 / 杀死比尔1 / 杀死比尔2

黑暗里的狂欢
——[美] 大卫·芬奇（David Fincher） / 066
1962-08-28
作品：搏击俱乐部 / 七宗罪 / 十二宫杀手

挑衅的艺术
——[日] 大岛渚（Nagisa Oshima） / 078
1932-03-21 至 2013-01-15
作品：感官世界 / 青春残酷物语 / 日本之夜与雾 / 御法度

意式西部片之父
——[意] 赛尔乔·莱昂内（Sergio Leone） / 094
1929-01-03 至 1989-04-30
作品：革命往事 / 荒野大镖客 / 黄昏双镖客 / 黄金三镖客 / 美国往事 / 西部往事

电影魔术师
——[加] 詹姆斯·卡梅隆（James Cameron） / 112

1954-08-16
作品：深渊／泰坦尼克号／异形2／真实的谎言

影坛孤独的探索者
——[法] 吕克·贝松（Luc Besson） / 129

1959-03-18
作品：最后的决战／地铁／碧海蓝天／妮基塔／亚特兰蒂斯／这个杀手不太冷／第五元素

无与伦比的"星战"之父
——[美] 乔治·卢卡斯（George Lucas） / 144

1944-05-14
作品：星球大战：新希望／星球大战：帝国反击战／星球大战：绝地大反攻／星球前传1：幽灵的威胁／星球前传2：克隆人的进攻／星球前传3：西斯的复仇

电影世家的"教父"
——[美] 弗朗西斯·福特·科波拉（Francis Ford Coppola） / 169

1939-4-7
作品：教父／惊情四百年／现代启示录

日本电影复兴的旗手
——[日] 北野武（Kitano Takeshi） / 189

1947-01-18
作品：花火／菊次郎的夏天／凶暴的男人／小奏鸣曲

商业与艺术的最高境界
——[美] 史蒂芬·斯皮尔伯格（Steven Spielberg） / 204
1946-12-18
作品：大白鲨 / 辛德勒的名单 / 拯救大兵瑞恩 / 侏罗纪公园

印度新电影的拓荒人
——[印度] 萨蒂亚吉特·雷伊（Satyajit Ray） / 221
1921-05-02 至 1992-04-23
作品："阿普三部曲" / 远方的雷声 / 棋逢敌手 / 音乐室 / 寂寞妻子 / 大都会 / 远征

"放下枪，拿起摄影机！"
——[法] 让·吕克·戈达尔（Jean-Luc Godard） / 250
1930-12-03
作品：筋疲力尽 / 赖活 / 芳名卡门 / 爱的挽歌 / 我们的音乐

异端的嚎叫
——[意] 皮埃尔·保罗·帕索里尼（Pier Paolo Pasolini） / 282
1922-03-05 至 1975-11-02
作品：阿卡托尼 / 马太福音 / "生命三部曲" / 索多玛的120天

上帝忘了自己是谁
——［美］斯坦利·库布里克

Stanley Kubrick

宝马公司曾经请国际知名导演拍摄过一系列电影式广告短片。每一部宝马电影广告片,都强烈地显现出不同的风格:王家卫的诗意、吴宇森的慢镜头动作、伊纳里图的战争纪实片、托尼·斯科特的魔幻主义……几乎广告一出你就能说出导演的名字。

如果,是库布里克呢?

如果库布里克在世,他会拍出怎样风格的电影?我们可以毫不夸张地说,以上种种电影风格,多多少少都有点库布里克的影子。

斯坦利·库布里克：像上帝一样思考的人

有则著名的笑话，斯皮尔伯格死后去了天堂，在大门口他被拦了下来，门卫说："你回去吧，电影导演是不能上天堂的！"正在这时，库布里克骑着自行车从旁边通过并径直进了天堂，斯皮尔伯格："那他为什么可以过去呢？""因为他是上帝本人，只不过他一直以为自己是库布里克。"

从格局来看，电影史上从题材的广度和深度上超越库布里克的导演，似乎还没有出现。《2001：太空漫游》中对于人类开拓宇宙的探索和预言，以及对于科学技术发展和人类本性间冲突的探讨，即便如今看来都显得超前。《发条橙》作为影史上最早关于人类精神领域探索的作品，因其独特的魅力数十年来被无数影迷置于圣坛，而其中关于社会道德的讨论和演绎，更是电影中的典范。《闪灵》中关于家庭关系和人类内心恐惧以及人性阴暗的主题，《全金属外壳》对于战争和历史发展的反思，《奇爱博士》中对于人类社会结构和对技术的无限依赖的讽刺，这些构成了库布里克电影世界的宏大主题。并且很少有导演像库布里克这样，10部电影，每一部都拓宽了类型片的疆界、书写了电影艺术的高峰，马丁·斯科塞斯说看库布里克的电影，"就像在凝视一座山顶"。

一流的小说基本上不可能改编成一流的影视，库布里克还有一种可怕的能力，他总能找到很烂的二三流小说，将之改编成影史巨作，他的很多电影都是二流小说家的作品改编而来的，因为他一人，让全世界所有的导演，都坚信二三流小说的价值，在旧书摊上拼命挖宝。

库布里克是最早的电影科技狂人，这一点深深地影响了日后的卢卡斯、卡梅隆、诺兰等人，他的电影常常能推动电影工业发展，为了拍《2001：太空漫游》，他几乎学习了一遍航天工程课程，这部电影也是科学漏洞最少的一部科幻片。就连太空船厕所门上的使用守则小牌子都是库布里克亲自写的，因为，他要求一切都要同真实的太空环境一样。

他还是一位电影多面手，导演、剪辑、摄影、音效，无一不通，无一不精。《2001：太空漫游》中的一个场景描述的是宇航员波曼如何把高智能电脑"HAL9000"拆开。在这一场景中，库布里克放弃了蒙太奇在内的所有剪辑手法，独具匠心地使用了长镜头，完美展现了宇航员波曼一个一个拆除高智能电脑"HAL9000"的程序组的全过程。即使是那些喜欢快节奏场景的影迷也不得不承认，这个"拆除"场景有一种别致的风格，无论是画面的流畅度还是镜头推进的手法，以及传达出的极致效果，都让人惊叹。

库布里克是电影界的离群索居者，离群索居者不是野兽就是天才。除了拍电影之外，库布里克从不轻易涉及公共生活，他喜欢待在社会的角落思考电影和人生，正是这种独特的生活方式，让他成为一个立意高远、表达独特的电影大师。

天才与疯子的一线之隔

《发条橙》之于暴力，《2001：太空漫游》之于科幻，《全金属外壳》之于战争，《洛丽塔》之于伦理，《闪灵》之于惊悚，《巴里·林登》之于复古，《斯巴达克斯》之于史诗，《大开眼戒》之于性……均为同类型片里的里程碑式作品。

从最初的《发条橙》开始，库布里克就表现出他带有偏执狂特征的暴君气质。在拍摄路德维柯这段戏时，男主角麦克·道威尔伤了自己的一只眼睛，出现暂时性的失明。库布里克却说："我们把这场戏拍完，再让你的另一只眼睛舒服舒服。"在拍摄舞台表演过程中，他的肋骨不幸断裂。而在水槽场景中，由于他的呼吸设备出现故障，在水下险些溺死。麦克·道威尔后来说："他把所有的精力都投入到作品中去了，是导师也是虐待狂。拍摄顺利的时候感觉到和他有了真正的友情，但是不顺利时他好像是个没感情的机器人。他的电影总被说缺乏感情，他把这个责任都推到我们演员身上了。"

而在《闪灵》的拍摄过程中，整个剧组都在忍受库布里克的折磨，谢莉·杜瓦尔山演杰克的妻子，不曾为某个动作反复演练的她，在库布里克面前，"丧失了对自己表演的自信"，几乎崩溃的她表示还不如被杰克用斧子砍死。扮演厨师的斯卡曼·克罗瑟斯已近70岁了，在被杰克砍死倒地的那场戏中，他足足摔地50次，库布里克才觉得满意。

尽管如此，所有的演员和工作人员最终依旧接受了库布里克的偏执，也许是因为他以作品永恒的完美，化解了人们短暂的怨恨。也许他们只是在心中自我安慰：天才与疯子，往往只有一线之隔。

斯巴达克斯：诅咒者之战
Spartacus : War of the Damned

控制欲与完美主义

1928年7月26日,库布里克出生于美国纽约曼哈顿的一个犹太人家庭。

狮子座的男人都有相似的特点:强势、骄傲、偏执、无比旺盛的控制欲、王者之风。一个拥有强烈控制欲望的男人,往往都是缺乏安全感的,但库布里克却具有与生俱来的极度的自信心。他坚持对自己作品的自主性,并扬扬得意地看着众人依照他的意见行事。如前所述,每个镜头都要拍无数遍的"恶习",贯穿了他创作生涯的始终。通常来说,演员前几遍拍摄的情绪和反应,往往已经足够充分和到位,而当同一条内容拍摄超过10遍的时候,不耐、焦躁、疲惫、厌倦等情绪便逐渐控制了演员们的大脑,他们的表演就呈现出越来越多的怪异与癫狂,这种怪异与癫狂,却恰恰是库布里克想要的。

1965年,拍摄《2001:太空漫游》时,库布里克的控制欲望登峰造极。为了完成影片庞大的制作,库布里克召集来各个领域的人:美术史家、作家、科学家、知识分子等等,他能和任何领域的专家对等讨论。库布里克坚持一切设计都要有科学根据,太空飞船"发现号"造价高达75万美元,每小时转速能达5公里,但却没给它几个镜头,由于工作量很大,美工部门跟不上节奏,库布里克就安装了监视器来监督他们工作,直到他们拿出工会的规定并以罢工威胁他拆除。

摒弃数字特技的库布里克很多时候就像是在画画,他坚持回到无声电影时代,使用逐格拍摄技法,摄影机经常是一毫米一毫米地移动、曝光,然后合成。这使得电影的拍摄时间无限期地延长,甚至引得米高梅公司的高层不得不派人下来询问库布里克:"2001"究竟是电影的片名,还是电影上映的日期?尽管如此,库布里克依旧我行我素，在公司派人下来审查时，他就带着他们去外景转一圈，然后让助手伪造一些进度表贴在墙上。

而在《发条橙》拍摄前，库布里克买了过去10年旧的建筑杂志，以寻找符合他想象的建筑和场景，《时代》的评论家罗伯特·休斯后来评论说，这部影片涉及的绘画、建筑、雕塑和音乐等，都在未来的文化潮流中扮演了重要角色。像《2001》一样，音乐的使用令人叫绝，除了与暴力场景一同出现的贝多芬的《欢乐颂》、罗西尼的《威廉·退尔》《贼鹊》以及埃尔加的"威风凛凛的进行曲"等古典名曲，阿莱克斯强奸作家女主人，嘴里哼着著名的《雨中曲》。此外，库布里克还想得到平克·弗洛伊德 *Atom Heart Mother Suite* 的授权，包括随便编辑，被拒绝后，他有点不舍地给音像店货架上的这张唱片来了个镜头。为了拍摄《2001：太空漫游》中月球表面的场景，库布里克使用了数吨沙子，这些沙子都经过清洗和染色……

性、暴力与科幻

这似乎是三个不相关的词，但它们却构成了库布里克电影的关键词。尽管他拍摄的影片题材各异、风格迥然，但却始终与这三个主题息息相关。

他酷爱在银幕中大篇幅地展现性。从早期的《恐惧与欲望》到《发条橙》《巴里·林登》，甚至科幻片的楷模《2001：太空漫游》，终于在《大开眼界》中达到了极致。

也许每个男导演都意淫式地幻想过女演员的身体，但库布里克却将它直截了当地表达出来——在选角时，他酷爱让女演员展示裸体。

这种嗜好在最初还略显青涩。拍摄《奇爱博士》的时候，库布里克挑选了英国导演卡洛尔·里德的女儿屈茜·里德扮演片中唯一的女性角色——巴克将军性感的女秘书。屈茜试镜非常顺利，但在她念完所有角色台词后，库布里克仍然表现得犹豫不决，这时他突然支支吾吾地提出要看看屈茜的裸体，理由是，"我觉得你有点胖"。屈茜当着他的面脱光衣服，趴在一张铺着丝绒的沙发床上，库布里克被她的大胆举动搞得不知所措，他让剧照摄影师用一本打开的杂志盖在屈茜的屁股上，并拍下了一张照片。这张照片，后来被用在B52飞行员翻看的《花花公子》杂志里。

在其后的影片筹备活动中，库布里克开始尽情地发挥着他对女演员的控制与想象。在拍摄《发条橙》之前，库布里克几乎看遍了伦敦30岁以下女演员的身体，他忙着找来这些女演员，在监控录像里看她们脱去上衣露出乳房，阿德里安·考瑞拒绝这么干，直到顶替的演员受伤，库布里克才妥协不要求试镜，但选角导演暗示考瑞，库布里克"依然想知道你的乳房长什么样"。"比他想的要坚挺。"考瑞如此回答。

《发条橙》拍摄期间，众多艺术家被库布里克找来设计各种各样的"性玩具"。影片一开始，也是以赤裸裸的性开场，丝毫不加掩饰的赤裸。

库布里克一度因《洛丽塔》拍摄中的过度收敛和保守感到遗憾。在那部片子里，我们看到的不是情欲，而是爱和深重的绝望。痛苦像插入身体的刀刃，钝重得发不出声音，但是锐不可当。于是在他晚年的最后时期，库布里克以极大的热情开始了《大开眼界》的拍摄，这部电影在开拍前就因情色尺度大而闻名全球。

性在库布里克电影里从不发生在相爱的夫妻之间，而通常表现为窥淫癖、性奴役和强奸。在他的习作《恐惧与欲望》中，唯一让当时的电影评论家们记住并印象深刻的，也是那段士兵企图强奸少女的片段。他的性幻想是《杀手之吻》里的格洛丽亚被一群男人捆绑；是《奇爱博士》里屈茜·里德穿着比基尼和高跟鞋在巴克将军床边走来走去；是《发条橙》里的群交和强奸；是《巴里·林登》里躺在浴缸里的林登夫人和巴里与妓女的打情骂俏；是《闪灵》中杰克被浴室里的裸体幽灵拥抱；是《全金属外壳》里恬不知耻的娼妓；是《大开眼界》里神秘的性交俱乐部和紧闭双眼的妮可·基德曼。甚至在他著名的科幻电影作品《2001：太空漫游》中，都夹杂着大量交配和生殖的暗喻。

而经典如里程碑式的暴力电影《发条橙》，则将各种暴力发挥得淋漓尽致。主人公的残暴一度让许多人不忍再看。影片因暴力镜头被竞相模仿而禁演了几十年，直至库布里克去世才得以解禁。

同样，《闪灵》里举着斧头四处砍人的杰克，也一度成为暴力形象的代表。在对这个角色的诠释上，库布里克和大名鼎鼎的斯蒂芬·金产生了严重的分歧。斯蒂芬·金强调旅馆的超自然力量扭曲了人性，他认为恐怖来自外在，而库布里克认为人性本身的恶才是恐惧的根源。

在《全金属外壳》的筹备过程中，库布里克相信，这部电影和《闪灵》一样，应该是对荣格集体无意识中人性恶的本性的一次总结，因此，他加大了影片的暴力成分，影片中一个被替换掉的场景可以说明这一点。在影片的高潮段落，当"小丑"被迫杀死受重伤的"牛仔"之后，他发现对方的狙击手原来是个女孩，面对围上来的美军，她奄奄一息。库布里克原来的处理是让士兵中最残暴的"畜生妈妈"割下她的脑袋，大家拿它当足球踢来踢去，这场戏也这样拍了，但最后却改成了女孩恳求士兵们杀了她，最后动手的是"小丑"。而这个镜头的血腥与残暴，也将库布里克电影中的暴力元素推向震撼的极致。

一个对虐待式的性与暴力如此沉迷的导演，本应是冷酷而凶悍的。然而，库布里克的内心却有着许多温情，这些温情如柔软的花瓣，似有若无地点缀在他的每部电影之间。在每部绝望的电影背后，都隐藏着他对未来的期许和渴望。这种渴望以辉煌的姿势缔造了他的"未来三部曲"。

1964年2月，在为《奇爱博士》宣传时，库布里克对公关人员卡拉斯说，"我对太空中是否有人类存在很着迷"。其实早在《恐惧与欲望》中，他就显示了自己对于科幻电影式布景和"奥德赛史诗"主题的偏好。某种程度上讲，他也曾想把《奇爱博士》拍成一部看上去出自外星人之手的纪录片。

于是，他创造了两部科幻大片。《2001：太空漫游》在科幻电影史上堪称经典。这也是库布里克第一部根据编剧提供的简单构想自己创作拍摄的电影。在这部片子里，库布里克寄托了他对于未来世界的无限想象。电影上映时，多数人因为感觉晦涩难懂而拒绝接受，甚至在电影放映过程中，整排地离开影院。而当时一个17岁的中学生则道破天机：这是让你体验的，不是让你理解的。如今，2001年已经过去了，影片中的科技依然没有实现：星际间的旅游、太空中的旅店、因嫉妒而杀人的电脑。但这部片子却为我们提供了一个更广阔的世界。也许，多年之后，这部片子的意义将更为重大。即使在电脑特技高度发达的今天，它的前瞻性、技术性和艺术性也令人叹为观止，许多镜头和情节一直被好莱坞导演们模仿至今。巴黎《快报》称之为"开创未来电影新纪元"的作品，不是科技发展的"天气预报"，而是一个寓言，一种有关人的进化、人性及宇宙的沉思和遐想。

关于库布里克的科幻情结，另一个伟大的想法关于《AI人工智能》，库布里克曾经费尽心力希望能够拍摄这部影片，然而在意识到当时的许多科技和摄影手段无法达到他想要的效果时，他放弃了这部影片的拍摄。庆幸的是，他把《AI人工智能》的创想告诉了他的好友斯皮尔伯格，这个电影史上另一伟大的导演最终把《AI人工智能》搬上银幕并取得巨大反响。这大概也是对泉下的库布里克最好的安慰。

里程碑式的电影

库布里克在40多年的执导生涯中，只拍摄了13部电影，这13部电影，部部堪称经典。

《2001：太空漫游》
——电影史上的地震
2001: A Space Odyssey，1965

有评论说，电影史可以分为《2001》之前和《2001》之后，这部"神化纪实片"的诞生在当年引起了电影史上一次巨大的地震。在无数表现外星人入侵的电影中，库布里克残酷地告诉人们，能够毁灭人类的不只是外星人而已，让人类走在灭亡之路上的，也许正是人类自己。影片前后出现的墓碑，正是人类自我创造、自我毁灭的墓碑。影片的情节围绕着一块神秘的黑石，它出现在远古的非洲，教会人类怎样拿骨头当工具；出现在2000年的月球，引导人类前往木星探险；最终，它也出现在木星周围。影片中最"有血有肉"的角色是机器人哈尔。这个没有形体、只有固定拍摄"眼"的机器人完全用声音来塑造，却最为出彩。库布里克用大量视觉和听觉形象，暗示着人类的演变，大猩猩将当作工具和武器的骨头抛向天空，骨头在天空翻转，慢镜头叠化成行驶中的宇航飞船。这个影史上最令人瞠目结舌、时间跨度最大的衔接极具象征意义，因为后来机器人哈尔就把宇航飞船当作了杀人工具。

创造这部影片构思的科幻作家克拉克说："你若看一遍就明白了整部影片，那只能证明我们失败了。"库布里克要表达的正是这种茫然、原始、不知所措。在人们的困惑中，他成功了。于是他简单地说：对我来说，这部电影是纯艺术。

《发条橙》
——"麦田守望者"的唯美臆想
A Clockwork Orange，1971

"发条橙"是伦敦土话，形容一个人很怪。后来华纳兄弟公司给了它全新的解释："一只发条橙——表面上看健康完整，但内心已被机器操纵。"主角是一个英国的年轻人阿莱克斯，出身富裕家庭，温文尔雅、风流时尚，却是一个杀人不眨眼的暴徒。他有两项嗜好，施暴（包括强奸）和听贝多芬。后来，阿莱克斯因为杀人而入狱，他为了换取自由而加入了一项犯人暴力改造计划。他被迫每天观看大量的暴力电影片段，出狱后，他丧失了暴力的能力和欲望，成了政客们的宣传工具⋯⋯前三分之一绝对的自由和后面三分之二绝对的不自由，构筑了一个逆天行事的年轻男人的冒险经历——而他最后居然大获全胜，证明了那个社会是个弱肉强食的屠宰场，它以更大的暴力抵御暴力，以最非人性的手段控制人类邪恶的本能。

影片的主旨对人的自由意识提出了质疑。每个人都必须按照固定的方式和原则生活。当选择做好人或坏人的权利被剥夺以后，人们是否还能够真正享有人权？

此片获到1971年纽约影评人协会最佳影片奖，而库布里克本人则赢得最佳导演奖。

《闪灵》
——希区柯克与绝望的双重表达
The Shining，1980

影片中，作家杰克获得了一份新工作：看管空无一人的"瞭望宾馆"一个冬季。不料等待他们一家的将是一连串意想不到的噩梦。最终，杰克因不堪忍受长期与外界隔绝之苦而导致精神错乱，疯狂追杀妻子和儿子，最后冻死在旅馆里。

在这部现实主义的电影中，库布里克用希区柯克式的思维抵御着斯蒂芬·金超自然主宰人类的说法。他想要表达的是人类自身的恐惧，在外力的压力下，人类的思维如何主宰了自身的行为。这种现实的血腥与放纵，似乎比任何灵怪之说更来得可怕。他探索到了人类最深处的灵魂和家庭的危机。

《闪灵》在很大程度上带给了观众无法忘怀的恐惧，那些喷薄而出的鲜红血液，在屏幕上久久无法消逝。

库布里克在影片中使用了当时发明不久的摄影器材斯坦尼康。这使得他的镜头更加平稳和静谧。多年以后，影片中的一个长镜头依然备受推崇：镜头贴着地面，紧随着骑脚踏车的丹尼在走廊里游走，在逼仄的走廊与流畅的空间延伸,而我们仿佛看到走廊的尽头,杰克提着斧头,露出不易察觉的微笑……

《全金属外壳》
——上帝在看着我们屠杀
Full Metal Jacket,1987

拍完《闪灵》后,库布里克盯上的却是越战故事。迷恋机械的他常年阅读有关枪支和军事的杂志,电视里的战斗场面也"制造了一种用肉体活生生地上演的政治"。他曾说过:"战争是纯粹的戏剧,或许因为它是为数不多的处境之一,在这样的环境中,男人们的言行举止都遵循着他们自己的法则。"

参与过制作《现代启示录》的赫尔与库布里克合写了剧本,和科波拉的具象化处理相比,库布里克更倾向于用诗意的方式去表现越战。库布里克用枪支杂志上的一个术语作为片名,它串联起了影片的一切:第一部分表现男孩们怎样被训练成杀人机器,这个灭绝人性的过程导致了比尔的疯狂和自杀。第二部分表现的是作为战地记者的乔克目睹军事长官是怎样失去对局势的把握,每个士兵都不得不下决心杀人。最后一部分是乔克亲身体验到目睹人被杀死是怎样的感觉。当战斗时刻终于来临时,乔克还是做不到杀人,过去所有的训练都没有用,那是因为他还有心智和人性。然而同样是出于人性,他杀死了女狙击手,他的第一次杀人却是出于对和自己一样的人类的同情,"我想要看到一个充满异国情调的越南,这块东南亚的瑰宝。我想要遇到怀着远古文化的有趣的、刺激的人,然后杀死他们。"在身为狙击手的年轻少女的哀求中,他终于杀了她。

影片的第一部分就是接受训练的新兵排被炮兵上校哈特曼大声训斥、侮辱、殴打、羞辱和威吓。这一角色因为李·厄米的出色演出而充满张力。他曾任越南海军陆战队教官,直到1969年被榴霰弹炸伤背部及手臂才停止服役。他用得到的伤病补贴在冲绳买下了一家妓院,将它改为一家酒吧经营。李·厄米为了加入这部影片参加了选角面试,他想要得到哈特曼上校的角色,但库布里克说他不够狠,于是李把所有前来面试的演员召集在一起,开始对他们破口大骂,极尽侮辱之能事,足足骂了15分钟,库布里克最终录用了他,并将他面试时表演的录像转录保存,其中一些话还被用到了最终的影片中。

而已近60岁的库布里克在折磨演员方面依然如故,被李·厄米替掉角色的考尔·切瑞改演一个发狂的士兵,"也许斯坦利该用真正的杀人犯来扮演其他那些角色,"他抱怨说,"演员在他眼里一文不值。"

华纳兄弟公司本计划1986年夏天上映该片,结果他们等到了第二年夏天才完工,提前上映的《野战排》名利双收,但人们依然期待《全金属外壳》,制片人斯蒂尔甚至拒绝再策划越战片:"我认为库布里克先生将会在他的电影里讲完所有剩下的越战故事。"影片上映后的第一个50天里就卷走了3800万美元。影评人认为库布里克比奥利弗·斯通对那场人类灾难的记忆更加阴暗。

《大开眼戒》
——世纪末的谢幕
Eyes Wide Shut，1999

在《大开眼界》上映之前，有关妮可·基德曼和汤姆·克鲁斯之间的性事已经被渲染得沸沸扬扬。它是1999年的圣诞影片，性质类似我们的"贺岁片"。汤姆·克鲁斯和妮可·基德曼这对影坛的黄金伴侣在本片中延续了他们生活里的角色。丈夫比尔是一名内科医生，妻子爱丽丝则是一家画廊的经理，他们凭借着事业的成功和家庭的富裕活跃在上流社会的社交圈里。然而，颓废、平静的精神生活令他们厌倦，他们渴望寻找刺激。在一次聚会中，比尔偶然救了一个吸毒过量的女子，并因此陷入了性的诱惑。与此同时，爱丽丝也被一个风度翩翩的绅士所俘获。两人在冲动与逃避里失去了面对他们人生的勇气。当一切游戏结束时，他们才认识到什么是最值得珍惜的。

这部影片的剧情很简单，它呈现的只是一对夫妇在夫妻关系中挣扎和探寻的过程，简单的内心发掘过程。渴望的性出轨，真实的性背叛，都用浮华的画面一带而过。

值得注意的是库布里克对于原色的运用，承载着象征意义。红色代表诱惑和性，可以在奏鸣曲咖啡屋见到，出租车司机的衬衣、比尔被带去的大房子、大房子里面的装饰也是红色的，假面舞会灵魂人物的衣服也是红色的，还有妓女家的门和兹格勒家的台球桌。黄色是背叛的颜色，可以在兹格勒家的酒会、玛瑞恩家的公寓和比尔与爱丽丝的卧室中看到。蓝色是危险和恐惧的颜色，当比尔想象爱丽丝和海军军官做爱时，相伴而出的是蓝色的背景，意味深长的蓝色在比尔和爱丽丝在卧室谈话时常常是主要的颜色。最后，紫色，红与蓝的混合，是比尔把一切告诉爱丽丝时被单的颜色。

然而，这个伟大的天才导演，却没能看到这部电影在大屏幕放映。1999年3月7日，星期日，库布里克因心肌梗死死在了睡梦中。那年他71岁。5天后，他被安葬在庄园里他最爱的大树旁。

他一手创造的绮丽春梦，也成为他人生的谢幕演出。

好莱坞的无冕之王
——[美]马丁·斯科塞斯

Martin Scorsese

很多年前一个旅美中国人提出这样一个命题:"如果爱一个人,你就送她去纽约,因为那里是天堂;如果恨一个人,你也送她去纽约,因为那里是地狱。"最有资格解释这一命题的是一个意大利裔美国人——马丁·斯科塞斯。很多人称马丁·斯科塞斯是街头片的宗师,人性的阴暗面在他的电影中表现得淋漓尽致。纽约是马丁·斯科塞斯镜头中最多变的主角。

马丁·斯科塞斯：一个表相粗野的美国街头观察家

很多人常常一提到伍迪·艾伦就冠以"知识分子导演"的美名，殊不知作品中人物大都出口成脏的马丁·斯科塞斯也算是"知识分子导演"。只是两人风格截然不同，一个用荒诞喜剧调侃上流社会浮华背后的空虚，另一个则用街头故事聚焦小人物的挣扎和彷徨。

斯科塞斯用自己的创作轨迹证明，一个导演可以跳脱常规，为自己开辟新的领域。从"小意大利"，到整个纽约，再到整个美国，斯科塞斯电影的领域仍在逐渐扩大中，虽然他用来看世界的那扇窗口永远位于"小意大利"区。我们知道，他现在已经更愿意把自己看作一个美籍意大利人，而不是意大利裔美国人。相应的，他的领域也正从小混混主宰的《穷街陋巷》向着黑帮大佬统治的《赌城风云》中发散，从20世纪四五十年代的《愤怒的公牛》向19世纪的《纯真年代》延伸，从《出租车司机》的自我中心主义向《穿梭阴阳界》的同情与博爱方向扩展，从自传体故事向包含着种种复杂层面的人性戏剧转变。斯科塞斯并没有待在属于自己的安全地带中，相反，他正探寻着美国这一文化大熔炉中形态各异的不同方面。

斯科塞斯作品所涉及范围的不断扩展，很大程度上要归功于他对改编自现实题材的剧情片的浓厚兴趣。马丁·斯科塞斯每部作品中的主角，都会通过情感爆发的冲击力来表现人物特性：在黑手党统辖下的社会成长经验（《穷街陋巷》），都市畸形生活所引发的精神病态（《出租车司机》），只能凭借暴力方式苟活的绝望（《愤怒的公牛》），追名逐利影响下心智的转变（《金钱本色》），一个感受到某种特殊使命召唤的人的困惑（《基督最后的诱惑》），讲述卧底的救赎和奉献（《无间行者》）。马丁常常刻画那些身处危机中的个人，受自身欲望所支配的小人物。而他对人与人之间关系的描绘，却很少出现一旦得偿所愿，快乐和幸福便随之而来的情形。更多的情况下，他的角色会变得饱经风霜和精于世故。

在马丁诸多作品中，街头故事电影占了相当大的一部分，这些街头元素都是马丁早年生活的写照，都带有强烈的半自传意味。这些充斥着暴力、色情、毒品的帮派故事所伴随的阴暗风格是许多片商和普通观众难以接受的。

马丁·斯科塞斯的诸多电影也许缺少传统意义上的美感，却以其真实质感直指美国当代社会与人性黑暗面，犀利而准确，无愧为电影界的社会学家。

马丁一向特立独行，不屈从任何潮流和商业，在20世纪60年代末，被同称为"四大天才导演"中的斯皮尔伯格、卢卡斯依靠制片商上亿美元投资和电脑特技吸引观众的同时，马丁却始终以自己独特的视角，冷静地剖析着社会和人性的种种顽疾；在好莱坞只崇尚商业利益的环境下，马丁却一直坚持自己的想法，不遗余力地探索电影语言，探讨社会和人性的本质。

贫民区成就的伟大导演

1942年11月17日，马丁·斯科塞斯出生在纽约皇后区的法拉盛区一个熨衣工家庭，父亲卢西奥诺·查尔斯·斯科塞斯（Luciano Charles Scorsese）和母亲凯瑟琳·斯科塞斯（Catherine Scorsese）都是制衣厂工人，也是虔诚的意大利裔天主教徒。马丁还有一个哥哥弗兰克（Frank）。父亲在和母亲度过了60年的婚姻生活后，于1993年8月23日去世。母亲1997年2月6日死于阿尔茨海默病（Alzheimer）的并发症。马丁·斯科塞斯一家所住的法拉盛区集中居住着许多意大利移民的后裔，这些移民后裔有着自己独立的宗教文化和生活理念，所以该区又被称为"小意大利"区。多年以后，这种带有美籍意大利裔文化的特殊的生活背景赋予了马丁·斯科塞斯灵感，他的作品始终带有美籍意大利裔文化的烙印，其中《谁在敲我的门》（Who's That Knocking at My Door?）、《街景》（Mean Streets）和《愤怒的公牛》（Raging Bull）等影片就完全是以他成长的法拉盛区为生活基础而创作的。

与自己作品中那些从小就跟着黑手党东跑西颠的意大利裔孩子们不同，童年的马丁·斯科塞斯因患有先天性哮喘病而丧失了在户外嬉戏、跑动的自由。我们也许要感谢上帝给马丁·斯科塞斯的未来发展创造了条件。长时间在室内独处、以书为伴的马丁·斯科塞斯，不但形成了内向、孤僻的性格，并且开始对艺术和神学产生兴趣。

4岁时的一天，父母带着马丁·斯科塞斯到亲戚家做客，上帝再次发挥了他的神力，好客的亲戚为马丁和其他几位小朋友用投影机放映了一段黑白片。马丁·斯科塞斯就这样接触到了电影。听着机器转动时发出"吱吱"声，看着墙面上移动的影像，马丁·斯科塞斯简直入了迷。后来，马丁·斯科塞斯回忆说："现在回想起来都觉得神奇，4岁时一次偶然的经历就决定了我这一生的追求。"在那以后，每当他的病情有所好转时，马丁的父亲查尔斯就经常带他去看电影。可能是源于父亲的影响，也可能是由于那些电影给他带来了少有的快乐，少年时代的马丁·斯科塞斯就对电影产生了一种特殊的感情。从中学开始，马丁·斯科塞斯近乎狂热地泡电影院，收集有关电影的杂志和海报，电影已经成为他生活中无法脱离的部分。

高中毕业后，由于受虔诚的天主教家庭的影响，马丁·斯科塞斯原本打算成为一位牧师，然而神学院考试的落选却使他鬼使神差般地进入了纽约大学学习电影，于1966年获电影专业硕士学位并留校任教。与童年观看的好莱坞及欧洲经典影片不同，大学期间的马丁·斯科塞斯接触到很多"新浪潮"电影，他被这些电影崭新的思想与技法所深深吸引，也从此下定决心要拍出拥有自己风格的电影。在纽约大学接受专业电影教育期间，马丁·斯科塞斯就开始拍摄短片。其中有《你这么好的女孩在这里干什么》(What's a Nice Girl Like You Doing in a Place Like This?)和《那不仅是你，默里》(It's Not Just You, Murray)等。同时也担任了伍兹塔克（Woodstock）传奇演唱会的纪录片助理导演。在他就读期间，执导的短片中就有多部获奖，受到关注。

挣扎着的宗教与罪民主题

马丁·斯科塞斯的导演之路并非一帆风顺。与其他许多导演不同，刚入行的马丁·斯科塞斯完全是靠自己在打拼。他没有加入任何电影公司，没有摄影棚，没有制片人的帮助，一切完全靠自己。因此他的导演之路也历经了几次沉浮。马丁·斯科塞斯的风格和路数，就是宗教与罪民主题。马丁·斯科塞斯电影的主题均来源于他的童年生活。宗教是源自家庭的影响，而罪民则是自小生长在充斥暴力的贫民区的生活写照。马丁·斯科塞斯曾这样回忆自己的童年生活："玩耍的时候,有个东西在你身后掉下来,那东西不是一袋垃圾,而是从屋顶掉下来的一个婴儿!"

1966年,成绩优异并已取得电影专业硕士学位的马丁·斯科塞斯在纽约大学留校任教,在这段时间里,马丁·斯科塞斯利用课余时间拍摄了一部影射越战的纪录短片《剃须记》,并参与了一些影片的剪辑工作。1967年,积累了一定经验的马丁·斯科塞斯踌躇满志地着手拍摄自己编导的第一部剧情长片《谁在敲我的门》。这是一部低成本电影,为了拍摄此片,马丁·斯科塞斯不惜从学校里辞职。在影片中,年轻的马丁·斯科塞斯选择了在他熟悉的街区进行拍摄,在动感十足的摇滚音乐伴奏下,一个美国意大利裔青年恺撒·利克和一个少女交往的故事徐徐展开。受他喜爱的黑色风格电影的影响,马丁·斯科塞斯的拍摄手法非常独特,很多镜头是以俯拍视角拍摄完成。

1970年5月,美国东海岸群众反对越战的运动达到高潮,马丁·斯科塞斯为其精神感动,带领学生走上街头,拍摄了出色的纪录片《街景》(*Mean Streets*)。这部自传体的影片讲述的是纽约大学里一群年轻人生活和幻灭的故事(有趣的是,这部影片是在洛杉矶拍摄的),影片由哈维·凯特尔和罗伯特·德尼罗(Robert De Niro)主演。这部风格鲜明、情节动人的影片出炉,标志着电影史上最多产、最重要的导演和明星搭档的诞生。

1973年,马丁·斯科塞斯拍摄了构思已久的影片《穷街陋巷》。《穷街陋巷》以"小意大利"区为背景,展现了意大利裔美国青年整日无所事事,极度空虚、苦闷的精神状态。除了影片深刻的现实意义,《穷街陋巷》在电影语言的表现上也颇具力度,反传统的结构、狂乱的影调、真实出众的表演风格都在那个时代凸显出独特的魅力。从某种意义上说,《穷街陋巷》所表现的很多特性也奠定了马丁·斯科塞斯作品风格的基础:场景在纽约,孤独的人内心深处的挣扎,尖头鞋、摇滚、歌剧音乐，以及无休无止的杀戮。虽然上映后票房不大理想，但却受到评论界一致的肯定，甚至被有的影评人称为"这个时代真正有原创力的作品，独立制片的号角"。

1975年，剧作家保罗·施拉德（Paul Schrader）找到马丁·斯科塞斯和罗伯特·德尼罗，希望他们能够拍摄已完成两年之久的剧本《出租车司机》（Taxi Driver）。次年，经过马丁·斯科塞斯及剧组成员的共同努力，这部堪称"伟大电影"的作品终于问世了。《出租车司机》这部街头情景剧延续了马丁·斯科塞斯早期作品的主题。片中罗伯特饰演一位出租车司机，一个从越南战场上回来、情绪极不稳定的老兵比克尔（Bickle）。这个需要转化的罪人以两种截然不同的方式来对付影片中的两位女性角色：一个娼妓，一个玉女。罗伯特在这部影片中充分展现了他非凡的演技。由于影片结尾处过于血腥——围绕着十来岁的妓女展开的一场持续的杀戮，电影发行之初招来了众多的非议。但影片精准地把握住了现代人孤独无助的感觉，寓意深刻、令人震撼，加上罗伯特·德尼罗天才的表演，一下在美国引起轰动。年轻的马丁·斯科塞斯凭借这部《出租车司机》获得了当年的戛纳电影节金棕榈大奖。

1980年，马丁·斯科塞斯推出了最震撼人心的力作《愤怒的公牛》。这部影片改编自拳击手杰克·拉莫塔（Jake La Motta）的自传小说，透视了一位拳击冠军的沉浮。影片以极具力度的表现力和充满诗意的画面、无懈可击的视听语言，充分向世人展示了马丁·斯科塞斯卓越的电影才华和独特的价值观、宗教观。担任本片编剧的是马丁·斯科塞斯和马迪克·马丁（Mardik Martin），罗伯德·德·尼罗则在片中演绎了其演艺生涯中最出彩的角色。影片以黑白片的形式摄制，由合作已久的著名剪辑塞尔玛·斯库马克（Thelma Schoonmaker）剪辑。影片得到了8项奥斯卡提名，包括最佳影片、最佳导演奖，罗伯特·德尼罗和塞尔玛·斯库马克如愿以偿地捧回了小金人。遗憾的是，虽然此片在纽约电影评论界中好评如潮，却依然没能摆脱票房低迷的厄运。

几部影片在商业上的连续失利，使马丁·斯科塞斯的事业跌到了谷底。这时，马丁·斯科塞斯充分意识到了好莱坞的残酷：如果不产生商业利益就意味着失败。也许是这样的领悟让马丁·斯科塞斯对好莱坞做了少许的妥协。随后，马丁·斯科塞斯前往芝加哥拍摄《金钱本色》（The Color of Money，1986年），该片是1961年的影片《江湖浪子》（The Hustler）的续集，老牌影帝保罗·纽曼（Paul Newman）再次饰演了大佬"快手"（Fast）一角，埃迪·费尔森（Eddie Felsen）和汤姆·克鲁斯（Tom Cruise）饰演他的门生。由于明星效应以及剧本比较通俗，《金钱本色》为马丁·斯科塞斯赢来了商业上久违的成功。

1988年，马丁·斯科塞斯终于实现了他的梦想，将希腊作家尼科斯·卡赞扎斯基（Nikos Kazantzakis）的小说《基督最后的诱惑》搬上银幕。这部影片描述了一位非常人性的精神领袖，他被社会所遗弃，徘徊在善良和邪恶之间，与肉欲做斗争，最终选择了一条改过自新之路。这是马丁·斯科塞斯所有电影主题中最精雕细刻的一部。影片由保罗·施拉德编剧，描述了一个紧张、濒于崩溃边缘的弥赛亚（犹太人盼望的复国救主）。虽然拍摄手法前卫，使用了异国情调的场景，并由彼特·加里布埃尔（Peter Gabriel）配乐，但是这部影片缺少马丁·斯科塞斯早期那些低成本制作影片所具有的情感上的震撼力和凝聚力，简直就是马丁·斯科塞斯和施拉德的个性制作。影片上映之后引发了各方的争议，宗教机构指责这部影片涉嫌亵渎，一些影剧院和租片连锁店拒绝这部影片上架。该片在纽约齐格菲电影院举行首映的当天，外面就聚集了数千宗教分子抗议游行，造成严重的交通堵塞，并在巴黎等地也引发了抵制、示威活动，甚至爆炸事件。

但此时，马丁·斯科塞斯已经让电影界记住了他的名字。他独有的街头和底层人民电影风格已经为人们所熟知。

重复与疯狂

1990年,马丁·斯科塞斯将尼古拉斯·皮莱基(Nicholas Pileggi)的小说搬上了银幕,拍摄了黑帮影片《好家伙》(*Good Fellas*)。影片以一个黑手党分子的成长经历,描绘了纽约意大利黑帮从20世纪50年代到80年代的兴衰历程。与充满浪漫主义色彩的《教父》(*Godfather*)系列不同,《好家伙》更注重黑帮活动的现实意义。影片通过一个小喽啰转变成联邦政府证人亨利·希尔(Henry Hill)的故事,捕获了令人惊奇的瞬间,也反映了生活在黑帮的边缘人的生活细节。华丽的动作场面加上极度的幽默,让观众如痴如醉。《好家伙》标志着马丁·斯科塞斯又回到了他一贯追求的形式和内容。一些评论家们认为这部影片是马丁·斯科塞斯最成功的作品之一,也有些人则认为它仅是《穷街陋巷》一片的翻新,富有娱乐性,但称不上为艺术之作。影片上映后,成为当年最卖座的影片之一。

1991年,马丁·斯科塞斯重新拍摄了好莱坞1962年的经典惊悚片《恐怖角》(*Cape Fear*)。影片在原有的故事基础上,加入了马丁·斯科塞斯强烈的社会、宗教意识,罗伯特·德尼罗也凭借出神入化的演技再次塑造了一个深入人心的角色。但与原作的紧凑、摄人心魄相比,该片显得陈腐、过于夸张。演员们的表演值得称道,特别是尼克·诺尔蒂(Nick Nolte)和朱丽叶·路易斯(Juliette Lewis)的表现,以及摄影和剪接给人留下了很深的印象。只是与原作中的罗伯特·米彻姆(Robert Mitchum)相比,罗伯特·德尼罗的表演显得做作、夸张。这部影片是马丁·斯科塞斯导演职业生涯中最热的影片。

时隔两年后,一向关注现代社会的马丁·斯科塞斯力求转变,拍摄了以19世纪纽约上层社会为背景的《纯真年代》(*The Age of*

Innocence）。从这部电影来看，年过半百的马丁·斯科塞斯已经失去了当年拍摄《出租汽车司机》《愤怒的公牛》时的力度与锐气，《纯真年代》给人留下的印象也仅仅剩下雍容华贵的服装布景以及高贵悦耳的古式英语，看上去不太像出自这位大师的手。影片的背景是19世纪的纽约上流社会，通过手提拍摄，加上华丽的色彩和背景装饰，充分表达了人物的压抑色调，纯粹是一部礼仪剧。在这部影片中，马丁·斯科塞斯拉上了众多的大牌明星以增加影片的号召力，完成后这部影片获得了评论界的尊重，票房收入也大为可观。

1995年，马丁·斯科塞斯再度与尼古拉斯·皮莱基联手，以《好家伙》的原班人马拍摄了揭露拉斯维加斯内幕的影片《赌城风云》（*Casino*）。《赌城风云》简直就是对《好家伙》的翻版，影片故事发生在20世纪70年代至80年代拉斯维加斯，并再次聚焦在黑帮题材上。《赌城风云》反映了社会中纯真的迷失，大多数评论家们认为该片只是重提了《好家伙》中的一些问题。而《好家伙》又如同《穷街陋巷》的翻版。因此《赌城风云》可谓是翻版之再翻版了。

随后几年中，马丁·斯科塞斯拍摄了大量的黑帮片。他用了几年时间，把心血都花在筹划已久的影片《纽约黑帮》（*Gangs of New York*）上。这部影片讲述了19世纪中期发生在纽约的暴力事件，影片由莱昂纳多·迪卡普里奥（Leonardo DiCaprio）、卡梅伦·迪亚兹（Cameron Diaz）和丹尼尔·戴·刘易斯（Daniel Day-Lewis）等众明星主演。虽然在发行前该片也历经了磨难，但肯定是马丁·斯科塞斯最成功的作品之一。影片无处不散发着大师的气息，它比以往马丁·斯科塞斯的名作《愤怒的公牛》《出租车司机》和《好家伙》等多了一种歌剧式的升华，马丁·斯科塞斯也因执导了这部影片而获得了第75届奥斯卡最佳导演奖的提名。

里程碑式的电影

如果说,在马丁·斯科塞斯的电影词典里寻找三部最具影响力的电影。无疑是《出租车司机》《愤怒的公牛》和《好家伙》。

出租车司机
Taxi Driver,1976

《出租汽车司机》是马丁·斯科塞斯最具里程碑意义的一部作品,抛开它所获得的众多荣誉不说,影片所蕴含的现实意义和深刻思想足以使其被列入世界百年电影史中的绝品。《出租汽车司机》的故事发生在越战结束后的纽约,这是美国社会上下颇为尴尬迷茫的时期,越战的失利使得很多普通人开始对国家政治和"美国精神"产生怀疑。人们无法彼此信任,社会的隔膜逐渐加深。而在纽约这座以繁华著称的大都市里,孤独和空虚更显著地笼罩着以"现代"标明的每一个个体。电影的主人公特拉维斯,一个越战的参加者,一个来自异乡的过客,在这座城市中显得格外困惑与悲凉。工作使特拉维斯每天都经历着纽约的堕落,在他眼中,城市里的暗娼、吸毒者、黑社会都如同道边成堆的垃圾一样,污浊不堪,但对此他也只能像大多数人一样麻木不仁,平淡地延续乏味的生活。尽管目睹纽约的一切罪恶，寂寞的特拉维斯还是渴望被它接纳，并从中寻觅到真诚的友谊和异性的爱情，但现实一再的拒绝却使他只能在心灵的荒漠中继续孤独地行走。在屡次遭受打击之后，特拉维斯决定向社会复仇，但他的行动却没有明确的目标。无论是刺杀总统候选人，还是解救雏妓易兹，他都只是为了拯救自己空虚脆弱的灵魂。而最后特拉维斯血洗妓院的行为与其说是骑士精神的体现，不如看成对纽约罪恶的一种暴力形式的救赎。

  在色彩的运用上，马丁·斯科塞斯选择了红色。红色会带来躁动不安和不稳定的情绪。红色元素在影片中更多地表意为暴力，它在前面的出现，往往是对影片暴力结尾的暗示。《出租车司机》中，用了大量的红色。红色的霓虹灯、信号灯、汽车灯无不隐含着暴力，直至结尾的杀人场面——特拉维斯最后杀了看门老头后，红色的警灯在人群的头顶闪动，给人以强烈的视觉冲击，让人把红灯、手枪、死尸联想在一起，整个城市的各种红灯都是一种暴力的存在，暗示暴力存在于城市各个角落。所以影片运用了色彩、光、音乐等电影语言，更好地表现了人物的内心世界。在拍摄外景街道时，也是利用前后景和两旁的建筑物，造成一个更大的封闭空间，要不就拍摄街道的一侧；要么就是前景一片黑暗，两侧的街道也很快划过。在画面构图中，也是用斜线和垂直线分割画面的空间，造成视觉上的间隔感，通过这些线条，对主题思想的表现更加生动、耐人寻味了。马丁·斯科塞斯通过黑暗的影调构筑了纽约繁华却冷漠的气氛，多次出现的对特拉维斯的眼部特写更突出了城市中人的孤寂与悲凉。

  曾经与希区柯克多次合作的著名作曲家伯纳德·赫曼为影片谱写了音乐，低迷沉重的音乐风格为《出租汽车司机》又增添了一份黑色阴暗的气质。《出租汽车司机》的电影原声也成为美国公认的十二部经典原声唱片之一。

  在演员方面，罗伯特·德尼罗在影片中的表演感情投入，细腻到位,特拉维斯也成为德尼罗塑造的最为成功的银幕形象之一。而特拉维斯对着镜子自言自语的情节,也是德尼罗最为人所津津乐道的即兴演出。扮演雏妓易兹的童星朱迪·福斯特也格外引人注目,当时年仅14岁的她就因在此片中真实自然的表演获得该年奥斯卡的提名。值得一提的是,在《出租汽车司机》公映后,一位富家青年疯狂地爱上了朱迪·福斯特,他在至少看了二十遍此片后,向已经17岁的朱迪求爱,但遭到了拒绝。为了引起朱迪·福斯特的注意,这个青年竟然效仿影片中的罗伯特·德尼罗去刺杀当时的里根总统。结果里根受了轻伤,这个疯狂的青年被投进监狱。

《出租车司机》还创造了当时电影界的一句经典台词,那是男演员罗伯特·德罗尼的一句台词:"你在跟我说话吗?你在跟我说话吗?你真的在跟我说话吗?"可以说,马丁·斯科塞斯的《出租车司机》明显带有"垮掉的一代"的特征。这部影片也为"新好莱坞运动"添上了浓重的一笔。

愤怒的公牛
Raging Bull,1980

《愤怒的公牛》是根据拳王真实故事改编的电影,也是马丁·斯科塞斯的经典之作。影片根据生活在20世纪四五十年代美国的前世界拳王杰克·拉莫塔的真实经历改编。因为喜欢采用下蹲姿势,出生于纽约布鲁克林区的意大利裔拳击手杰克·拉莫塔在拳坛被称作"愤怒的公牛"。而拳坛是杰克向生活挑战、超越自我的空间,也是他蒙受不平等待遇和挫败的生死场。

杰克·拉莫塔的生命充满了曲折与艰辛,为了实现自己拳王的梦想,他不惜出卖自己的人格,当他实现自己所谓的理想时,发现自己早已丢失了灵魂;而当他失去一切的时候,却使自己逝去的灵魂得到了救赎。在罗伯特·德尼罗的强烈推荐下,斯科塞斯读完了杰克·拉莫塔的自传,他开始对这个有关精神救赎的题材产生兴趣。德尼罗在影片中发挥了惊人的表演才能,从始至终都能把人物的性格刻画得入木三分。明星的精湛演技和导演令人眼花缭乱的导演手法,使这部影片深受观众的欢迎。为了表现出拉莫塔退役后堕落的形象,德尼罗不惜牺牲自己健康,在短期内增重50多磅,被影坛传为佳话。他说:"我就是不能演假戏,我知道电影是一种表演,也许演员的第一个规则是伪装,但我不能这样,我全身心进入一个角色,胖或瘦。"德尼罗贡献了一种表演方式——演员要为角色牺牲和付出一切。

好家伙
GoodFellas,1990

《好家伙》是马丁·斯科塞斯电影生涯中最辉煌的影片,曾在一年内为他捧回6项电影界最佳导演的殊荣,并获得奥斯卡最佳导演奖提名。本片以真实事件为基础,讲述美国黑帮名人亨利·希尔在江湖上纵横30多年的传奇遭遇。影片细致入微地表现了一个纽约意大利裔的黑帮分子从小到大的一生，逼真地表现出黑道人物独特的生活形态和与众不同的价值观。本片是马丁·斯科塞斯1991年的得意作品，网罗了罗伯特·德尼罗、乔·派西、雷·利奥塔等演技派演员。虽然内容不及《教父》的广度，但对于人物的刻画更加深入，是一部力作。

《好家伙》也是马丁·斯科塞斯的电影作品中最具趣味性的一部。这种趣味性不仅仅在于电影本身，而是电影之后引申出的种种花絮。

雷·利奥塔在电影开始前，为了更加准确地刻画角色形象，花了几个月的时间与人物原型亨利·希尔接触。电影公映之后，希尔在接受采访的时候说，很多黑帮成员都问他怎样才能像他在电影里那样讲述他们的故事。很显然，黑帮成员们都看了，而且很喜欢这部电影。

电影中提到了"fuck"这个单词246次，大部分是从乔·派西口中说出的。乔·派西的妈妈看了电影，她告诉自己的儿子这部电影很不错，还问他是不是一定要在里面说那么多粗话。

而马丁·斯科塞斯创造性地让自己的母亲扮演托米的母亲，她还在晚餐的戏中有演出。而他的父亲扮演一名把太多洋葱放进番茄汁里的囚犯。托米和他的妈妈在餐桌上的场景基本上都是男演员们的即兴表演，包括托米问他妈妈可不可以借她的餐刀，以及吉米关于"踢"的评论。

同时，《好家伙》中大量的穿帮镜头也为人们所津津乐道。

影片最明显的穿帮之处是犯了重大的时代错误：在开始的字幕为"1963年，新泽西"，却可以看到亨利靠着一辆1965年产的雪弗兰Impala车；而亨利和其他人站在爱得怀尔德机场外面，头顶是一架波音747正在降落/起飞。747第一次试飞时间是1969年，开始正式运行是在1970年；影片结束前，当亨利开车出来注视着直升机时，在他汽车的仪表盘上可以看到一包温斯顿香烟。这种特别设计的香烟包装上面有一只金制的老鹰，最早生产的时间是1987年，比影片发生的年代晚了好些年；电影结束时，凯伦开枪打吉米的地方，影片上可以看到的街道标志至少要到1985年才可能出现，比场景发生的时间晚了5年。这些街道的标志应该是白底黑字,而不是白底绿字;当我们第一次看见泡利的家时,可以在外面清楚地看到一根电视电缆线。实际上直到20世纪80年代,在纽约郊区的城镇,才有电视电缆线,这比电影发生的时间晚了十几年。

同时,在连续性方面,当凯伦在监狱里探望亨利,桌子上的奶酪和意大利腊肠在不同镜头之间变化位置。而当凯伦用枪指着亨利的脸时,特写镜头和长镜头显示的都是另一把枪。

而最有趣的两个穿帮镜头是:一、托米的妈妈向托米他们展示的油画,是根据1978年11月这一期的《国家地理》杂志上的一张照片创作的。二、托米从车的后面打死了默里,但依然很明显可以在屏幕的左下角看到默里在呼吸。

尽管《好家伙》存在着各种瑕疵,但丝毫不能阻挡这部电影成为一部轰动的影片,观众对《好家伙》发自内心地喜爱。可以说《好家伙》是马丁·斯科塞斯最伟大的成就,而《好家伙》也是马丁·斯科塞斯个人最喜欢的一部电影。

关于性别的颠覆
——[西]佩德罗·阿尔莫多瓦

Pedro Almodovar

佩德罗·阿尔莫多瓦在整个欧罗巴大陆家喻户晓,犹如斯皮尔伯格在美洲大陆的地位一样。作为西班牙电影的旗帜性人物,阿尔莫多瓦是票房的保证。他的每一部作品问世,都能引起人们的关注。在20多年的导演生涯中,阿尔莫多瓦形成了自己独有的电影风格和电影美学。他的电影在西班牙如同摇摆之臀、足球、烈酒、吉他、冲浪、探戈和拉丁咏叹调,是浪漫逍遥与边缘失落民族的生存所需。

看过阿尔莫多瓦的电影,你会说:这就是西班牙人对于艺术与文化的崇拜,也是这个伊比利亚半岛大国不在乎经济与物质的原因,他们不能忍受的是:生存的无聊,心灵的空虚与苍白的情感,而其他的,可以没有。

阿尔莫多瓦：混乱而又温暖的爱欲世界

佩德罗·阿尔莫多瓦是现代西班牙电影的标志性人物之一，他的作品经常以浓烈的色彩和情感出现在观众面前，充斥着关于女性、关于心理、关于情欲、关于性爱的主题以及后现代的艺术特征，具有相当鲜明的风格和辨识度。

阿尔莫多瓦的电影总是带有浓郁的女性色彩，他的电影大多来其亲身体验和生活经历。阿尔莫多瓦并没有陷入传统意义上的女性电影的套路：企图用遭受磨难的女性角色的苦难经历来博取观众的同情。《关于我母亲的一切》就是一部典型意义上的阿尔莫多瓦式的电影，典型的悲天悯人，用爱和宽容去面对伤害，用尖锐的讽刺去宽容、去爱的电影。在他的镜头下，所有的事物都显出一派自然流畅的美感。不伦的禁忌，道德的边缘，经过阿尔莫多瓦的调解，不但细腻淡然，更不失温馨和感动。

阿尔莫多瓦并非一位具有知识分子气质的创作者，也不曾试图在影片中用一个主题来反观历史和社会现实。相反，通俗的情节和熟悉的演员，使得他成功地塑造了一个个令我们爱怜交加的边缘人物形象。他的早期作品也有年轻导演的通病，太把情感和题材当回事，影片中泛滥着情欲和乱性的噱头。但是，这个可能没什么节操、在《激情迷宫》中还本色出演异装癖的阿尔莫多瓦，进入20世纪90年代后，作品成熟得令人吃惊。《关于我母亲的一切》这样的巅峰之作，会让观众的成见连同他们的世界观都被连根拔起。还能有比这更乱的性关系吗：因车祸丧失儿子的母亲回到自己的变性人朋友身边，最后发现儿子的父亲也变了性，甚至还让一名修女怀孕乃至染上艾滋病。但是，剧中的哪个人物你不喜欢？卖淫的变性人阿悦，女同性恋演员红烟，吸毒的妮娜，变性还滥交的罗拉，哪个角色不是那么可爱？

爱欲、情欲，或者说欲望，是人类不可回避的本能，在阿尔莫多瓦的电影中，往往成为主角们的驱动力以及行事法则。在他的许多作品（尤其是早期作品）里，我们都能看到主人公是以情欲和性本能来控制行为的。具体到《颤抖的欲望》，维克托与艾莲娜、大卫与艾莲娜、维克托与克拉拉以及大卫与克拉拉之间关系的最初诱因或者维系因素都是情欲，而桑丘和克拉拉、大卫和克拉拉这两对夫妻的离散恰恰也是因为一方的情欲缺失。可以说故事里的一切恩怨情仇都是因"爱欲"而引发的。

他的作品中经常呈现欲望与道德法规的对抗。既然"爱欲"成为所有行为动机的原点，那么道德约束、法律约束便不再起作用。人物在"爱欲"的指引下，行事无逻辑可循，且极具破坏力。桑丘将大卫打成残疾，桑丘与克拉拉互射身亡，都是爱欲超越法律、超越婚姻的体现。同时，"爱欲"也并非永恒的，大卫与克拉拉、维克托与克拉拉、桑丘与克拉拉以及大卫与艾莲娜都经历了从激情到冷淡的过程。于是，在这段充满了性爱、不忠、背叛、流血和死亡的混乱故事中，阿尔莫多瓦的后现代主义解构呼之欲出，那就是一个癫狂、不确定、真理缺失的开放性世界。

从乡下走出来的伟大导演

佩德罗·阿尔莫多瓦，1949年9月24日出生于西班牙卡拉特拉瓦省（Calatrava）的一个贫穷的小村庄卡尔泽达（Calzeda）。他的父亲是记账员，母亲是家庭主妇。在传统的西班牙家庭里长大的佩德罗，童年时就与教徒们一起学习，在唱诗班里唱歌，总感觉到与伙伴们有点格格不入。他后来谈及这段生活时声称："对我来说，在这样的环境里长大就像在亚瑟国王皇宫里的一个宇航员一样。"由于居住的贫穷村落很少放电影，佩德罗·阿尔莫多瓦10岁时才第一次接触到电影。1959年，佩德罗·阿尔莫多瓦全家迁居到埃斯特拉马杜拉的卡赛雷斯，在此他完成了初中和高中学业。糟糕且专制的教育制度和被神父性侵害的经历，使得少年时代的阿尔莫多瓦就对宗教产生疑惑并最终丧失信仰。

16岁时，佩德罗·阿尔莫多瓦前往马德里，试图寻找机会学习电影，但由于没钱上大学，加上20世纪70年代初，佛朗哥政府关闭了所有的电影学院，阿尔莫多瓦只能沿街叫卖书籍糊口。后来他进入了国家电话公司，在那工作了10年。1975年11月20日，佛朗哥去世，独裁政权宣告瓦解。新政府取消了1963年制定的电影审查法规，继而以电影分级制替代。1977—1983年被称为"Movida"的新文化潮流在马德里蓬勃发展，佩德罗·阿尔莫多瓦就是"Movida"的主要成员之一。此时，他还拍摄了超8毫米长片和16毫米短片《萨罗梅》。

1980年，佩德罗·阿尔莫多瓦根据自己为一本科幻杂志编写的同名色情小说，自筹资金、自编自导了第一部登堂入室的喜剧片《佩比、卢西、博以及不出众的姑娘们》（*Pepi, Luci, Bom y otras chicas del monton*，又名《烈女传》）。《烈女传》是佩德罗·阿尔莫多瓦的第一部长故事片，它是一部性感的讽刺剧，影片给了佛朗哥时代的西班牙社会一记响亮的耳光。该片虽然电影语言极不成熟，技术存在问题，但已充分显示出阿尔莫多瓦在艺术创作上的潜力。影片由西班牙费加罗电影公司出品，公映后引起了巨大反响。

两年以后，阿尔莫多瓦推出了他编导的第二部喜剧片《激情迷宫》（*Labyrinth of Passion*）。《激情迷宫》仍是阿尔莫多瓦探索和学习之作，影片中再次关注及时行乐以及乱性的题材，从本片可以看出他对表现都市个人情感与欲望的迷恋。该片的美术、服装、音乐等均由"Movida"的代表人物担纲。此片大获成功，他一举成为20世纪70年代后期西班牙新潮流运动的新星。

1984年推出的《我为什么命该如此》标志着他在艺术上开始成熟。评论界将其称为"20世纪80年代的新现实主义影片"。这类关于被欺压的家庭主妇主题和其他有关妇女独立、自立的题材后来在他的影片中多次出现。

1986年，佩德罗编导了著名影星安东尼奥·班德拉斯（Antonio Banderas）首次担纲主演的剧情片《斗牛士》（*Matador*），影片探索了性和死亡的关系，并向观众描绘了多种性关系，包括恋物癖、同性恋、窥阴癖、恋尸癖，更加深入地演绎了性欲及相关的法律问题。西班牙评论界对编导者将曾是著名斗牛士的男主角描写成杀人犯提出了批评，认为他亵渎了西班牙最为神圣的斗牛文化。

这些敏感的题材在他1987年编导的爱情喜剧片《欲望法则》（*Law of Desire*）中再次被提及，只是这部影片中还增加了点调料——公开的同性性行为。安东尼奥·班德拉斯在片中饰演了同性恋者安东尼奥。《欲望法则》赢得了多个奖项：1987年巴西里约热内卢国际电影节最佳导演奖；1987年洛杉矶影评人协会的"新生代奖"；马德里欧塔最佳导演奖等奖项。女演员卡门·毛拉获国家电影奖。

接下来安东尼奥还主演了佩德罗·阿尔莫多瓦编导的又一部影片《濒临精神崩溃的女人》（*Women on the Verge of a Nervous Breakdown*,

1988年）。这部影片取材于谷克多的作品《人的声音》。影片描写了都市里被抛弃的女人的心态，尖锐地涉及了对女性的性特征和欲望的敏感题材，是佩德罗本人最为满意的一部女性题材影片。该片充分表现了阿尔莫多瓦独特的艺术风格，在国内市场上创下了780万美元的票房收入。这一数字是当时西班牙电影史上的最高纪录，并保持了10年之久。除去高票房，该片还获取了无数荣誉：1988年威尼斯电影节最佳故事片、最佳剧本奖；1988年欧洲电影最佳青年作品和最佳女演员奖，1988年纽约影评人协会的最佳外语片奖；西班牙最佳影片、最佳编剧、最佳女主角、最佳女配角、最佳剪辑5项"戈雅奖"；多伦多电影节获最受观众喜爱奖；西班牙国家电视台的最佳影片奖；1989年意大利影评人协会的最佳导演奖；奥斯卡最佳外语片提名及金球奖最佳外语片提名。

　　1990年，他编导了性爱片《捆着我，绑着我》（*Tie Me Up! Tie Me Down!*），在西班牙评论界遭到了一致的排斥，评论家们指责他失去了当导演的感觉。影片也曾在美国引起了热烈的争论，受到了女权主义者和保障妇女利益团体的谴责。这部影片是佩德罗与安东尼奥·班德拉斯的第5次合作。

　　1995年，佩德罗推出了影片《我的秘密之花》（*The Flower of My Secret*）。这部心理题材的影片受到了众多影迷们的追捧，大家一致认为这是他至今拍摄的最成熟的一部影片。在片中他所塑造的男主角形象也发生了改变，一改早先影片中时尚男孩的形象，刻画了一位全新的正派男人。

　　1999年，佩德罗·阿尔莫多瓦编导了一部严肃的剧情片《关于我母亲的一切》（*All About My Mother*），叙述的是女主角为车祸身亡的儿子寻找素未谋面的生父的故事。在这部影片中，阿尔莫多瓦重新展现了他一贯的执导风格，他试图用电影说明，即使在一个残缺不全的家庭中也同样存在着传统的姐妹情谊、家庭力量。这部作品比他以往的影片都更为集中、深入地描写了女性生活及她们面对逆境的勇气。影片上映后，得到观众和评论界的一致好评，该片在众多国家发行。由于贝特·戴维斯

（Bette Davis）、罗米·施奈德（Romy Schneider）和吉纳·罗兰（Gena Rowlands）的精彩演出，影片在1999年第52届戛纳电影节首映时赢得了好评，阿尔莫多瓦也获得了最佳导演奖以及第53届英国学院奖最佳导演。该片还获得了2000年第57届金球奖和第72届奥斯卡奖的最佳外语片。

  2002年，佩德罗·阿尔莫多瓦推出了他的力作《对她说》。这部影片讲述了两个男人如何爱女人的故事，是一部关于友情、爱情、寂寞、生存和交谈的影片。佩德罗花了很大的篇幅来描写两性间的友谊。虽然，佩德罗这回想拍摄一部男性题材的爱情片，但片中无不体现他对女性的痴爱，以及他一贯追求的细致与敏感。阿尔莫多瓦也凭借此片获得了第15届欧洲电影奖、洛杉矶影评人协会最佳导演、第56届英国学院奖最佳编剧，以及第75届奥斯卡奖最佳导演和最佳编剧的提名。

  2004年，佩德罗·阿尔莫多瓦拍摄了带有自传体性质的电影《不良教育》。有人说，这是一个评价和口碑两极化的电影，你不是十分热爱它，就是十分厌恶它，非此即彼，没有过渡。这是一个典型的阿尔莫多瓦式的电影，怪诞、艳丽、情欲、性、死亡，还有西班牙风情。这也不是一个典型的阿尔莫多瓦式的电影，无论是主题还是结构，连主角也从以往的女人变成了男人。

  从某种意义上来说，《不良教育》像是佩德罗·阿尔莫多瓦的内心独白。这位一直关注着人的生命力与内心张力的导演，让我们看到了男人坚强或孱弱的外表下孤独而脆弱的心灵。

  在完成了这部带有自传色彩的影片后，2006年，佩德罗·阿尔莫多瓦拍摄了他生命中极为重要的一部巨著：《回归》。《回归》讲述了三代女人的"回归"，这部电影更是阿尔莫多瓦的"回归"。阿尔莫多瓦的影像依旧馥丽，音乐依旧浓郁。哪怕这是回归之作，仍然会带给观众惊喜。他在一篇关于这部电影的笔记中写道："从某种意义上，我回到了喜剧；我回到了女性的世界；我回到了家乡马查多；我回到了生命和故事的源头。"

特殊的性别取向

佩德罗·阿尔莫多瓦是个同性恋者，对此，他从不掩饰也不否认。

事实上，阿尔莫多瓦影片的核心力量来自于女人或者变性而成的女人。与其说阿尔莫多瓦是同性恋者，不如说阿尔莫多瓦是个彻头彻尾的女权主义者，与其他男性导演不同，阿尔莫多瓦始终关注着女性，他以一种理解和关怀的姿态，细腻温情地刻画着女性敏感的精神世界。在阿尔莫多瓦的作品中，女性生活在枯燥无味的现实中，孤独而寂寞，丰富的感情和美好的梦想无所寄托，只能坚强地在绝望和痛苦中挣扎和反抗。他在对女性的善良天性和她们之间的无私友谊进行极力赞美的同时，毫无掩饰地批判了那些懦弱、虚伪并且对女人造成极大伤害的男人们。

他的电影不是喜剧片，但每一部电影中都有很多的幽默元素，这些幽默元素全部都以女性为中心。比如很多经典台词，《荡女KIKA》中KIKA说："女人只要丑得有个性也可以当模特儿。"KIKA被保罗强奸后对男友雷蒙说："这种事情每天都发生很多，今天只是轮到我而已。"《回归》中雷蒙达的妈妈对雷蒙达的女儿也是她妹妹保拉说："女儿如果不爱妈妈是件很可怕的事。"《我的秘密之花》，LEO的妈妈说："没有信仰就像是没有颈铃的母牛一样，会迷失方向，随波逐流""手术就像是切瓜果，切开了才知是好是坏"。《斗牛士》中，安吉拉企图强奸他老师迪亚戈的女友也是他的邻居Eva未果，之后去警局自首，接待他的女警说"那个女孩真幸运"。

阿尔莫多瓦有很多御用的女演员，有经常演主角的，像卡门·毛拉、佩内洛普·克鲁兹，也有每次出场不到5分钟的，像是《荡女KIKA》里面的华娜，《欲望法则》里面采访帕布鲁的电视节目主持人，《我的秘密之花》里面LEO的妹妹露莎，《斗牛士》里面的女警察，《濒临精神崩溃的女人》里佩帕的情人的儿子的女友，《情迷高跟鞋》里的女狱警。然而阿尔莫多瓦似乎只对一种女性特别讨厌，那就是电视节目的主持人，《荡女KIKA》里的安德烈亚夸张的造型，《欲望法则》里采访帕布鲁的主持人，《斗牛士》里电视公布Eva被强奸数次不报案以及她的相片的女主持人，《濒临精神崩溃的女人》里播新闻的老太太，《对她说》里极力挖掘莉迪娅隐私的现场的主持人，阿尔莫多瓦都极尽讽刺之能事，把她们塑造成自私、愚蠢、虚伪、贪婪的家伙。

里程碑式的电影

《欲望法则》
Law of Desire，1987

　　《欲望法则》内容涉及变性、乱伦、同性恋和男性裸体自渎等场面，不但直接大胆地披露同性恋情节及性关系混乱的话题，最让影坛刮目相看的是不避讳间接承认其自身的同志情结。

　　我们在《欲望法则》看到许多男性的性象征：几乎每个镜头都存在的啤酒瓶，阿尔莫多瓦常用的鲜红色，安东尼奥·班德拉斯杀死情敌的灯塔，等等。这些象征散布在全片中，似乎剧中人的行为都依附在性欲的基础上。也许啤酒瓶、红色、灯塔在别的影片中不会让人产生性联想，但是在阿尔莫多瓦的电影《欲望法则》里，则必定会被大家如此解读。这是影片的韵味使然，还是影评人多事？就像台湾大师级导演杨德昌的电影《牯岭街少年杀人事件》中，张震手中的手电筒普遍被解释为性象征后，杨德昌解释说："当初只是想说他应该需要一个手电筒照亮那条黑巷吧！"也许象征意义都只是影片韵味产生后的副产品吧！

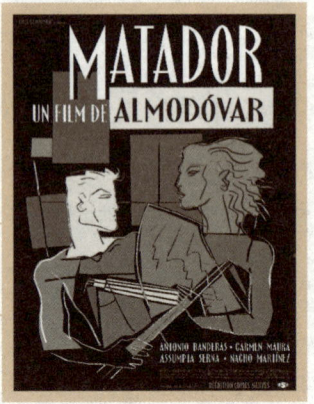

《斗牛士》
Matador，1986

　　一个美貌妖艳的女子在广场上诱惑了一个强壮青年，在一场肉体狂欢之后，用头上的发簪插进了男人颈后的致命之处，像个熟练的斗牛士用剑刺杀公牛。斗牛，是一种死亡艺术，而在阿尔莫多瓦的早期作品中，爱情，也是一种死亡的艺术。影片中的这对男女，都是在死亡中寻找高潮的"性爱斗牛士"，影片的结尾，安格尔和警长等人赶到，看到血泊中高潮过后尸体的表情，警长说，从没有见过这样的满足和幸福。很显然，年轻气盛的阿尔莫多瓦还是对这样一对谋杀者抱以同情，对他们非常态性爱的描写，更像是对一种"性爱动物"繁殖习性的科学考察。

　　《斗牛士》讲述的是一种颇为神圣化的东西，讲到了在一场斗牛中的情感和快乐，这是一个禁忌的题材。除此之外，死亡与性快感的关系也是一个主题，它们是以极为抽象的方式出现的。在影片中出现的两个不同的母亲代表了两个西班牙。琼斯·朗波雷阿维扮演的模特的母亲没有性偏见，代表了自由、现代的西班牙。另一位是由胡列塔·塞拉诺扮演的安东尼奥·班德拉斯的母亲，则代表了西班牙丑恶的一面。影片的最后，男女主人公在性爱的高潮中死去，猩红的地毯和淋漓的血，两个美好的身体缠绕着凝固，粗暴地充斥在视线中，我们能够感到只能是圣洁和像仪式一样的空灵。然而这样的清醒往往伴随着绝望甚至是死亡。就像杜拉斯曾经说过的，所有的清醒其实都已经被绝望侵蚀得千疮百孔，每跨一步，仅仅是一小步，都是致命的。所有的人都被欲望征服和期待，王家卫电影中的人物都无法逃离宿命的孤独，而阿尔莫多瓦电影中的人都站在极致的边缘，更是无法选择，久而久之，只能被欲望蒸发。阿尔莫多瓦用最原始的状态感受生命存在的意义，在他的眼中性是纯粹的交流，黯然地联结被欲望纠缠的人。

《捆着我，绑着我》
Tie Me Up! Tie Me Down!，1990

《捆着我，绑着我》是阿尔莫多瓦最特别又颇具温情的一部电影。片中的玛丽安对里奇先是恐惧，继而好奇，最后演变成炽烈的爱情的情感转化过程，细腻而又富于戏剧性变化，加上导演风格化的表现手法，十分引人入胜。

二十三岁的里奇从精神病院里放出来，告别爱护他的院长，重新走入社会。他只有三个愿望：找一个妻子，组成一个家庭，以及有一份工作——过普通人的生活。在上一次逃出精神病院的经历中，里奇爱上了色情片女明星玛丽安，这次他再次出院也是为了和她在一起。里奇显然知道自己的身份很难获得玛丽安的爱情，于是找个机会绑架了她。里奇除了不允许玛丽安逃走，在其他方面都很温柔体贴，甚至为了帮她买迷幻药还遭到毒打，玛丽安逐渐开始爱上了这个执着的男人。可是，里奇百密一疏，还是在外出时被玛丽安的姐姐发现了真相，救出了玛丽安。

失去了玛丽安的里奇只能黯然地回到故乡,在自己家的废墟上惆怅而又孤独。玛丽安最终还是无法忘记这个英俊的男人,无法忘记他的温柔、他的承诺,两个有情人最终上了姐姐的车子,幸福地奔向远方。

《关于我母亲的一切》
Todo sobre mi madre,1999

《关于我母亲的一切》当年几乎囊获了所有重要的国际电影奖项。

故事的主角曼妞拉是马德里蓝山医院的护士,经常要与器官移植中心联系即将死亡病人的捐赠情况,但她从来没想过自己的儿子艾斯班德的名字也会出现在捐赠名单上。在儿子十七岁生日那天,曼妞拉带他去看《欲望号街车》。散场后,深受感动的儿子在追演员嫣迷和妮娜的车索要签名时发生了车祸,那时的曼妞拉觉得整个世界都崩溃了。对单身母亲来说,孩子就是一切,而艾斯班德却死于十七岁的生日那天。

影片从这时才是真正的开始。爱写作的儿子临死前在笔记本上写了一些话:今天早上,在母亲的房里,找到一沓剪成一半的相片。我想,那一半就是我的父亲,也正是我生命中所缺少的。无论他是怎样的,或曾如何对待我的母亲,我仍渴望有机会见到他。事实上,世界上没有人能夺走我的这个权利。正是这些"遗言"让曼妞拉决定去巴塞罗那为儿子找全他的生命,去寻找原本她已经完全放弃了的丈夫。到了巴塞罗那,曼妞拉见到了很多人,老朋友阿悦,修女露莎,《欲望号街车》的演员嫣迷、妮娜,还有罗拉,那个原本是她丈夫的女人。而我们也终于知道了，为什么曼妞拉不告诉儿子关于父亲的情况。是啊，她该如何告诉儿子，他的父亲已不再是父亲，而是一个叫罗拉的女人？！说他是个遗腹子也许更简单。从这些各式各样的女人身上，我们慢慢感受到了导演所要表达的感情，正如阿尔莫多瓦自己描述的那样："《关于我母亲的一切》表现的是女人承受痛苦的能力。一个女人，不一定必须是职业演员，也能很好地去撒谎、去表演、去做戏。男人和女人有着一样的寂寞、痛苦，但女人对此的反应要戏剧化得多，也惊心动魄得多。从这一意义上讲，男人看上去确实要比女人少了一些什么。"

影片里的女人或多或少在承受着痛苦，或者为了生活撒着各式的谎言。正是这些，让我们看到了女人生存的力量。在儿子被车撞倒后，曼妞拉发出了沙哑、伤心的哭喊；看到移植了儿子心脏的人健康地出院时，躲在柱子后的她又是多么地痛苦。但她还是宽容、善良地对待别人：帮助不想再做妓女的阿悦；照顾怀了罗拉的孩子、又感染了艾滋病的露莎；当了嫣迷的助手；宽恕了罗拉。

虽然濒临死亡，可至少罗拉知道了存在了17年的儿子，知道他新生的儿子——第三个艾斯班德会延续他的生命。经历了那么多的事，而曼妞拉还能从容不迫，并且善待曾给过自己巨大伤害的男人，你不能不惊叹女人的坚韧和顽强。但她也会有脆弱的时候，那就是她的儿子，每当她提起艾斯班德时都会哽咽，那种母亲的伤心是自然流露的，又无可避免。而年轻的修女露莎一直都在为妓女和吸毒者提供帮助，在知道自己怀孕并且染上了艾滋病后，她并没有歇斯底里或者绝望，虽然要瞒着妈妈，让她以为自己去了国外；在看到爸爸时，不能开口叫他。但露莎仍是平静乐观地生活着，即使在向曼妞拉交代遗言时，仍能那么平静，这不是每个人都能做到的。艾斯班德和罗莎虽然死了，但是他们的生命仍在延续。

艾斯班德的心脏移植给了另一人，而露莎的骨肉战胜了艾滋病毒，健康地成长，以后也会和曼妞拉幸福地生活下去，这不能不说是一个温暖的暗示。

在影片的结尾,字幕上显示的是:"献给所有演出的女演员,献给所有的女人,献给所有扮演女性的男人,献给给所有想成为妈妈的人,献给我的妈妈。"导演正是用这部电影,向全世界坚强的女性致以深深的敬意。爱和宽容能战胜一切,这是女人的信念。

《对她说》
Talk to Her,2002

《对她说》讲述的是一个友情、爱情、寂寞、生存和谈话的故事。一个叫贝尼诺的男人把说话坚持了四年,把爱坚持了一生。他每天对着他心爱的女孩——因车祸成了植物人的舞蹈演员阿里西娅不停地说话。四年后,女孩终于醒了过来,但贝尼诺死了。

另外一个男人,马克,有着跟贝尼诺同样的遭遇,他的女友、斗牛士莉迪娅在表演时受了重伤,成了植物人。在同一所医院,马克看着终日喋喋不休的贝尼诺,感到非常怪异。他对他说,这有什么用?她听不见的。贝尼诺说,她听得见,她只是无法回答。

两个遭遇同样不幸的女人有着不一样的结果。莉迪娅无声无息地去世了,去世的时候,马克在外游历,看到了报纸上的消息。他非常难过,也感到解脱。他没有任何可以让人指责的,因为从医学上讲,莉迪娅没有知觉,对外界的一切不会有任何反应。这样的离去也多少让爱她的人感到欣慰吧——她没有痛苦。这是人之常情,跟医学判断一样,是在人们理解的范围之内的。

但是，对照贝尼诺那偏执狂一般的做法，人们也许会有一种震撼和疑惑——莉迪娅真的就是这么毫无知觉、毫不痛苦地走了吗？她走得也许非常孤独、非常凄楚吧。

片头是平娜·鲍希的一幕芭蕾舞剧场景，一个过道上有两个女人，一次次地撞向舞台上的一块隔板，她们似乎生活在梦魇中，无法摆脱这种盲目的运动。其中一个在向前摸索，周围有许多椅子，而一个男人正为她清除道路上的椅子，以免她被绊倒。《关于我母亲的一切》一片中的女主角曼妞拉，在牺牲了自我、失去了与其他所有人的联系后最终找到了自己的路，而贝尼诺则始终在自我牺牲。他的牺牲并非无用，而是在另一个人身上得到了延续——他的朋友马克。马克在贝尼诺被监禁时租住了他的公寓，又在贝尼诺死后见到了苏醒后的阿里西娅。

悲痛总是留给活着的人，提醒他们继续向前走。阿尔莫多瓦就处在他的两个主人公之间：一个转身消失；一个留下了的，却永远无从知晓自己的根源，即使电影结束时他脑中已有了一个新的爱情故事。

片中的两位女主人公在影片中的大部分时间都沉默不语，因为她们失去了知觉，只能躺在床上，过着植物人生活。这一次，阿尔莫多瓦放弃了自己擅长的女性题材和边缘人题材，把目光放在了两个最平凡不过的男性身上。

整部影片被分成了四段：没有标题的序章，"莉迪娅与马克"，"阿里西娅与贝尼诺"和"马克与阿里西娅"。结尾是开放的。第四段开始时，影片已经接近结束。不完整的内容留给观众去回味、想象。

影片的法文名是 *Parle avec elle*，西班牙文名是 *Hable con ella*，含义是"和她谈话"，相当于英语当中的 Talk with her，而不是 Talk to her。无论是法语中的介词 avec，还是西班牙语中的介词 con，都有相互交流的含义。之所以在这里特意强调这一点，是因为影片的名字暗示我们，片中的男主人公与昏迷不醒的女主人公之间的交流是相互的，而不是单向的。中文译名"对她说"在一定程度上损失了这一层意思。这对我们理解整部影片，有很大的影响。

整部影片色调明快，虽然涉及死亡，却给人以希望。

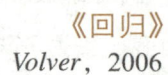
《回归》
Volver，2006

Volver，意为"回归"，原本是一首歌的名字，它的作者是阿根廷探戈艺术家卡洛斯·加尔戴尔（Carlos Gardel）。阿尔莫多瓦把它运用到他的电影《回归》中。

这部影片的首映地点在西班牙小镇马查多，这里正是阿尔莫多瓦的家乡。影片的首映现场家乡父老给予了热烈反应，首映结束后阿尔莫多瓦走上讲台，他眼含泪水，竟说不出一句话来。该片的女主角卡门·毛拉说："在我多年参加电影节和首映式的经历中，我从来没有看到过我们的哪部电影像这部电影这样受欢迎。"

《回归》这个片名似乎注定有多重含义。这部电影是阿尔莫多瓦和毛拉在"分手"17年之后的再度合作。毛拉曾经出演过多部阿尔莫多瓦的电影，但在1987年的《濒临精神崩溃的女人》之后他们因为不肯透露的原因而争吵并分手，很长时间都没有合作过。

《回归》也标志着佩内洛普·克鲁兹在经历了不成功的美国之旅后再度回到西班牙影坛，克鲁兹说："我没法相信我会那么幸运，有机会演这部片子，它就像一个来自上帝的礼物。"而这部电影更多的是导演阿尔莫多瓦的"回归",他在一篇关于这部电影的笔记中写道:"从某种意义上,我回到了喜剧;我回到了女性的世界;我回到了马查多;我回到了生命和故事的源头——母亲的角色。"

该片故事的主线之一,其创意最初来自波多黎各一家报纸上刊登的一则故事。一个男人与老婆离婚后,她的家庭不允许她跟前夫来往,于是男人决定杀掉自己的岳母,那样他便有了一个难得的机会,跟挚爱的前妻在葬礼上见面。当翻译把这个故事讲给阿尔莫多瓦听时,后者被逗得大笑起来:"有趣!棒极了!那男人结果真的去做了!我保存了那份报纸。"

实际上在《回归》一片中根本找不到与上述一一对应的情节,看起来阿尔莫多瓦是把一颗故事的种子带走,种进了另一块截然不同的土壤中。

一半是天使，一半是魔鬼
——［美］昆汀·塔伦蒂诺

Quentin Tarantino

中国观众了解昆汀·塔伦蒂诺，是从那部史诗般的大片《杀死比尔》开始的。整部片子充满了魔幻主义的色彩，似幻似真的中国元素，在中国电影界引起了很大的反响。

昆汀·塔伦蒂诺长了一张"天生杀人狂"的脸，诡异的笑容是他的标志，一如他的电影。恶魔般的痞子气质所产生的暴力美学，几乎贯穿了他的全部影片。

昆汀·塔伦蒂诺：血而不腥的暴力美学

自从人们发明了"暴力美学"这个绝妙的词组来定义吴宇森的经典之作，"暴力事件"逐渐在大银幕上层层升级。日本有深作欣二、三池崇史和北野武，而在美国扛起这面大旗的则非昆汀·塔伦蒂诺莫属。甚至有人指出：暴力和缺德是昆汀·塔伦蒂诺的标签，正是这两点让他的电影充满了魅力，片中脏话连篇的人物对白也构成了所谓的语言暴力。

在昆汀的影片中，风格化的暴力场面无处不在，他喜欢暴力所产生的滑稽和刺激的娱乐效果，在呈现方式上，昆汀很少让观众直视暴力发生的过程，而是通过画外音来表现极端暴力的行为。但是他又会毫不掩饰地把鲜血和破碎的肉体暴露给观众看，观众在这种直接血腥的刺激下却能在身心两方面得到快意的释放。

昆汀的电影喜欢玩弄叙事结构，这在《低俗小说》中体现得淋漓尽致。前所未有的"环形结构"让观众在一头雾水之后又恍然大悟。这种并非悬念但却胜似悬念的叙事方法带给人的观影快感是难以形容的。

他还喜欢"抄袭"别人的桥段，但是，他的抄袭和别人有所不同。首先他抄袭的并非"经典"，有的甚至我们根本就不知道他从哪个古老的电影中看来的。但是他觉得好，就义无反顾地抄来，并且抄得工工整整一丝不苟，但是，非常奇特的是，这些忠实抄袭的桥段拼在一起，却实现了对原出处的最好颠覆。这些不同风格的东西糅合在他的作品中，就形成了他自己独有的风格。

除此之外，昆汀还对东方文化非常痴迷。香港电影的鼎盛时期，当时的邵氏电影对昆汀的影响非常之深，以至他索性在《杀死比尔》的开始加了一个邵氏电影的片头。可见他对功夫片的痴迷到了一个很高的境界，且毫不掩饰自己的这种痴迷。《杀死比尔》给了他一个圆梦的机会，他终于有机会把自己心仪的功夫片搬进自己的电影了。由《杀死比尔》来看，他除了受中国的功夫片影响甚深之外，日本文化对他也有着很深的影响。

他的电影非常暴力，但是血而不腥。从《落水狗》开始，他的电影里就充满了血。电影中割耳朵的场面就很残忍，但是他丝毫也不避讳，甚至有些津津乐道。在他眼里，可能血浆也是一种玩具。稍加留意就会发现，他的暴力中，血很多，但是肉很少，只有"鲜血四射"，却没有"血肉横飞"。血多肉少，可能才做到了"血而不腥"吧。

昆汀表现暴力，并非认同暴力，而是将暴力引到无意义的情境中，变成一种纯粹的被观赏和被嘲笑的事物。昆汀绝不是一个具有现代性批判意识的导演，相反，他散发出的是后现代的游戏和狂欢精神。

非科班出身的天才导演

昆汀·塔伦蒂诺1963年3月27日出生于美国田纳西州的挪克斯维尔。昆汀出生时，他的父母都非常年轻，16岁的母亲康妮还在护士学校上学，20岁的父亲托尼则是学习法律的大学生。父亲是意大利裔，而母亲则拥有一半爱尔兰及一半印度血统。在昆汀出生后不久，母亲改嫁音乐人科特·扎斯托皮尔，此人日后对昆汀有重大影响。

昆汀16岁从高中退学后，开始在James Best公司学习表演。1984年，昆汀在曼哈顿的著名音像店"录像档案馆"（Video Archives）里做营业员。作为非科班出身的导演，昆汀·塔伦蒂诺的拍摄技巧几乎完全出于自学，这同他在录像带租赁店时的大量看片经历密不可分。甚至有人说昆汀·塔伦蒂诺是从看电影中学习拍摄电影的导演。昆汀·塔伦蒂诺本人也承认戈达尔的新浪潮电影、梅尔维尔的黑色帮派电影、莱昂内的意大利警匪片以及吴宇森的动作片等都对他的创作产生过较大的影响。

22岁时，他完成了自己人生第一部剧本：*Captain Prechfuzz and the Anchovy Bandit*。23岁时，昆汀和他在上表演训练班时结识的一些朋友共同拍摄了一部粗糙的短片《我好朋友的生日》，由于种种原因，这部作品没能完成。不过这次编导的经历为他积累了宝贵的电影经验。于是，在此后的两年内他就连续创作完成了两部正式的电影剧本《真实的浪漫》和《天生杀人狂》。

在录像租赁店工作的同时，昆汀参与了《黄金女郎》和《死亡的黎明》等影视作品的演出。其中最令他兴奋的经历是他曾经在仰慕已久的法国电影大师戈达尔的影片《李尔王》中扮演了一个小角色。

到了1991年，积累了一定经验的昆汀用出售《真实的浪漫》剧本所得的5万美元开始拍摄自己的第三个剧本《落水狗》。由于资金有限，起初他打算把《落水狗》拍成16毫米黑白胶片的超低成本影片，而片中的重要角色也只能由自己和一些朋友扮演。在筹备期间，昆汀离开了那家录像带租赁店而开始为一间名为Cine Tel的小型影视公司做改编工作。在这里，他结识了制片人劳伦斯·班德尔，并从此开始交上了好运。昆汀和班德尔一见如故，于是合组了一家自己的电影制作公司，并取名为Band Apart（这个名字来源于昆汀·塔伦蒂诺钟爱的戈达尔早期影片《另外的一帮》）。

经过班德尔的努力，他们终于联系到曾经主演《基督的最后诱惑》等片的著名演员哈维·凯特尔。凯特尔在看过剧本后十分欣赏昆汀·塔伦蒂诺的才华，不但同意担任主演，而且为影片带来了LIVE影视娱乐公司130万美元的投资和众多优秀演员的加盟。1992年，《落水狗》在圣丹斯电影节首映后，立刻引起巨大的反响。在美国，这部电影上映后的十年来，一直在电影DVD租赁店广受欢迎。圣诞节过后，著名的米拉·马克斯公司买断了该片，进行了大范围的发行。这一年，昆汀·塔伦蒂诺除了带着影片往返于各电影节宣传、领奖外，也开始着手创作下一部作品《低俗小说》。

对于昆汀而言，1994年是具有特殊意义的一年。首先，著名导演奥利佛·斯通拍摄了昆汀早期创作的剧本《天生杀人狂》。这部电影的成功已经使更多人开始关注这个年轻而"危险"的小子。影片同时还获得7项奥斯卡提名，但是仅赢得最佳原创剧本奖。

在当年的戛纳电影节上，昆汀·塔伦蒂诺就凭借《低俗小说》这部充满血腥暴力的黑色风格影片令人难以置信地击败了基耶斯洛夫斯基的《红色》、米哈尔科夫的《毒太阳》、张艺谋的《活着》等多部名家力作，夺走了金棕榈大奖。除此以外，《低俗小说》还在奥斯卡、金球奖以及世界各地的电影节上领走了数十个奖项。在成为1994年美国最为叫好的影片同时，《低俗小说》的票房收入也相当可观，总共赚得1亿多美元，是其成本的数十倍。而《低俗小说》对文化的巨大影响则是难以用数字计算的。影片的环形结构和暴力主题成为众多电影竞相模仿的对象，它还引发了黑色帮派影片和朋克音乐的复古潮流，电影中的服饰和发型也成为一种时尚，更有众多疯狂的影迷自发组织了名为"Quenish"的宗教组织以表达对昆汀·塔伦蒂诺的崇拜……

由于《落水狗》和《低俗小说》的成功，在短短的三年时间里，昆汀·塔伦蒂诺由一个默默无闻的电影青年一跃成为好莱坞片商和众多大牌影星竞相追逐的明星级导演，没受过一天专业导演训练的他奇迹般地成为电影历史上最传奇的导演之一。

1995年，昆汀以演员的身份出现在罗德里格斯指导、安东尼奥·班德拉斯主演的动作片"杀人三部曲"中。1996年，昆汀将自己早年创作的剧本《杀出个黎明》搬上银幕。此次，昆汀·塔伦蒂诺让好友罗伯特·罗德里格斯担任导演，而自己则集编剧、制片、副导、主演于一身，充分展示了他作为独立电影人的多方面才华。但由于片中有关吸血鬼等过于荒诞的内容和罗德里格斯的商业路线，评论界都没给此片太高的评价。尽管如此，商业上的成功使他在随后的几年间，又连续制作了此片的续集和第三集。

1997年圣诞节那天，昆汀·塔伦蒂诺推出了《杰基·布朗》，这是他作为导演身份创作的第三部电影。可能是由于前两部作品的成功给昆汀带来的巨大压力，新片《杰基·布朗》的表现不能令人满意。尽管有包括罗伯特·德尼罗在内的多位实力派明星的加盟，这部电影在很多地方还是显得故事乏味、节奏失调。而且在某些技巧的运用上，昆汀·塔伦蒂诺似乎为了讨好观众而刻意地模仿了自己以前的作品。《杰基·布朗》的失利，使昆汀·塔伦蒂诺在很长一段时间里都没有再正式地编导一部属于自己的电影，而主要以制片人和演员的身份参与一些电影、电视的拍摄和制作。

2003年，他再次给人们带来了震撼，那就是他的惊世之作——《杀死比尔》。

《杀死比尔》几乎融入了昆汀·塔伦蒂诺电影所有的标志性元素：暴力、残酷的美、音乐、迷幻、解构……一经推出就在电影界掀起了高潮，各大媒体竞相报道，各种评论如雪片般充斥在电视与报纸上。2004年，昆汀·塔伦蒂诺趁热打铁地迅速推出了《杀死比尔2》，把他的导演生涯再次推向一个高潮。

2005年，昆汀·塔伦蒂诺作为特邀导演拍摄了《上帝之城》。《上帝之城》是罗德里格斯的倾心之作，他自己出资拍摄了这部电影的样片。应罗德里格斯的邀请，昆汀·塔伦蒂诺出现在片场，他负责执导拍摄第二个故事中的一个额外场景，而报酬只有1美元。罗德里格斯曾经为塔伦蒂诺的《杀死比尔2》创作配乐，酬劳也是1美元。

昆汀所取得的成功从某种意义上说也是独立电影取得的成功。进入20世纪90年代，电影似乎只有依靠高成本、高科技和明星效应才能吸引观众。而昆汀所代表的独立电影则坚持低成本路线，证明了以深刻的内涵、独特的风格、超前的意识、新鲜的视听语言也同样可以抓住观众的心。同时很多制片商也被独立电影投资小、风险低、回报大的特点所吸引，开始为独立影人投入必要的资金。所以在《低俗小说》之后，《猜火车》《罗拉快跑》等大量优秀的独立影片也在商业和艺术上取得了令人瞩目的成功。

库布里克式的暴力美学

昆汀·塔伦蒂诺所开创的电影暴力美学是电影史上不容忽视的一笔。他影片中的暴力比之库布里克和大卫·芬奇有过之而无不及。昆汀的暴力美学秉承了《发条橙》中的戏谑和仪式化以及《出租车司机》中的真实和残酷，并在此基础上赋予新的内涵，形成了自己独一无二的特质。

在这些场面之中，昆汀毫不掩饰地把鲜血和破碎的肉体暴露给观众看，而观众在这种直接血腥的刺激下却能在身心两方面得到快意的释放。另外"fuck"也是他的电影中出现最频繁的一个词，脏话也算是语言暴力的一种。

在昆汀的电影里，我们会发现一对疯狂的情侣，亦正亦邪，疯狂地爱着对方，疯狂地生活。《天生杀人狂》中不知疲倦地杀戮，或者是报复，或者只是游戏，或者是对社会的另类嘲讽，但是为了结婚日他们决定放下手枪一天。《浪漫风暴》中的情侣也是一对"恐怖分子"，喜欢功夫电影，决不妥协。当我们看到女主角得知男主角杀死他的老鸨后，她的反应是，"亲爱的，你太浪漫了！"《低俗小说》中那对抢劫餐馆的情侣最后也全身而退了。这是对社会中是非道德观念的挑战，也是对忠贞爱情的顶礼膜拜。

《杀死比尔》才算是昆汀的暴力美学的集大成之作。昆汀对于暴力美学的理解是：将暴力以更为艺术的手法表现出来，而不是像《人皮客栈》《电锯惊魂》等生猛地表现出来。在《杀死比尔》里，昆汀·塔伦蒂诺将暴力美学发挥到极致。首先是血浆的肆意飞溅，正是电影中血浆的肆意飞溅让观众兴奋到极点。其次是对峙，《杀死比尔》有两个很经典的对峙场面。一个是《杀死比尔1》里面青叶屋里的对峙：复仇新娘将苏菲的双手砍下，新娘与刘玉玲的对视，然后激情的日本音乐响起；另一个则是《杀死比尔2》里面最后新娘和比尔在桌前的长谈都十分传神。

音乐

昆汀的电影音乐一直都是影迷津津乐道的话题，他的电影原声大碟也一直是影迷的收藏必选。昆汀电影原声不会像那些正儿八经的经典电影一样，用枯燥乏味的长篇管弦乐编配来实现电影配乐的功能。他所钟爱的音乐大多是很街头化的，从《杀死比尔2》的原声中，人们也能看得出昆汀·塔伦蒂诺的音乐口味确实比较广泛，从摇滚、非主流、乡村、爵士、拉丁到电子，面面俱到。

《低俗小说》中比较著名的至少有三段配乐，电影开始时的那段叫"蜜色罗"的音乐后来就直接被称为"低俗小说之歌"，另外还有兔子舞的配乐"你永远说不准"和乌玛·瑟曼在家里放的"女孩，你将成为女人"。如《杀死比尔》中"Bang Bang"，《落水狗》中的"And Now Little Green Bag"等，其他电影中的配乐就不一一历数了。

听昆汀·塔伦蒂诺的电影原声，最大的乐趣就在于你每次都可以从里面找到一些比较有趣的新鲜歌曲。他选的电影音乐往往都是十分好听，但又不为人熟知的音乐。这些有着强烈重金属风格的音乐能让人产生一种近乎嗑药般的舒爽。

里程碑式的电影

《落水狗》
Reservoir Dogs，1992

《落水狗》是昆汀·塔伦蒂诺的处女作，1992年在圣丹斯电影节上首映。从这部最早的作品中，我们已经不难看出昆汀独特的电影风格，影片中的暴力事件、黑帮人物、机智幽默的对话、20世纪70年代音乐以及巧妙的叙事结构等等都是昆汀热衷的题材和惯用的手法。

故事发生在南加州某地，黑帮老大乔·卡伯特和他的儿子"好家伙"艾迪召集了六名强盗，准备到珠宝店抢劫一批钻石。这六个人彼此各不相识，甚至连对方的姓名都无从得知。乔为了保持机密，以颜色作为代号分别给六人起名为白先生、橙先生、金先生、粉先生、棕先生和蓝先生，并规定他们之间不能透露任何私事。

抢劫时，六个人中了警察的埋伏，蓝先生和棕先生当场死亡。白先生带着受伤的橙先生回到预定的聚集地——一个仓库里。一路上，白先生对橙先生十分关心，甚至告诉了他自己的名字。一会儿，粉先生也来到这里，他把到手的钻石妥善存好，只等乔来时，大家平分。白先生和粉先生回想案发时的情景，得出结论，六人中必定有卧底的警察。在抢劫时举止疯狂的金先生活捉了一个警察回来。从警察口中，他们也没得到那个卧底的情报。不久，"好家伙"艾迪也来了，他同白先生和粉先生一起去取钻石，而金先生则开始虐待那个警察。在准备烧死警察的时候，金先生突然被躺在地上的橙先生开枪打死。原来橙先生就是卧底的警探。众人回到仓库，乔和"好家伙"艾迪认定橙先生是卧底，而白先生依然极力维护橙先生。最后，由于争执不下，一场血腥的枪战发生了……

《落水狗》最令人不可思议的地方是，整部电影竟然全部由男演员出演，这种强烈的男性色彩给观众留下了深刻的印象。

《低俗小说》
Pulp Fiction，1994

《低俗小说》是昆汀·塔伦蒂诺的第二部电影。影片由6个彼此独立而又紧密相连的故事所构成，6个故事都各自讲述了一个不同的事件，但它们共同的戏剧属性将它们紧密相连。一个拳击手，两个打手，黑帮老大以及鸳鸯大盗这些人物的命运在短短的两天中交叉在一起，演绎出了这部黑色幽默的犯罪群戏。

在叙事结构上，影片没有采用常见的时间顺序结构，而是用了一种循环中嵌套倒叙多线并进的精巧结构来将整个故事娓娓道来。

本片的另一大特点就是以人物为中心的整体风格，这一点在片中的大量对话及独白戏份中得到体现。大量意味深长的台词推动着整个剧情和人物的发展，展现出片中人物幽默及哲学思辨的内在属性，也在一定程度上替导演道出了心中所思。

"低俗小说"原本指的是那种内容、装帧简陋的通俗小说。1935年英国的阿兰·莱恩创办了"企鹅"版通俗文学读物，这种书往往都是用各种废弃报纸、书籍做成纸浆后而生产的。昆汀以此为名暗示了自己的电影就是许多其他影片和文学作品的碎片重组而成。

《低俗小说》对暴力的处理是影片能够熠熠生辉的重要原因之一。朱尔斯杀人前还跟人家争论哪家的汉堡包好吃，还要念一段《圣经》；文森特和朱尔斯一边擦车还一边争论谁该清洗车后座的脑浆。

《低俗小说》中有一个神秘之处，所有的时间都设置为4点20分，很明显在当铺墙上所有的钟表设置的时间都是4点20。但也有两个例外，"邦妮的情况"中当吉米、文森特和朱尔斯正在厨房喝咖啡的时候，钟表显示的时间是8点15分，还有一次是当文森特和朱尔斯去要回箱子的时候，写的是"上午7点22分"。时间4点20分的意义在于，这是吸食大麻的俚语。

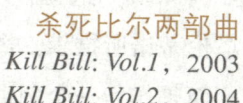
杀死比尔两部曲
Kill Bill: Vol.1，2003
Kill Bill: Vol.2，2004

事实上，在拍摄《低俗小说》时，昆汀·塔伦蒂诺要用《杀死比尔》向自己酷爱的类型片致以敬意，其中包括意大利西部片（Spaghetti

Westerns）、中国功夫片、日本武士电影和动画片。在《杀死比尔》当中，塔伦蒂诺不仅让每一章节呈现出不同的风格，而且在不少细节之处将这些类型片的标志视觉化。

昆汀·塔伦蒂诺是香港20世纪六七十年代功夫片的死忠粉丝，他尤其喜爱邵氏旗下张彻执导的电影，硬桥硬马的功夫结合鲜血四溅的惨烈场景，很符合塔伦蒂诺一向拿手的暴力风格。虽然由于本片前后两部动作风格的分工不同，港式功夫在第一部中表现还不是很充分，但观众至少能从乌玛·瑟曼那身黑纹黄色劲装上，看出塔伦蒂诺对功夫巨星李小龙的敬意。其实在采访中塔伦蒂诺就曾直言不讳地交代，那身服装设计就是李小龙在《死亡游戏》中形象的翻版，不过换成了皮装而已。至于选角方面就更不用说了，从看到邵氏70年代功夫经典《少林三十六房》起，塔伦蒂诺就很想和刘家辉合作，这部电影终偿所愿。而比尔的扮演者大卫·卡拉丁也是塔伦蒂诺在美国的功夫偶像，卡拉丁在美国与查克·诺里斯（Chuck Norris，李小龙之徒，连续6届世界空手道冠军，西方世界第一个跆拳道黑带八段）齐名，他主演的电视剧《功夫》在20世纪70年代风靡美国，后来居然还写了一本《少林精神》来探讨功夫哲学。

塔伦蒂诺对武士电影的痴迷甚至多于香港功夫片，不过在谈到武士电影时，很难从他嘴里听到黑泽明这样的大师的名字，因为他感兴趣的是那些纯粹表现武士刀法的血腥电影。就这样，千叶真一这位非大牌演员因为长年奋斗在日本武士电影第一线而为塔伦蒂诺所推崇。塔伦蒂诺请千叶真一来，甚至不让老人家亲自动刀，而是作为一个剑道之神的形象出现，连他在电影中的名字都是源于千叶真一的《影子武士》（*Hattori Hanz*：*Kage no Gundan*）系列电视剧。日本武士的剑道与刀法，正如同日本人的性格一样，是优雅与残酷的统一体，塔伦蒂诺在片中除了向武士刀之美顶礼膜拜之外，还用直观的暴力镜头来表现武士刀的嗜血本性。

最终，将多重元素糅合在一起，塔伦蒂诺不仅呈现出绚丽而迷人的类型片盛宴，还凸显了一种反叛精神。

《杀死比尔》的大多数亚洲场景都在北京电影制片厂摄影棚完成的，其中包括了大量日本内景戏。

他说："我已经说过很多次了，我的电影发生在两个完全不同的世界。一个是《低俗小说》和《危险关系》式的'昆汀世界'，一个是'电影世界'。《杀死比尔》是我拍摄的第一部发生在'电影世界'的电影。影片的故事不是在我们生活的世界发生的，女性不再是软弱的性别，她们同男人一样弱肉强食，一样可以去杀人和被杀。"

其实最初，塔伦蒂诺并没想把《杀死比尔》分成两部分，后来哈维·韦恩斯坦提议分成两个电影来上映，塔伦蒂诺认为这个想法很有趣，不到一小时他就想好了该怎么做。2003年夏天，塔伦蒂诺向韦恩斯坦展示了第一部分的剪辑样片，后者毫不含糊地评价结尾很出彩，这就应该是两部电影。不过，虽然系出同门，但这两部电影都具有各自的基调，叙事策略也各有不同，第一部以日本文化为主，第二部则主打中国文化。

在《杀死比尔》的拍摄过程中，昆汀·塔伦蒂诺因为乌玛·瑟曼怀孕而推迟了影片开拍日期。而本片剧本和"新娘"这个角色是导演昆汀·塔伦蒂诺送给乌玛·瑟曼的30岁生日礼物。在餐馆一场戏中，"新娘"一共杀死了57个人。

值得一提的是，影片中"fuck"这个词只出现了17次，这是昆汀·塔伦蒂诺第一部"fuck"出现次数少于100的电影。

黑暗里的狂欢
——[美]大卫·芬奇

David Fincher

无论大卫·芬奇要讲述一个什么故事,他始终给人们展现了一个灰暗阴郁的世界。《七宗罪》的宗教哲学,《致命游戏》的出乎意料,《搏击俱乐部》的邪门,《战栗空间》的耍酷,到《十二宫杀手》,虽然依旧是案件悬而未决,希望再一次破碎,但他却优雅而水到渠成地结束。直至最后的《本杰明·巴顿奇事》。

他对连环杀人案和各种复杂的心理阴暗面的揭示,早已成为人们口中津津乐道的"行为艺术作品"。大卫·芬奇曾经描述过他对于恐怖电影的理解。他说:"我并不确知电影应该娱乐观众到什么程度,对我自己来说,我总是对能给我深刻印象的影片感兴趣。我喜欢《大白鲨》的原因,在于我看完了它之后,再也不去海里游泳了。"他是这么领悟的,他也是这么做的。

大卫·芬奇：黑色惊悚的阴影世界

如果你想看有声势又热闹，还要能牵动你的脑子让你思考的电影，大卫·芬奇无疑是你的选择。作为一个视觉艺术大师，他的画面会让你惊得眼睛从脸上掉下来。他总是能让他的主角的演技得到最大程度的发挥，比如《心理游戏》里的迈克尔·道格拉斯，还有《搏击俱乐部》里的爱德华·诺顿和布拉德·皮特。

在过去的15年间，芬奇凭着他的勤奋，还有那种骨子里的"挑衅与自命不凡"，创作了大量打上"大卫·芬奇式"标签的电影。在这些影片里充满了大卫·芬奇惯常的忧郁、阴沉、哀伤的基调，无论是在电影关注的内容，还是在影像风格及电影本身情节的发展，大卫·芬奇的电影都具有鲜明的特色。他把关注的焦点投向人性与社会的黑暗之处，影像风格则是强有力和震撼人心的。

大卫·芬奇在电影中会通过镜头运动来给观众传递信息。对于他来说，相比于在室内用静态的宽镜头拍摄两个静止的人，他更愿意让画面看起来是运动的，为整个画面带来一种动态的能量美，让它看起来更有趣。你很难从这个人的电影中看到一动不动的固定镜头。

作为擅长拍摄黑色惊悚剧的导演，他习惯于阴影的营造，使整个气氛变得阴郁，即通过演员的情绪表达来给观众传递信息，而不用一句对白。在他的作品中让人印象深刻的阴影营造的场景有很多，比如在《七宗罪》里，拍摄萨默塞特的办公室的门的镜头时，灯光布置和摄影角度的运用呈现出的阴影。

　　他还偏爱特写，专注于脸部表情的细微变化，习惯的推镜头和用运用灯光效果制造人物轮廓等拍摄特点，都会让人联想到另一位电影大师——斯皮尔伯格。尽管这两位大师的电影风格不尽相同。

　　在《七宗罪》中，大卫·芬奇特别展现出创作黑色惊悚剧的才华，创造出一部影像和情节都十分迷人的类型侦探电影。这一部以《旧约》七大罪：饕餮、淫欲、懒惰、骄傲、贪婪、愤怒、嫉妒，为犯罪者谋杀主题的电影，大面积铺陈的色彩，或华丽，或污秽肮脏，如同一场盛大的行为艺术表演。

　　而在《搏击俱乐部》这部以描述大都会人心灵分裂、邪恶的分身领导一群人，以彼此搏击作为情绪宣泄的电影，不仅表现出现代人面对生活的压抑，而且揭示了残暴本性被错乱意志所迷乱，一步步走向毁灭的隐忧，对于现代社会的本质有着相当精辟的警示作用。剧中的汽车保险公司职员因日子过得平淡无聊，佯装绝症，参加政府机构举办的心理辅导团体，从而认识同样觉得生命毫无意义的女子。男主人公人格分裂的症状在此展开，主角以为自己认识另一个朋友（布拉德·皮特），其实是自身邪恶的反面。在布拉德·皮特（即男主人公的反面）的怂恿下，阴错阳差地做出一系列类似恐怖分子的极端行径，想要彻底摧毁这个体制社会。仅看题材这部影片就非常新颖而有趣了，而在男主人公想象与狂放之间导演亦颇知收敛，以致影片在逻辑和知识经验上可以得到观众共鸣，观之令人不寒而栗。然而，导演还是不忘理智与爱情救赎的力量，剧中男主和怪异女子的爱情，隐隐成为后来男主角理智觉醒的动力，是影片中相当重要的意涵所在。

从广告导演起步

1980年，年仅18岁的大卫·芬奇来到米尔谷的Korty电影公司为约翰·科蒂工作。随后在1981—1983年三年间他又转而投到当时著名的特效公司工业光魔（ILM）旗下工作，在此期间他参加了《星球大战3》以及《印第安纳·琼斯2》的特技制作。

1983年，大卫·芬奇离开工业光魔，只身来到好莱坞同N. 李·莱西签下合约，开始拍摄商业广告和音乐录像带。其中包括可口可乐、百事可乐、香奈儿、耐克、李维斯、百威、匡威和AT&T等，而与他合作过的巨星中，更有迈克尔·杰克逊、麦当娜、滚石乐队、斯汀、乔治·迈克等国际大腕。此时的大卫·芬奇已经初露峥嵘，他拍摄的广告和音乐录像带标新立异、与众不同，这使得他获得了更多与国际巨星合作的机会。麦当娜惊世骇俗的音乐录像带*Bad Girl*就是出自他手。他曾说："导演绝不只是像摄影师，很平稳、不偏不倚地将影像拍出来，我又不是在上摄影学校！"

1992年，大卫·芬奇迎来了他人生中第一个转折点，也是他电影事业上的第一个起点，在等待了漫长的12年后，作为一名导演，他拍摄了自己生平第一部电影——《异形3》。这部电影并不成功，而大卫·芬奇似乎不把《异形3》当作是体现自己风格的电影。

完美主义与变态和凶杀

大卫·芬奇在接拍电影时的谨慎和严格在电影界足以称奇。

1991年，他拒绝了麦当娜的音乐录像带*Madonna: Truth or Dare*的拍摄工作。

2005年,他拒绝了执导《蝙蝠侠前传》的邀请。

2006年上映的《黑色大丽花》原定是大卫·芬奇执导的,但是他后来退出了。

2006年,《碟中谍3》的导演候选人中也有他的身影,他也退出了,后来该片由J.J.艾布拉姆斯执导。

他原本想要执导2001年的《汉尼拔》,2002年上映的《蜘蛛侠》以及《危险思想的自白》,但未能实现。

他拒绝了拍摄《猫鼠游戏》的邀请,选择了拍摄《战栗空间》;拒绝《8毫米》的拍摄,转而选择《搏击俱乐部》的拍摄工作。

他的挑剔让他在16年的导演生涯中,只拍摄了仅仅7部电影。这对于一个电影导演来说,实在算是少产。但在《异形3》之后,他拍的每部电影都堪称经典。

天性中的完美主义,也让大卫·芬奇的电影拍摄周期成为好莱坞导演中最"拖沓"的一个。他不仅注重挑选剧本,也注重对每一位演员的挑选,如果没有合适的演员出现,他宁愿选择等待或修改剧本。他常常在电影剪辑完成后依然进行大规模的补拍和修改。其中,《十二宫杀手》是大卫·芬奇的"长期拍摄"之最。从2005年8月8日开机到2007年3月2日全面公映,《十二宫》足足耗去了1年零7个月时间。

他导演的影片基本上都带有自己的独特的风格,而且色调均以黑色调为主,《七宗罪》将这些特点发挥到了极致。他的电影里,恐惧的因素是始终贯穿的,尤其是心理的恐惧,这在每部电影中都有体现。而其中最大的一个看点,便是连环凶杀案。大部分人普遍认为犯罪一定要有动机。但是连环杀手却往往并非如此。当然,首先我们要了解的是,连环杀手同样有动机,只是这些动机依照我们的价值观很难被理解和认同。我们自认为自己莫名地讨厌某一类人(例如讨厌穿黄色衣服的人,但其实从心理学方面分析,终究能找到原因),但我们的价值观使我们做出的选择可能是避开他们,很少会做出以杀穿黄色衣服的人为乐的选择。而连环杀手却不同,他们的动机往往匪夷所思,甚至他们本身就不具备完全自控的能力。这就使案件的侦破从一开始就困难重重。

大卫·芬奇热衷于拍摄连环杀人案,他将一桩桩本应令人触目惊心的杀人案拍摄得极具艺术与美感。无论是《七宗罪》还是《十二宫杀手》,在观看其中的凶杀过程时,我们关注的似乎已不是凶杀本身,也不是谁是其中的连环杀人凶手,而是追寻在凶杀背后的更深层次的寓意。而大卫·芬奇也乐于将这些凶杀、恐惧和紧紧相扣的推理呈现给大家。这时他的每部作品,如同一朵朵黑色的玫瑰,绮丽地开放,充满阴郁的质感。

善于制造噩梦的人,往往自身曾经受过噩梦的侵扰。大卫·芬奇选择拍摄《十二宫杀手》,其中也包含了他的感情因素。与许多在20世纪生活在旧金山的美国小孩一样,当时只有7岁的大卫·芬奇也曾生活在"十二宫杀手"这个神秘的隐形杀人魔鬼的梦魇之中。十二宫杀手的故事是上一代美国人共同的恐怖回忆,30多年前出没于旧金山的十二宫杀手不仅杀人如麻(警方证实至少有13人死在十二宫杀手手上,而十二宫杀手自称杀了37人),其玩世不恭地与警察玩"杀人游戏"的态度更让人觉得恐怖。更让人想不到的是,集合了众多警力人力,始终没有抓到十二宫杀手,整个司法制度与社会秩序和法律权威都曾让这个杀人魔王玩弄于股掌之中,这些都曾给予美国人民沉重的打击。

大卫·芬奇回忆当时的情景:"如果你是在这里长大的,恐惧就会一直浸透在你的童年里——他选择了我们的校车怎么办?他就在我们身边现身怎么办?现在回想,那个时候自己的想法确实有点戏剧性,但孩子就是孩子么。"那时听到十二宫杀手已经写信预告自己将劫持校车,杀死一个小学生的传闻时,他就几度认为自己将会成为十二宫杀手的猎物,害得他对坐校车上学产生恐惧感。"我在旧金山的马林长大,现在，我知道罪案发生的地方离我挺远的，但当你还是小学生的时候，缺乏的正是这种理智的思考，那个时候的我只会想一件事——他将出现在我们的学校里。我还记得孩子们在谈论这个杀手时所流露出的恐惧表情，1974年，我们全家就搬走了，但我清晰地记得，'十二宫'这个名字一直伴随着我童年的记忆。"

对恐惧的敏锐造就了大卫·芬奇的黑暗气质。他将这种恐惧感运用到了随后的每一部电影中。无论是玩变态的心理游戏，还是惊悚的连环凶杀案，他都能惊动你的眼球。

里程碑式的电影

七宗罪
——上帝与死神的交错信仰
Se7en，1995

  天主教明言七宗罪：饕餮、淫欲、懒惰、骄傲、贪婪、愤怒、嫉妒。沙摩塞是承办凶杀案的资深探员，即将退休，而米尔斯是新手，兴致高昂，自愿申请调到这一分局。

  星期一上午，发生一件凶杀案，凶手在冰箱后写着"暴食"；星期二，受害人是一位律师，现场写着"贪婪"，一天一个人，依七宗罪而被杀死。面对此案，沙摩塞心中有诸多挣扎，住在这城市已久的他，早已习惯，冷眼看事情，本想不接此案，几经考虑又留下来帮米尔斯。米尔斯血气方刚，冲动易怒，故弄玄虚的凶手因而选他作为七宗罪的最后一人——"愤怒"。凶手约翰竟杀了米尔斯的妻子崔西来激怒他。让自己成为"嫉妒"，米尔斯成为"愤怒"，约翰也赢得了这场游戏。沙摩塞可以退休了，但看着囚车中的米尔斯，他在思考：究竟是社会始终如此不堪，或者天真单纯也是一种罪？约翰智力超常，他在每个案子中都抹去了所有关于自己的痕迹，为此他甚至早早就剥掉了自己的指纹。可他却又总要留下一些蛛丝马迹待警方破解，一旦成功，就可以进一步了解他的目的。"暴食"一案,他让受害人吃下一些橡胶小条,这些是他拖动冰箱时从地面剥离的东西。他以此告诉警方自己拖动过冰箱,而这是为了暴露他在冰箱后面的墙上留下的字迹"暴食"和弥尔顿《失乐园》中的一句话"路途漫长而艰苦,地狱一出即光明"。

大卫·芬奇玩的是一个罪犯与警察捉迷藏的游戏,游戏的核心就是"7"这个数字。"7"是隐藏在现代人性迷宫中的撒旦,在我们越来越把目光投向高科技,投向物质和现代民主的时候,导演却在影片中为我们打开了"潘多拉的盒子"——古老宗教中的7宗该下地狱的罪恶。7罪、7罚、7次下雨、故事发生在7天,甚至结局也由罪犯定在第7天的下午7时……大卫·芬奇这个名字从此和"7"这个数字一起深入影迷的心。

当帷幕落下时,在观众心头挥之不去的是对上帝及现代人性的思考。在人们普遍对"完善的"法律体系越来越抱有乐观态度的今天,这部电影似乎给了我们这种乐观信念狠狠的一击。正如凶手所说的:"作品完成了,大功告成,人们目瞪口呆,而又无话可说。"

特别值得一提的,就是与大卫·芬奇合作了《七宗罪》的新线公司,当时走的是低成本卖座文艺片的路线。连续制作了包括《七宗罪》这样相对另类又能够保证票房热卖的影片,积累起足够的原始资本后,才大胆争得《指环王》系列的发行权,放手一搏,冒险成功。

搏击俱乐部
——"只有抛弃一切,才能获得自由!"
Fight Club,1999

《搏击俱乐部》是大卫·芬奇继《七宗罪》之后的一部深具影响的作品。在这两部作品中,大卫·芬奇充分展示了其独特的拍摄手法、剧情架构和宣扬主题,就像一把锋利的手术刀,切开了当前美国社会的脂肪,让某些污垢赤裸裸地展示在人们眼前。大卫·芬奇运用强有力的影像风格,震撼了人们的内心;用艺术反映生活,揭示诟病,惊醒了仍被生活假象所迷惑和奴役的人们。

《搏击俱乐部》讲述了一个疯狂而离奇的故事。主人公杰克是一个大汽车保险公司的白领职员,过着朝九晚五、循规蹈矩的生活,通过追求物质来换取自以为美好的生活,他蹲在马桶上订购成套的家具:咖啡桌,带绿纹的沙发……但总是感觉某些地方不对,但又不知道如何去找到问题所在。他不知道自己工作是为了得到什么,虚无感折磨得他彻夜难眠,也使他深陷痛苦中。但医生的话改变了他的生活:"痛苦?你也称得上痛苦,你每周二去教堂看看,那才叫痛苦,一群被割掉睾丸的人坐在一起,那才叫痛苦。"于是,杰克迷恋上了参加各种团体,如癌症团体、寄生菌团体和肺结核团体,等等,因为在团体成员的互相倾诉中,他似乎找到了归宿和一种精神的释然,他可以感受痛苦,可以倾听身患绝症的成员在临死之前的真诚宣泄——他的失眠症也治愈了。

然而，当他发现一个名叫玛拉的女子同他一样到处"行骗"时，他像被人戳穿了一样，失眠症再次发作。一次杰克出差回来，发现自己的家已经因瓦斯泄漏而被毁，一无所有的他想起了在飞机上认识的肥皂商泰勒，他搬到了泰勒的简陋公寓住下。二人在喝完酒后从肉搏中体验到快感和兴奋，于是他们一拍即合，成立了"搏击俱乐部"。响应者云集一间黑暗的地下室，每天晚上来此进行最原始最残酷的搏斗……这个地下组织日益壮大，会员职业涵盖各个行业，进行各种破坏性活动。

直到一天泰勒突然失踪，杰克奔波于各个大城市之间寻找泰勒，他发现每个大城市都有"搏击俱乐部"，同时他也发现，原来自己就是泰勒，泰勒是自己潜意识中双重性格的另一面。杰克无法同时驾驭两个自己，一方面他在竭力阻止各种大规模的破坏活动，另一方面，在神志不清的时候，他又周密地安排这些活动。最终，杰克用自杀杀死了泰勒。他挽着自己爱着的女人之手，看着一座座大厦像烟花一样坍塌覆灭……这是一个严重的人格分裂者的悲剧，借此大卫·芬奇为我们展示了现实社会中隐藏着的另一类危险人群。

十二宫杀手
——最完美的凶案回放
Zodiac，2007

《十二宫杀手》改编自真实事件，影片描述了美国历史上最神奇的一个连环杀手：他曾在20世纪60—70年代的旧金山区域犯下了13桩（自称37桩）滔天大案，他曾于1969—1972年连续杀戮之后人间蒸发，却又在1976年卷土重来嗜血，直至1991年，他曾用详尽的文字向报社、警方"炫耀"自己的犯罪细节，他曾"善意"地在每次杀戮之后留下线索，要求所有人破解他密码信件中隐藏的身份，他自称为"十二宫杀手"。直至今时今日，"十二宫杀手"仍然戴着神秘的面纱。

而这个未解谜局加上对连环杀手情有独钟的大卫·芬奇的手笔，更是锦上添花。也许大卫·芬奇做梦也没想到，自己会以这种方式重复儿时的梦魇——执导《十二宫杀手》。

此时的大卫·芬奇45岁，他的《十二宫杀手》有着明显的怀旧色彩和对童年记忆的挖掘，不再有《七宗罪》中浑然天成的机灵劲儿，不再有《搏击俱乐部》中真实粗糙老愤青的嘴脸和灵魂深处的躁动不安。但是他却带给了人们另一种刺激的遐想：当年，正当壮年的"十二宫杀手"始终没有被抓获归案，此时的"十二宫杀手"可能已经被岁月雕塑成一名普通的老人，这桩"库存"了30多年的案子元凶，是否有可能正坐在电影院里，聚精会神地观看这部《十二宫杀手》？

挑衅的艺术
——［日］大岛渚

Nagisa Oshima

  知道大岛渚的人多半是从知道《感官世界》开始的，在大岛渚的身上几乎体现了日本电影的全部内容，包括人性化的、非人性化的各种东西。大岛渚最热衷表现的东西就是性，他的几部情色电影显然够得上A片级别，他对镜头的大胆运用，甚至达到了惊世骇俗的地步。

  与日本另一个导演奇才黑泽明相比，晚生20年的大岛渚显得更日本化，黑泽明的大气磅礴是西方戏剧式的，是日本人久居岛国的幻想和发泄，并非东瀛本质。而大岛渚在题材选择上更符合日本人的阴柔和细腻，他除了继承日本固有的武士道精神外，也很注意日本女性在压迫之下暗涌的情色世界，并将之无限放大，于是才有了他的镜头下，各种奔放到疯狂的情色电影。他继承了日本传统，却又颠覆日本传统。他把日本电影带入了另一个更深刻的高度。

大岛渚：日本最有思想的情色暴力电影大师

  大岛渚电影的核心关键词：情色、暴力与政治。这样虽然极易被贴上少儿不宜低俗无营养的标签，但理解他的电影一定要结合他所处的时代去看。大岛渚的影片都有着深刻的时代背景，那是一个日本军国主义日益猖獗、神权政治统摄一切的时代，他以高调的性和暴力，揭发和批判社会体制的僵化，反映在政治专制的压迫下，人性受到的压迫，人内心力量的释放。

  大岛渚的电影无时不尖锐地刻画社会与爱、性本身含带的压迫，对这些人性因素的反抗是他电影的思考主题。其视野不限于日本内部阶级的冲突。与陀思妥耶夫斯基一样，大岛渚几乎所有的电影情节都是通过主人公的犯罪行为来推进、拷问。其对传统观念、荒谬政治的既愤慨又条理清晰的批判十分坚决。

  大岛渚从照片上一眼能看出是个略显严谨的知识分子式导演，他将反体制贯彻到底，但又使这一切表现在局中人真实生存的痉挛和绝望中。所以，他的电影完全不是符号。他被大多数人熟知的《感官世界》与《爱之亡灵》的成功与获戛纳大奖，只是作为导演需要的商业性成功，但与真实的大岛渚电影世界无关。

  《感官世界》这部惊世骇俗的情色电影，为大岛渚打响了在世界影坛的名号，它用直观暴露的镜头，甚至做爱的镜头，糜烂奢华的布景，几位演员毫无顾忌的出色演出，诠释了日本历史上最著名的"阿部定案件"，打出鲜明的"要做爱，不要作战"的主题。凭借此片，大岛渚成为日本电影界的先锋人物。其华丽的格调，赤裸裸谱写性爱扭曲张扬之美的大胆意向，使得此片在刚刚解除情色片禁忌的法国上映时，让法国观众目瞪口呆。

　　大岛渚并不认为革命可以解决一切，但他一直在探讨的核心问题是，人如何才能成为真正的反抗者，获得真正的自由。他的很多作品主角都是罪犯。这些游走于底层的人物是社会的牺牲者，却不愿被同情，无一例外采取反抗的态度。从《爱与希望之街》里行骗的贫穷少年，《青春残酷物语》里学生们设计仙人跳，到《太阳的墓场》里卖淫、杀人等各种犯罪行为。

　　大岛渚曾说，自己拍电影也是一种犯罪行为。他对罪犯的兴趣多少也因为他把罪犯看作是一种与生俱来的反体制者。"他的电影，几乎是现今日本所能想象到的所有压迫的综合性研究"，"大岛渚仍然从整体上掌握到现代日本人受到压迫的实情，而且不愿停止这种工作。这是因为他意识到，驯服是最可怕的，虽然同代人中像他这样的人并不多，但透过这种强烈的意识，大岛渚与各个阶层的人都建立了深厚的关系"，有人这样评论道。

松竹新浪潮的斗士

日本电影史上曾经出现过一个名词：松竹新浪潮。所谓松竹新浪潮，是指20世纪60年代初，松竹电影公司的一班年轻导演，通过他们的作品所展现的一种电影新思潮。松竹新浪潮的电影一般都具有强烈的社会性，反映20世纪60年代日本社会的种种问题，那些电影里的主人公，在结尾往往遭受挫折，这是那一代日本人在生活上所承受的无力感。那一代人经过战后十年的努力，物质上已获得满足，但精神生活未得到发展，不少人承受不了由此带来的压力，通过性与罪"解放"自己。作为松竹新浪潮的旗手之一，大岛渚在日本电影史上的确有其重要的意义。

1932年3月21日，大岛渚生于京都，父亲在渔场任职，据说是武士之后。6岁时，大岛渚的父亲去世，他在母亲的抚养教育下长大。

毕业于京都大学法学部的大岛渚，对电影一无所知，却出人意料地考入了松竹公司大船制片厂。

在进入松竹公司的前五年时间，大岛渚参加了15部电影的拍摄，并完成了11部剧本。1959年前后，一直以出品女性电影为主的松竹公司由于电视的普及，流失了大量的女性观众，因此电影票房不济。为了挽救票房，松竹的负责人城户四郎被迫起用新人导演，一批副导演被破格升为导演，负责拍摄全新概念的电影，这其中，就包含了27岁的大岛渚。在城户四郎的支持下，大岛渚拍摄了电影处女作《爱与希望之街》，这部电影的编剧正是其本人。然而由于大岛渚在影片的主题和情节处理上和松竹公司有着极大的分歧，作为对大岛渚的报复，影片只被安排在松竹公司一家二流的乡村影院里首映。

后来大岛渚退出松竹公司，成立独立制片的"创造社"。

"独立"后的大岛渚，1962年至1965年以拍电视纪录片为主。1966

年，大岛渚拍摄《白昼的色魔》，他的电影生涯进入了另一个阶段，著名日本影评人佐藤忠男指出，这段时间是大岛渚"魔的探索"的阶段。

直到1973年解散"创造社"，大岛渚共拍摄了23部电影、电视作品：大江健三郎小说改编的《饲养》；民间春歌与民主思想的《日本春歌考》；卡夫卡式的描写在日朝鲜人的黑色幽默影片《绞刑》；描述新宿一带先锋艺术家生活的《新宿小偷日记》；新一代少年反抗社会的《少年》；战败后日本名门家族故事的《仪式》等故事长片和《被忘却的皇军》《大东亚战争》《毛泽东》等一大批电影电视纪录片。

在艰难的独立制片过程中，大岛渚还开创了"1000万日元电影"的极低成本的制作模式。

20世纪70年代后，大岛渚开始把目光转向女性电影，开始关注女性的需求，对整个特殊的第二性特别敏感。这期间他参加了大量女性访谈节目的采访。直到1976年，让他声名鹊起的《感官世界》上映，大岛渚的导演生涯达到了巅峰。1978年《感官世界》使大岛渚获得第31届戛纳电影节最佳导演奖。随后，《感官世界》的姐妹篇《爱之亡灵》上映，又一次让大岛渚捧回戛纳电影节最佳导演奖。

至此，大岛渚完成了从松竹新浪潮斗士向国际级大导演的转变。

对"性"与"罪"的崇拜

从1960年的《青春残酷物语》开始，直至1999年的《御法度》，性的主题贯穿着大岛渚的每部影片。在电影中加入性描写，几乎每个导演都做过，事实上这并不是什么惊世骇俗的手法。然而，大岛渚影片中的性却有所不同，它不单纯是性，同时还是暴力、罪、绝望、占有，他影片中的每个人物所表达的性，都带着一种恶性的驱动，带着一种非正常的情欲表达，甚至上升为一种仪式化的罪恶。在大岛渚的镜头下，人物对于原欲的本能迷恋与冲动，与其说是发自情理，不如说是涅槃的生命祭礼。可以说，大岛渚对性的描写是严肃的，而且贯彻始终，甚至具有一种悲悯的色彩；对性爱本能的观照，更是成为他独特艺术思想的粲然绽放。

这种仪式感不仅表达了大岛渚对人性本身欲望的理解，对人物无法达到的诉求的惋惜。从更深层次上说，大岛渚不断地以施虐和受虐来表达爱情，不断地制造男女之间甚至同性之间的畸形之恋，也体现了大岛渚对于日本社会制度的反抗和无奈，表达了大岛渚的不满，也传达了人性的残酷。而大岛渚也为他影片中的人物安排了一个救赎与解脱的结局。

死亡是情欲的反动与定格

大岛渚的电影充满绝望的色彩。死亡似乎是电影中不可或缺的情节。有人说，美到极致，就是绝望。大岛渚影片中的死亡，唯美而宁静，不是美得令人绝望，而是美得令人恐惧，黑色屏幕上无声的交流透着现实世界无边的孤独，而音乐之外的世界，却是冷漠和残酷，甚至是互相的毁灭。情死，是日本电影中常常出现的情节。情死原本是日本歌舞伎的一个重要表现内容。流变至今，它的主要表现内容为爱得刻骨铭心但又不能结合的男女遁形无门的殉情。承继日本民族耽于极致瞬间的性格，人们不能容忍私奔的东奔西逃，而崇尚对爱情进行终极定位的情死。

在大岛渚的每部电影中，几乎都会出现情死的内容。不管是狂热的性爱，还是偷情带来的紧张快感，最后都走向了寂灭。但这种或壮烈或解脱的寂灭，不是悲剧的、无可奈何的被迫，不是肉体快感的终结，而是主动抉择的疯狂结果，是供奉于情欲之前的香火，是对肉体之乐的终极祭奠。在现实社会中，死常常被用来证明人应当如何活在世界上，以及活在世界上的意义，大岛渚镜头下的人物，却在死中获得了解脱，获得了更快乐的心灵体验。但这些并不代表大岛渚就是主张情死的，他只是借情死来传达一种无奈，一种对旧制度的反抗，他创造的每个人物的死，都是叛逆的，反叛的，张扬的。他们为爱而疯狂，为性而痴迷，为这些疯狂和痴迷而走向幻灭。性的求索在走向死地的瞬间，在美的意绪中成为情欲的定格。大岛渚的演员们是必然要死的，因为在他的概念里，男女之间正常的情欲都被赋予了畸形的色彩，而同性恋和人兽恋也表现出了绚烂的风格，是将异常正当化和艺术化的尝试。大岛渚用自己的方式，表达了对爱与死亡最崇高的敬意和独特的理解。执着、敏感和对美好事物的虔诚关注，使他看到了更深刻的东西，在残酷的死亡背后，他给人们留了最后一丝希望、信念和救赎。

里程碑式的电影

青春残酷物语
——无处呐喊,无处安放
1960

大岛渚在拍摄《青春残酷物语》时曾经说过一句很残忍的话:无论在什么体制下,青春都是极其伤身的。

于是,在《青春残酷物语》里,我们看到了那段混乱慌张的日子,不负责任的张狂和叛逆,莫名其妙的不满烦躁,无谓而盲目的死亡。当片头出现那几个血淋淋的大字时,就知道大岛渚不会给主人公们留后路,影片中的人是必须得死的,从一开始就窥探到了结局。

《青春残酷物语》有点像《毕业生》的亚洲版,但大岛渚要拍的青春气息更浓一些,男女之情和青春残酷比《毕业生》渲染得更浓烈,在电影中传达的情绪上,实际上已经被社会批判故事元素喧宾夺主了。

《青春残酷物语》的创作灵感据说来自韩国的学生暴乱,影片描述了高中生真琴和朋友在繁华的东京街头游玩,入夜了,她搭便车回家,一个不怀好意的中年男人把她拉到了旅馆,幸运的是她被经过的藤井清所救,这可能是另一个不幸的开始。第二天,到处在上映韩国学生暴动的纪录片,街头轰轰烈烈举行反对"安保条约"的学生示威,阿清与真琴却无所事事，在水边的木材厂，阿清强奸了真琴。在影片中，这是一个令人难忘的镜头，阿清在木材堆上想与真琴接吻，当真琴挣扎时，清把她推下了水。真琴在水中挣扎，清在岸上冷眼旁观，她每一次想抓住木材，都被清用脚推开。当她终于筋疲力尽时，清把她拖起来。两人在光天化日下发生性行为，镜头从地上移到空中，再次回到地上时，是真琴衣衫不整地躺着。他们的开始就是这样，性成了生活的一部分。不久，清和真琴同居了。为了应付真琴怀孕带来的一系列开销，阿清和真琴无耻地用美人计勒索中年男人……

当真琴动完手术躺在床上，清在她旁边吃苹果。这一处堪称影片中的一个亮点：室内周围是灰暗的，而中心一点是苹果的红色和清闪着光的脸，这种影像的叠加让我们看到黑暗中不曾熄灭的青春在做最惨烈的挣扎，观众甚至以为他们能够走出骚动和迷惘，以为会有希望和光明。

但是大岛渚的彻底在于此，他还是让他们走到了命运的尽头。

清因为诈骗入狱，真琴也跟着进去。断了后路的他们，注定是该以死亡告终的。仿佛觉得整个屏幕都是鲜血，可是镜头里不过是两具冰冷的尸体。

这部片子是他拍的第二部作品，年少气盛的感觉充斥其中。仿佛他试图用影片做某种呐喊的尝试。他用影像发出了尖锐的声音，企图唤醒还在沉睡的人们。整部片子只有一个色调。多数采用夜景，白天也是不用晴空的色彩，而用接近黑色的深蓝色作为整个影片的基色。而且影片大量运用远望镜头，除了被摄主体的清晰外，其他均模糊，还用了人的肤色、血色、服装等红黄色来强调影片的基调。在整部电影的手法上，大岛渚大量运用了奇特的拍摄手法，如短镜头、移动摄影、长时间的摇拍、镜头摇晃颤动，剪接节奏快，切割频繁，镜头直接跳接等，这使这部拍摄于1960年的彩色电影尽管情节现在看来有些老套，但还是非常值得一看的。其中许多镜头处理得相当美，但更让人回味的是那种赤裸裸刻画的现实以及导演着力表现的青春期心里的暗淡、烦躁和不满。

日本之夜与雾
——一场诗意的政治逃亡
1960

  《日本之夜与雾》是大岛渚成为专业电影导演后拍摄的第四部电影，它在大岛渚的电影导演生涯中占据了极为重要的位置。

  这部电影是大岛渚的成名作，在他同一年的三部电影中，虽然《青春残酷物语》和《太阳的墓场》都广受年轻人的欢迎，但《日本之夜与雾》却真正掀起了高潮。可以说，正因为有了这部电影，才有了日本电影史上著名的"松竹新浪潮"。虽然电影是小制作，场景都集中在室内，却拍出了非常独特的创意。全片以一场婚宴为中心，新娘是个学生，新郎则是名从前有过学生运动经验的记者，二人在1960年6月15日反对修订《美日安保条约》的大游行中认识而结下情缘，但剧情发展下去，婚宴却变成不同派系对学生运动发表的热烈讨论，最后成为一场政治的斗争，一场喜宴通过逃亡人之口，竟变成了政治人的聚会，也为我们呈现了一段腥风血雨的政治历史。

  影片虽然从一个婚礼场面开始，最终收场时却十足像个葬礼。大家一个个地揭露、反省、逼问……话剧式的空间造型与对白风格，使众人对峙的场面紧张得如同一场战争复现，而回忆段落里舞台式用光又赋予影片以残酷的血色诗意。

  这部电影的革命性在于全片由43个没有切割的长镜头组成，一气呵成而略带呆板,正代表了大岛渚的年轻时代。这部电影表现了年轻的大岛渚在表现手法上的不足。影片不像是为观众提供娱乐,而更多的像是对年轻人进行再教育,因此影片的票房并不尽如人意。但大岛渚的才华是值得肯定的,全黑的背景,不只是夜色,更重要的是表现出刻意突出的间离感,一种自我和社会角色的含混,这才是影片的重点。抗争不一定有着预料的结局,但至少是个体最大限度发出自己的声音。至少,为了理想作出了努力。

这部影片的另一个重要意义在于催化了"创造社"的诞生。《日本之夜与雾》上映时发生了日本社会党委员长被刺的政治事件,大岛渚受到牵连,而被公司停止了创作。一怒之下,大岛渚约集一批同事集体退出松竹公司,成立独立制片的"创造社"。

感官世界
——性比死更冷
1976

拍摄于1976年的《感官世界》是大岛渚的巅峰之作,也是大岛渚自立门户以来首度与法国合作拍摄的大片。这部电影叙述了一个情欲悲剧,他将情欲设定在一种人性的自我宿命中。其悲剧元素来自人性深处对于性对象以占有欲为主的感情旋涡。影片叙说的是昭和年间(1936年)的真实故事:从了良的妓女阿部定因为生计困顿,去阿吉的酒店当女招待，却和酒店老板阿吉发生了婚外情，两人沉溺于对彼此身体的情欲而无法自拔，他们私奔到一家旅馆。在后来的日子里，阿吉和阿定几乎没有一刻休息地做爱，不吃不喝，不让女佣收拾房间。即便没有躺在床上，二人也会随时在街角、在门廊中做爱，甚至在行走时，阿定也一直握住阿吉的阴茎。只有在阿定为了钱去会一个有地位的客人时，或者阿吉义务性地回家时，他们才暂时地分离几天。

阿定对阿吉阴茎的占有欲越来越强，常常一边做爱，一边手持刀剪说要将它割下来。终于，在阿定最后的极乐寻求中，疲倦的阿吉完全放弃了自己，他让渐渐疯狂的阿吉在做爱时用衣带勒住他的脖子，在沉睡中死去。

阿定割下了阿吉的器官，将它紧紧攥在手中，在尸体上用血写着"阿定和阿吉永远在一起"。她拥住尸体，陷入了彻底的疯狂。当她被捕时，身上装着阿吉的器官，脸上绽放出灿烂的笑容。

作为情人的女人无法拥有已经是两个孩子的父亲的阿定，本身就是一个巨大的悲剧。在现实世界中，这桩1936年发生在东京的艳情凶杀大案引起的社会反应却出乎意料：尽管阿吉的尸体惨不忍睹，凶手阿定却得到了许多人的同情。后来，这件事被不止一次地搬上日本银幕，大岛渚于1976年拍摄的这部《感官世界》，因其贯穿始终的真枪实弹的性交场面以及日本式的唯美颓废色调而成为情色经典。

《感官世界》是一部令人不安的电影。当人们已经习惯了理性世界各种如磐石般坚定而沉重的责任和约束力，曾经敏感的感官也渐渐被淹没，人们只是按照一个理论世界的和谐概念在生存，任何有悖常理的行为和观念都被推拒在生活之外。但是，在《感官世界》中，大岛渚用他异常写实的镜头营造出了一个纯粹的感官世界，思想与逻辑毫无踪迹，在脆弱的肉体表现的肢体语言中，男人和女人像两件精致的瓷器，彼此碰撞，缓缓瓦解。过程是徒劳的，在这种宁静冷淡的背景前，爱欲散发出血腥和死亡的气息。大岛渚用镜头表现了一个爱情定律：女人永远比男人勇敢。阿定全身心地投入，不计后果，她要绝对地付出，绝对地占有。而阿吉始终是犹豫而飘忽的，甚至在阿定用锋利的刀刃指向他、用布带勒紧他的脖子，他也是那样不置可否。他是如此苍白无力，被动地被牵引着，在感官世界里踏上死亡之旅。

真实的性交画面和日本特有的殉情美学构成了《感官世界》的主题。镜头毫无保留地记录着两人的交欢，这种写实风格着实让人吃惊。为了完成拍摄，女主角松田英子不得不一次次地服用避孕药，松田英子此生此世大概再也不会有这种激情的性爱历险了，她与阿吉的饰演者藤龙也经历了人类最疯狂的性体验。日本文化对性的态度一直是坦率的，大岛渚让主角在性的高潮中慢慢死去，可以看作是典型的日本文化的代表了。

尽管如此，此片在日本上映还是遇到了阻力。影片虽然是在日本拍摄完成，却是在法国完成最后的剪辑与后期制作的，甚至在很长一段时间内，都不允许在日本国内上映，可以说是法国版的日片。而大岛渚本人也因为《感官世界》而受到了牵连。在影片推出的同年，警方搜索了出版商和大岛渚的住处，查禁了所有相关出版物。

1978年2月27日，大岛渚与出版商竹村以"公开猥亵罪"被移送东京法庭，经过6年的审判之后，1982年6月8日，两人才被宣判无罪。

1976年的日本，大岛渚用感官上的刺激挑战观影人的脆弱心理，他成功了。

御法度
——男人与男人的菊花之盟
1999

该片是大岛渚中风十多年后的复出作，请到了已经在世界影坛取得大师称号的北野武出演，在当时成为话题之作，并参加了第53届戛纳电影节影展。

《御法度》以同性恋题材表现幕府时代武士之间的爱，展现人心中最原始的部分——爱美之心人皆有之，无论官兵都爱慕美色，而这就像风吹落叶，让日本人最引以为自豪的武士道精神，在这一点点美色中顷刻土崩瓦解。"法度"是一切武士必须遵守的条例，而"御"是超越、超过、破坏，这部电影的片名就昭示了电影就是破坏一切条例禁忌而产生的美感。

御法度在日语中原有禁忌、戒律的意思，就像波兰导演基耶斯洛夫斯基的《十诫》，然而大岛渚的阐述是："这只是一种官方用语，这故事有关一群疯狂的男人互相厮杀期间，无可避免地爱上了同性"（因为没有异性）。美少年加纳的美貌，在武士中成为一件利器，刺破了禁锢人性的"法度"，表现了人性中最原始的那一部分东西。

故事讲述了1865年，日本京都，德川幕府创建的新选组征选优秀的剑手，录取了年轻妩媚的男子加纳和一位低级武士田代。不久军中传出加纳和田代关系暧昧的谣言。对于这样的关系，组里的法度是不允许的。但却并无法阻止加纳一次次地勾引男子，并一次次获得成功，而与他有关的男子却被杀害。土方岁三命令总监山崎对此事展开了调查，却毫无进展。由于担心同性恋会在新选组成员中盛行，土方岁三下令山崎给加纳找一个女人。山崎照办，却被加纳误解自己勾引他。随后，山崎在回家的路上遭到伏击，击退了杀手的山崎在现场找到一把田代的刀子。近藤决定处死田代，并由加纳执行此次任务，派土方岁三和冲田在暗中保护。夜幕降临，加纳与田代在河边展开了一场刀光剑影的争斗。田代明白自己被加纳栽赃陷害，并向他发起了攻击。加纳战败后嘟囔着"原谅我……"听到这话，田代一时心软，加纳趁机将其砍死。

土方岁三突然明白一切不是加纳的错，而是他身上那和眼前樱花一样迷人的妖气，他一刀砍断了樱花树。同时，远处也传来了冲田总司斩杀加纳的刀声……

在片子的最后，冲田对土方说了《菊花之盟》的故事：学者搭救了一位负伤的武士，两人意气相投，相约结拜兄弟。但武士必须回乡一次，便订下再见的日期。到了那天，学者买来菊花和酒，一直等到深夜。武士终于来了，但，来的只是魂魄而已。他在家乡作战时被围困，无法脱身，为了实践诺言，不惜自杀让魂魄来赴这"菊花之盟"。

整部片子一气呵成，从最初画面中远离尘世的寺庙庭院，到加纳不可思议的鬼魅男色，到樱花树的落英缤纷，以及最后寓言般的结尾，都美得触动人的内心。能把一个如此疯狂的题材拍摄出充满画面美感的艺术享受，恐怕只有大岛渚一人。

当时的大岛渚身体已经很虚弱，《御法度》完全是坐在轮椅上完成全部拍摄的，却引起了巨大反响。这十年的等待，不仅对导演来说是值得的，对观众而言也是完全值得的。《御法度》融合了大岛渚电影的核心思想：武士精神、色欲、畸恋、罪恶、死亡。全片一如既往地充满着唯美与邪恶的混合体，甚至超过了他以往的电影。事实上，加纳就是美与邪恶的代表，就是典型的大岛渚风格。

有点出人意料的是，《御法度》虽然是同性恋题材，画面却表现得异常干净。与大岛渚电影从前大量充斥着的性交镜头相比，《御法度》里只有点到为止。老年的大岛渚似乎想用一种更隐晦的手法来表现他的性与爱。

而镜头的处理更是令人惊叹的美。这不仅仅在于画面中美丽的东方情调，而且体现在各种细节上。全片最美的镜头大概就是被砍倒的樱花树。樱花树是加纳的化身，冲田的离去便是杀戮的前兆。倒下的樱花树落英缤纷，树边缓缓收刀的土方。这是影片中唯一一个升格处理的画面，缓慢得近乎残酷。美丽、邪恶、毁灭，大岛渚最终对美丽的毁灭是隐喻而沉重的，甚至连毁灭本身也是美丽的。引起纠缠的本源已经消逝了，但纠缠本身却将永远持续下去。日本的审美感官一向很极致，而大岛渚不仅仅是极致，而是走向了极端。

在经过多年对性的探讨之后，大岛渚更深层次地，用一种清新的手法来描述罪恶的本源，在一个纯男性的群体中感受彼此的责任、立场、威胁和欲望。这部电影如此灰暗，却也是个充满妖冶美感的故事。大岛渚让每个人的心里开满了颓败的罂粟花，欲罢不能的同时心中充满仿佛被击倒般的惶惑。

意式西部片之父
——［意］赛尔乔·莱昂内

Sergio Leone

  提到美国西部片，最不能错过的却是一个意大利人的名字——赛尔乔·莱昂内，被誉为"意大利西部片之父"。

  黑泽明的《大镖客》给了他莫大的灵感，他仅用20万美元的拍摄资金，请了伊斯特伍德主演，请了莫里康尼作曲，跑到西班牙的沙漠里拍摄了《荒野大镖客》，结果两人一炮而红。"通心粉西部片"和莱昂内也都声名鹊起，黑泽明的一纸诉状拿走了一切。

  没有捞到这一把美元的（《荒野大镖客》的片名直译是《一把美元》）莱奥内决定再拍一部西部片，片名就叫《为了几块钱》（中文片名为《黄昏双镖客》）。就这样到了第三部《黄金三镖客》的时候，莱奥内已经成了如日中天的西部片大师了。

赛尔乔·莱昂内：意大利的西部电影教父

有人这样说过，在美国电影史上，只有一部类型片可以与《教父》相提并论，那就是意大利导演赛尔乔·莱昂内的"往事三部曲"之一，耗资4000万美元，历时13年制作的《美国往事》。

赛尔乔·莱昂内是靠西部片起家的，西部片是美国电影中最古老的样式之一，它最能反映美国人的民族性格和精神倾向。进入20世纪60年代，西部片开始发生变化，美国人的西部片已经渐显颓势了。与此同时，一个叫赛尔乔·莱昂内的意大利导演却在罗马郊外拍摄了《为了几块钱》《好人坏人小丑》《西部往事》等被人们称为"面条西部片"的西部片，让美国同行们感到汗颜，这类影片没有了美国西部片的浪漫主义和以追逐、动作为主的外在节奏，转而注意渲染气氛和对人物心理的描述。1964年他把黑泽明的《大镖客》改编为《荒野大镖客》，空前轰动，开创了意大利西部片热潮。其后他继续导演了数部意大利西部片，甚至压倒了美国自己的西部片。

《美国往事》是一部描写友谊与对立、忠诚和背叛等人性冲突的黑帮史诗电影。导演赛尔乔·莱昂内一改好莱坞传统西部片的格局，以独特的视角塑造了美国黑社会人员出生入死的人物形象。影片颇有气势，暴力的描绘有一种诗意。时间跨越40年，从经济大萧条、禁酒令到第二次世界大战等重大事件均作为背景。

影片只选取原作中的几个人物和几件事件，采用典型的好莱坞叙事结构。所不同的是，影片的时空结构处理颇有特色，通过主人公面条的回忆将故事逐渐展开，故事始终在面条和麦克斯之间一种说不清理还乱的债务纠葛中进行。

影片的主人公面条并不像一个传统黑帮电影中的黑帮人物，他更像一个屈从于环境和直觉的平凡人，同时也为此付出了一生的代价来寻求最终的救赎。

《美国往事》从某种程度上讲，是一部纯粹的作者电影，它所承载的是导演赛尔乔·莱昂内所有的"美国情结"，他所要讲述的并非是一个逻辑完整的传统故事，而是他本人对他一生所钟爱的美国历史、文化与精神的一次纯粹自我的表达。因为他对于大洋彼岸的理解并不像科波拉这样在街边成长起来的意裔美国人，而是通过银幕上的美国电影所获得和积累的，所以他才会拍摄出这样一部带着非美国气质的美国题材的电影。

莱昂内对特写的大胆运用和创新成为电影史上运用特写镜头的典范，他的人物脸孔特写往往超过一般特写的取景范围，将特写镜头更加深入，最极端时摄影机只对准人物的眼睛，以突出主人公的内心世界和情感世界，并以连续推进的"渐进式特写"，强化从人物冷漠的外部面貌进入内心世界的过程，并配合闪回、音乐和交叉剪辑，使特写的运用更加强烈有力。

富贵之家成长的西部片之王

赛尔乔·莱昂内的外祖父在Lombardie经营一间豪华酒店，祖父是那不勒斯市附近Avellino的乡绅。父亲文森佐·莱昂内是意大利早期著名电影导演、电影活动家，艺名罗伯特·罗伯蒂，后来，赛尔乔·莱昂内执导《荒野大镖客》（1964年）时，就用了鲍伯·罗布森的笔名，意为"Robert's son"（罗伯特的儿子），以向其父亲致敬。母亲白丝·瓦勒琳是戏剧演员和电影演员，为了追求他父亲，退掉了与当地一个王室成员的订婚，嫁给文森佐。

莱昂内是家中的独生子，而且是父母中年得子，莱昂内出生时，他的父亲已经40岁。莱昂内出生时，他的父母正犹豫是否去德国，莱昂内的出生导致他们永远留在了意大利。莱昂内后来谈到，由于是独生子，所以他才喜欢在电影中展现男性友情，因为他始终希望有一个哥哥或弟弟。他成长在意大利法西斯统治的时期，就读于一所教会学校。在法西斯上台之前，莱昂内的父亲是意大利导演协会的主席，曾是早期意大利最重要的导演之一，其影片票房曾达到200万里拉。由于1925年拒绝拍摄根据墨索里尼小说改编的电影，在法西斯上台后遭到打压。为了生活，文森佐不得以将家中物品卖掉，莱昂内说："我童年时代就是看着家中的好东西一样一样消失的，所以我要在电影中再一样一样把它们找回来。"莱昂内少年时代比较顽皮，曾跟伙伴们站在墙上比赛撒尿，曾与伙伴到犹太人区与那里的小混混群殴，他的部分童年记忆后来融入《美国往事》的创作中。他很聪明，但学习成绩不好，他格外喜欢历史，但由于中学时代正值法西斯执政，历史课本内容都被法西斯化，他开始对任何书本上的历史表示怀疑。在接触电影之前，莱昂内喜欢上了木偶戏。

二战期间，他经常骑在父亲的后背上，在周末跟父亲去抵抗艺术家聚会的"红房子"咖啡馆（Aragnon），父子经常被秘密警察跟踪。莱昂内说："我几乎是看着盖世太保那黑猩猩一样的脸长大的。"1942年，他父亲在朋友帮助下，获得拍摄的机会，莱昂内为父亲担任助手，但他认为，"在父亲那里没有来得及学到什么"。

二战结束后，由于受到父亲的影响，莱昂内很快地进入电影界，成为当时最年轻的助理导演。莱昂内的助理导演生涯为他奠定了丰富的拍摄经验，他曾为意大利新现实主义的著名导演德西卡（Vittorio De Sica）和科曼奇尼（Luigi Comencini）担任助理导演，学习到如何处理真实历史元素和现实元素，同时他又在好莱坞古装历史片拍摄过程中担任助理导演，其中包括罗伯特·怀斯（Robert Wise）和威廉·怀勒（William Wyler）等著名导演，他是著名历史片《宾虚》《特洛伊的海伦》的助理导演，他还为瓦尔什（Raoul Walsh）和弗莱德·金尼曼（Fred Zinnemann）等著名导演做过助理导演，他曾受奥逊·威尔斯（Orson Welles）邀请参与电影拍摄（该片由于资金问题没有实现），这些经历他对美国电影制作流程有了充分认识，他也积累了丰富的摄影棚工作经验，并在意大利新现实主义和好莱坞史诗片之间，逐渐找到个人风格。

1989年4月30日，莱昂内因突发心脏病逝世于罗马寓所，终年只有60岁，逝世之前，他正筹拍战争片《列宁格勒900天》。很早他已经预想好影片中的部分镜头，在1984年的访谈录中，他提到了影片开始的长镜头：垂直俯拍一双弹钢琴的手，特写，镜头移开，肖斯塔科维奇（Dmitry Dmitrievitch Shostakovitch）在演奏钢琴，是他刚刚写完的《第七交响曲》。镜头慢慢拉开，这里是列宁格勒剧院，镜头从剧院的棚顶移开，音乐渐强，更多乐器加入，转移到残破的街道，市民们拿着枪，走出家门，镜头跟着他们走到路口，与另一队市民汇集，人越聚越多，他们走到火车站，与那里的士兵坐上火车，镜头跟着火车，来到战火纷飞的列宁格勒保卫战前线，炮火响起，与音乐汇为一体，音乐在高潮中结束，战斗开始。

独有的特征

由于莱昂内始终拍摄类型片，所以尽管他在世界各地拥有众多观众和影迷，但他的电影在当时甚至今天，一直没有受到影评人和学者的重视。《荒野大镖客》上映时，遭到多数意大利影评人的批评，《黄昏双镖客》和《黄金三镖客》曾受到法国电影杂志《正片》的批评，说这两部电影是一种"空泛的矫揉造作"。在意大利，第一篇真正正面评论莱昂内电影的文章出现在1982年。在为数不多的研究者中，英美学者与欧洲本土研究者对莱昂内电影的核心主题，有着不同的判断。

死亡主题：以克里斯托弗·弗雷林为代表的英美研究者认为莱昂内电影的核心主题是"死亡情结"。如影片中经常出现的绞索、十字架、坟墓、棺材等道具。

美国梦：以吉勒斯·凯布、菲利普·奥托利为代表的欧洲研究者认为莱昂内的电影始终围绕着"美国梦及其幻灭"的主题展开，这表现在三部曲的寓意中，在影片中表现为童真的失去，如被杀害的儿童和反复出现的儿童视角镜头等。

超长片长：自《黄昏双镖客》以后，莱昂内的影片片长相对较长，多数影片片长在2小时以上，《美国往事》导演剪辑版本长达4小时30分钟。

精简的对白：莱昂内西部片的主要形象"无名氏"与美国西部片英雄形象不同，他少言寡语，处事谨慎。莱昂内不喜欢让他的人物说话，而喜欢在戏剧化的冲突和人物动作中塑造人物。

反讽与戏仿：莱昂内的西部片以带有反讽色彩的喜剧感著称，人物诙谐、生动、夸张，剧本的戏剧化程度较高。在西部片中，莱昂内喜欢戏仿和引用西部片中一些著名的人物、造型和场景。

无政府主义： 莱昂内自称，"我的电影中到处都是政治"。莱昂内的影片产生和流行于意大利西部片盛行时期，但他的西部片，无论是语言风格还是导演观念，都与其他意大利西部片有着明显区别，这尤其表现在政治观点的表达上。莱昂内成长于墨索里尼执政时期，他的父亲是意大利电影界的工会领袖和左派代表，深受法西斯主义的迫害，莱昂内说，"我曾亲眼看见家中美好的东西一样一样地失去，所以我要在电影中将它们一样一样地找回来"。因此青年时代的莱昂内受到了左翼思想和革命思想的影响，这种思想表现在他早期参与制作的《烈火焚城记》中。到了20世纪60年代末，随着苏联斯大林政治内幕的揭开，以及蔓延欧洲的"红色恐怖"和青年革命，莱昂内对极左翼思想开始怀疑，并在《革命往事》中第一次大胆表达了对暴力革命思想的怀疑和讽刺，表达一种无政府主义态度。他个人极少提及政治，他的政治观点都是通过影片间接表现出来的。《革命往事》上映后曾遭到左翼批评界的争议。

超大特写： 莱昂内对特写的大胆运用和创新成为电影史上运用特写镜头的典范，他的人物脸孔特写往往超过一般特写的取景范围，将特写镜头更加深入，最极端时摄影机只对准人物的眼睛，以突出主人公的内心世界和情感世界，并以连续推进的"渐近式特写"，强化从人物冷漠的外部面貌进入内心世界的过程，并配合闪回、音乐和交叉剪辑，使特写的运用更加强烈有力。

间断性闪回： 莱昂内的闪回突破了闪回手法通常的叙事功能，往往出现在影片结尾，如《黄昏双镖客》和《西部往事》，决斗前的闪回，让贯穿影片的因果事件悬念，即原因（过去）与结果（现在）发生在同一时间和空间中，爆发出强烈的戏剧力量、叙事力量和情感力量。莱昂内在运用这种闪回时，往往是一些带有复仇色彩的主人公在与凶手决斗的时刻，塔伦蒂诺称之为"Anwser first, question later"（答案在前，问题在后）。

慢板平移与快板平移：莱昂内喜欢固定机位的镜头，但他的电影中也有许多平移镜头（travelling），他对平移镜头的运用与他电影那种动静相宜的风格非常接近，镜头平移的速度经常向极慢和极快的两极发展，极慢的平移镜头往往出现在影片结尾的决斗场面，以较低的机位缓缓移动，仿佛一个紧张的观众面对一场千钧一发的决斗时，谨慎而小心地移动脚步，《黄昏双镖客》《西部往事》中的决斗前都运用了这种慢平移镜头。莱昂内的慢平移镜头经常用来表现西部世界弱小而无辜的群众，如执行绞刑时小镇村民和战俘营中的士兵等。在《黄金三镖客》中，当图可和金毛仔到达墓地时，图可围绕着巨大的圆形坟场快速奔跑时，莱昂内运用了一组长焦镜头拍摄的快速平移镜头，配合莫里康尼为这个段落提前谱写的乐句，人们在图可的奔跑中看到在战争中死去的士兵密密麻麻的坟墓渐渐虚化，烘托了影片讽喻战争的主题，同时将影片的情绪推向了高潮。莱昂内喜欢对基本的电影技巧进行两极化的运用与对比。

蒙太奇：吕克·穆莱（Luc Moullet）认为，莱昂内是二战后意大利电影中最重要的爱森斯坦继承者，他是意大利类型片导演中最重视电影剪辑语言的革新家之一。莱昂内喜欢用严谨的形式特征进行剪辑，如圆形的枪口剪火车头，大烟馆的烟灯剪路灯。在《荒野大镖客》中，莱昂内运用了声音的连贯性进行讽刺性交叉剪辑。

内部声音与外部声音的渗透：莱昂内与意大利著名作曲家莫里康尼的合作成为电影史的佳话。《西部往事》的开场段落，被英国学者克里斯托弗·弗雷林称为"自然声响与音乐的交响乐"，莱昂内受到意大利新现实主义的影响，在西部片中注意真实的环境声响的表现力，并用自然声响创造出独特的故事气氛，如《西部往事》中麦白贝恩一家遭到Frank匪帮屠杀前，通过自然界的异常声响预示灾难的到来。

成人童话观：莱昂内始终认为电影是一种"成人童话"，所谓成人童话，就是运用真实的电影元素（成人特征）讲述的童话故事（神话色彩），前者在他的电影中表现为一种超越了美国西部片的现实主义特征（真实的史料、服装、射击、搏斗），以及对西部历史本质的再挖掘，后者则大量借鉴了西西里木偶戏和意大利即兴喜剧传统，创造性地塑造人物，创造出一种独特的喜剧风格。《黄金三镖客》最后三人决斗时的著名盛大坟墓场景，内战中牺牲士兵的坟墓围成圆形，模拟古罗马的斗兽场，这场戏采用了大全景与大特写交错剪辑，充分发挥了宽银幕构图的表现力，一秒钟的决斗却由74个镜头组成。

风格来源

莱昂内电影的风格是非常突出的，尤以他拍摄的意大利西部片最为集中，总体上呈现一种亦庄亦谐、动静相宜的风格，喜欢在两极化的对立中创造出扣人心弦的剧情张力，在人物性格上，他颠覆了美国西部片惯常的人物定位等。

意大利歌剧：美国导演马丁·斯科塞斯认为，莱昂内的电影是一种意大利歌剧式的西部片，但莱昂内在他本人的长篇访谈中，却否认了受到意大利歌剧的影响，他认为"意大利歌剧中没有任何现实"，而他自己的电影却受到了意大利新现实主义的深刻影响。尽管如此，莱昂内的影片每个段落都有明确的主题，这些主题在超过一般电影长度的时间中不断延伸，无论其长度、节奏变化、章节变化还是情感基调，都与意大利歌剧有非常相似的地方。

意大利即兴喜剧（Commedia dell'arte）：莱昂内电影充满一种犀利的反讽风格，有着一种持久的幽默感，这在《黄昏双镖客》《黄金三镖客》和《革命往事》中表现得尤为明显。他的电影中时常出现一些喜剧化的人物，疯癫的老头、情感单纯的混蛋和恶棍等，以及少言寡语但与这些喜剧人物相呼应的主人公。这种喜剧风格和人物设置来自意大利传统的即兴喜剧,一种自罗马帝国时期形成的意大利古老民间喜剧形式,这种喜剧中的人物都是相对固定的,有着一种朴实的民间色彩。

西西里木偶戏:莱昂内的喜剧风格和电影风格,还来源于一种在意大利西西里流传的木偶戏(Operadei Pupi),这也是一种在意大利流传广泛的民间戏剧形式之一,尤其在19世纪成为流行一时的表演形式,这种木偶戏一般由戏团在城市和乡村流动演出,内容始终以骑士题材围绕法国的罗兰史诗(Chansonde Roland)进行,但剧团会根据每个当地情况,临时修改剧本甚至由表演者根据当地特色,在语言和故事内容以及角色上,即兴进行戏仿演出(laparodie),充满讽刺,在喜剧中针砭时弊,借木偶人讥讽当地官僚和贵族,颇受民众欢迎。其主人公的木偶造型来自西班牙文学人物堂吉诃德(Don Quichotte),是一个瘦弱、个子细高、无能但充满道德精神的骑士。许多当代意大利作家、戏剧家都从中获取大量创作灵感,近年,剧作家尤奈斯库曾宣布应该将西西里木偶戏申请为认证为"人类非物质化文化遗产"。

里程碑式的电影

《西部往事》
C'era una volta il West，1968

　　西风裹挟着狂沙漫天肆虐，空气压抑得令人窒息。三条大汉坐在西部某车站的候车室外，等候着什么。百无聊赖的表情下是极力掩藏的内心焦躁。屋檐上的水一滴一滴滑落到一名大汉拳曲的帽檐里。帽檐上渐渐积满了水，大汉摘下帽子，将积水一饮而尽。另一名大汉用嘴、用手、用枪戏耍着一只肮脏的苍蝇，还有一名大汉似乎连动都懒得动了……一阵仿如呜咽的口琴声划破风沙，在空旷凋敝的车站四周回响。三名大汉精神大振，猛地站了起来，警惕地搜索着琴声的源头。这时，一个衣衫褴褛、吹着口琴的男人出现在视野里……

　　诗意化的场景开场，显得残酷而美丽。

　　影片结尾透出些许亮色，那渐渐发展壮大的甜水小镇象征着西部开拓活力与生机，莱昂内试图告诉我们：美国西部的开拓与发展，正是有了这些形形色色的人，正是有了野兽般的顽强和不择手段的求存，正是有了所谓的这样的"美国精神"，一个"西部梦"才终于变成了现实。

　　关于演员，亨利·方达自不必说，挺拔的身形、矫健的身手、内敛的演技出神入化，而影片的音乐更是别具韵味，它萦绕在戏里戏外，萦绕在每个观众的心头，令人欢喜而感伤。遗憾的是，当年影片在美国上映时，曾因为片长过长而被片商修剪，导致故事架构含混不清，语焉不详。

《美国往事》
Once Upon a Time in America，1984

影片横跨40余年，以纽约的犹太社区为背景，叙述四个从小一起长大的童年玩伴之间纠葛的恩怨情仇。

罗伯特·德尼罗（Robert De Niro）饰演面条，是四位主要人物中的主角，本片以艾隆索（面条）与其伙伴的犯罪生涯为主轴，是一部描写友谊与对立、忠诚和背叛等人性冲突的黑帮史诗电影，时代背景跨越经济大萧条、禁酒令及第二次世界大战等美国史上的重要大事。

演技派演员詹姆斯·伍兹（James Woods）也在片中出饰一角。本片当年曾入围金球奖最佳导演，而曾为多部脍炙人口的电影配乐，堪称意大利国宝级大师的埃尼奥·莫里康尼（Ennio Morricone）也以本片获得金球奖的最佳原创音乐提名，埃尼奥·莫里康尼以忧伤怀旧的配乐，将观众带回多年前纽约的犹太人区，重温昔日风情。

这是赛尔乔·莱昂内"美国三部曲"之一，是意大利人眼中的20世纪20—60年代的美国形象。导演一改好莱坞传统西部片的格局，以独特的视角塑造了美国黑社会人物出生入死的人物形象。

20世纪20年代的美国，绰号"面条"的纽约少年和几个同龄朋友一起认识了聪明狡黠的麦克斯，他们开始从事走私活动。不久，面条在一场械斗中杀伤人命，被关进监牢。

若干年后面条被释放出狱，当年的小伙伴们已经变成了成熟健壮的青年。在麦克斯的带领下，他们重操旧业，开始了一系列的抢劫、盗窃和敲诈活动。随着犯罪活动的不断深入，麦克斯似乎被胜利冲昏了头脑，竟然把美国联邦储备银行也列入了抢劫目标。有过铁窗经验的面条不忍眼看好友走向毁灭，偷偷打电话报警，想逼迫麦克斯收手。警察与面条的朋友展开激烈枪战，麦克斯等人全部被杀。面条在极端的悔恨与痛苦之下，离开了自己生长的地方，离开了心爱的姑娘，远走他乡。

几十年后，几近垂暮的面条潦倒回乡，意外发现原来当年的一切都是麦克斯的精心策划。他借面条和警察之手除去伙伴，自己则金蝉脱壳，吞没了团伙的巨款，改头换面之后跻身政界，成为上层社会的名流。麦克斯恳求面条杀死自己，幻想以此清洗自己的罪孽，被面条所拒绝。麦克斯走投无路之下跳进垃圾粉碎机自杀。

《美国往事》并不是一部风格明显的类型片，虽然它从20世纪30年代和70年代鼎盛的黑帮片中获取了影片的故事背景（此片的小说原作者哈利·格瑞也的确是个真正的前帮派分子），黑帮电影仅仅只是提供了一个故事载体而已。影片主人公面条并不像一个传统黑帮电影中的黑帮人物，而更像是一个屈从于环境和直觉的平凡之人，同时也为此付出了一生的代价来寻求最终的救赎。事实上导演赛尔乔·莱昂内非常细心地对这部影片进行了挑选和斟酌，这也是为何他身为意大利人，却把此片的人物设置在犹太黑帮的背景之下。大部分美国黑帮电影讲述的都是意大利裔帮派或者爱尔兰裔帮派，但曾经在禁酒时期空前活跃的犹太帮派却很少有电影提及。

《美国往事》从某种程度上讲，是一部纯粹的作者电影，它承载的是导演赛尔乔·莱昂内所有的"美国情结"（赛尔乔·莱昂内本人并非在美国出生且未在美国长期生活过),他所要讲述的并非是一个逻辑完整的传统故事,而是他本人对他一生所钟爱的美国历史、文化与精神的一次纯粹自我的表达。因为他对于大洋彼岸的理解并非像科波拉这样在街边成长起来的意裔美国人,而是通过银幕上的美国电影所获得和积累的,所以他才会拍摄一部带着非美国气质的美国题材的电影来完成自己一生所求证的事物。

《革命往事》
Giù la testa,1971

赛尔乔·莱昂内是对传统西部片进行颠覆的人,他建立了一个他理想中的西部乌托邦世界。《革命往事》不能说是纯粹意义上的西部片,因为它更多渲染的是革命。

影片的基调像是一部讽刺漫画,前一半是喜剧,后一半则变得沉重和黑暗,而且带有感伤的色彩。胡安和肖恩及一伙山贼来到银行,胡安单枪匹马进了银行,发现这里并没有钱,反而救了很多革命志士,变成一个革命英雄,但他的家庭他的山贼帮却不复存在了。

胡安虽然成了革命英雄,但他起初并不是因为革命,而是因为钱,这次成功从敌人手中救出同僚完全是因为用钱代替了革命,钱财没有得到,得到的是群众及革命志士的尊敬和赞美,这又不能不说明这是道德问题在作祟,这也是电影探讨的问题之一,即革命的道德准则问题。肖恩是引导胡安到达圣地的人,他只是觉得胡安应该可以成功救出这些同僚,所以充分利用了一把。紧接着两人便卷入了墨西哥的革命,在革命斗争中,两人的爱恨交织由原来的针锋相对转变成为共同理想奋斗的战友。

肖恩这个人物是电影中一个很闪光的人物,他表面上看来似乎总是笑嘻嘻的,实际上他的内心世界非常复杂,他失去了朋友、爱人,他知道爱情、友情、亲情的重要性,这也正是他参加革命的目的。后来,因为一个很要好的朋友成了叛徒,他的革命热情没有以前那样强烈了,在一次大规模的战斗中,肖恩中弹身亡;胡安这个人物在剧情发展中越来越成熟,他的沉默、表情的呆滞往往是在质问自己为什么要革命,将来将要怎样?胡安原来当山贼首领的时候所处的环境是一个处于无政府状态的地方,无人管辖,没有规则和法律的制裁,他可以胡作非为,而如今下山却要用暴力革命推翻政府夺取政权,这也是电影探讨的另一个问题之一。

《荒野大镖客》
Per un pugno di dollari,1964

这是赛尔乔·莱昂内的第一部西部片,因此片走红的伊斯特伍德扮演一名来到墨西哥小镇的镖客。镇上有两个大私枭,一个贩卖私械,一个贩卖私酒,两帮长期厮杀,鱼肉镇民。出于正义,他要诡计弄得两派火并,把镇上的恶势力一网打尽。本片虽然表现墨西哥,却没再用墨西哥革命做时代背景,故事的逻辑也明显比其他导演的作品严谨,不时地出现伊斯特伍德的冷幽默,这位牛仔介入敌对双方的争斗中,其中交换人质一段,他的角色像极了美国充当的世界警察模样,当然把这称作"助人为乐"。

赛尔乔·莱昂内在选择配乐师时意外遇到了他的高中同学,没想到那家伙就是当时已经小有名气的莫里康尼。应该是受邦德片影响的缘故,那个时代联美(United Artist)出的东西开头都爱搞剪影,这些剪影伴随着自在的口哨宣告着莱昂内与莫里康尼传奇合作的开始。

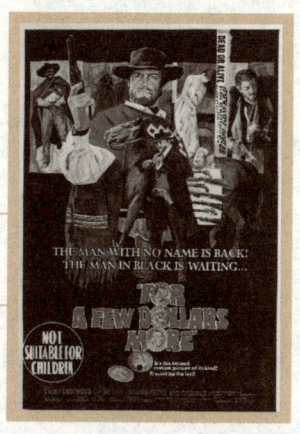

《黄昏双镖客》
For a Few Dollars More,1965

在《荒野大镖客》之后,伊斯特伍德继续扮演独来独往的无名枪手,和《荒野大镖客》不同的是,这部电影中多了一个曾经是上校的厉害的枪手莫蒂默。故事是从讲述火车上的莫蒂默开始的,他在一个没有站台的地方强迫火车停车。下车后看到有悬赏的公告(这儿有一个冷笑话:那个杀人犯嫌捉拿自己的赏金太少了,自己又在数字后面添了两个零)。后来莫蒂默就去把该杀人犯干掉了。接着镜头一换,讲述伊斯特伍德扮演的无名枪手,他在看到另一个杀人犯之后也干掉了杀人犯,拿了赏金。接下来两人都看到了悬赏印第奥的公告,而两人都想捉拿他,只不过无名枪手为的是赏金,而莫蒂默是为他的妹妹报仇,而这一点在故事最后才说明。之后两人在小镇上有了一系列戏剧性的交锋,从在夜晚的交战到最后联合起来对付印第奥。在互射对方帽子时导演强调了两人使用的枪的不同性，而这一场面也成为影史上的经典场面。

在演员方面，李·范·克里夫的精彩演出，加上克林特·伊斯特伍德一贯的出色表演，为电影添加了可看性，可以说《黄昏双镖客》是《荒野大镖客》的全面升级版。

《黄金三镖客》
The Good, the Bad and the Ugly，1966

　　由克林特·伊斯特伍德、李·范·克里夫和伊莱·沃勒克分饰英文片名所指的好人、坏人和丑恶之人。三人在美国南北战争期间趁着政局混乱，打算谋夺一批属于南方政府的财富，但每个人只知道一部分藏金的细节，必须联合起来才可以取得全部的钱。起先只有"恶人"在追查线索，而"好人"与"丑人"之间的瓜葛和仇恨，更像是一出谐趣横生的旁枝故事，穿插在主线之间。然而，很快，两条线索戏剧性地合并到一起，故事也便发展到了高潮。于是三人既互相利用又钩心斗角，产生不少有趣的笑料和张力十足的戏剧性对峙。本片制作严谨，气派十足，具有同类娱乐片所有吸引人的元素，主角的演出和埃尼奥·莫里康尼的配乐均令人难忘。

　　3个钟头的片子，丝毫没有停滞的节点。悬念和张力层出不穷，像燃放烟花的夜空一般，一个爆发接着一个爆发。《黄金三镖客》堪称赛尔乔·莱昂内电影的一座里程碑。他的叙事从此走向舒缓和深沉，在单纯地表现西部游侠故事之余，深沉的历史感在不知不觉中感染着观众。

意大利人往往是外刚内柔的，赛尔乔·莱昂内在本片中一次次表现美国南北战争的惨烈，绝不仅为了烘托影片的气氛。世界陷于战乱，三位主角却为了一笔黄金，穿梭于对峙的两个阵营之中，仿佛世外高人，这种逃避恰恰是种莫大的悲哀和反讽。当镜头缓慢地抚过废墟上成堆的尸骨时，影片的节奏一下子变得舒缓而肃穆。这种情绪一点点酝酿，直到片末伊斯特伍德把雨衣盖在一个即将死去的伤兵身上，并给他抽最后一口雪茄时，达到了高潮……

这是"镖客三部曲"的终曲，也是赛尔乔·莱昂内西部作品中，被后世公认成就最高的电影。"镖客三部曲"非但让原本死寂的西部电影重新复活（西部片始自1903年《火车大劫案》）；把年已34岁、终日碌碌的克林特·伊斯特伍德捧红；让同班同学埃尼奥·莫里康尼变成举世闻名的配乐大师。导演更创下许多先例，包括发展出所谓"通心粉西部片"（意式西部片）；主角非好人，甚至不是帅哥；对话精简，运用大量动作特写酝酿气氛；而黄沙、落日、身影、口哨更成为其西部片的典型意象。

电影魔术师
——[加]詹姆斯·卡梅隆

James Cameron

当那艘带给詹姆斯·卡梅隆9座奥斯卡小金人的"泰坦尼克号"在屏幕上缓缓下沉的时候,电影院中的观众无一例外地流下了眼泪。当年,这部被影评界频频担忧会和《未来水世界》一样成为票房毒药的"水"主题作品,却奇迹般地成了世纪末的票房奇迹。而这个奇迹既出人意料又在情理之中。出人意料在于这部片子耗资巨大和耗时之长几乎是电影史上史无前例的,而在情理之中则因为它的导演不是别人,是大名鼎鼎的詹姆斯·卡梅隆。

詹姆斯·卡梅隆：超级电影工程师和技术狂人

作为电影史上最卖座的电影导演，卡梅隆从小就显示出艺术和工程两方面的才华。幼年时代，他就开始照着自己喜爱的电视节目作画，数学课本的背面都是他画的外星人、机器人、飞船……绘画的爱好在《泰坦尼克号》里面得到了最好的诠释，杰克给罗丝画的那幅佩戴"海洋之星"的裸体画就是出自卡梅隆之手。

他的动手能力之强远远超过同龄人。他曾制造过一个足以在地面上留下弹坑的抛石机，也曾用一艘自制的潜水艇把一只老鼠送到了尼亚加拉河底。

他喜欢做别人做不成的事，而且要掌控一切。拍摄《泰坦尼克号》的经历就是一场灾难，这是好莱坞有史以来最困难的制作，"我每天都在做噩梦，梦见自己会被炒了，虽然这部电影真是太伟大了。"当年支持卡梅隆的二十世纪福克斯主席彼得·彻宁回忆，至今都心有余悸。

卡梅隆有着一般好莱坞导演无法望其项背的近乎受虐式的努力和疯狂，他自己也说："没有人喜欢在水里拍摄电影，因为太辛苦、太困难、太危险。但是如果你能找到一小批和你一样疯狂的人，而且他们善于潜水，那么无论过程还是结果，都能给你带来深深的满足。"

库布里克对其也影响至深。《2001：太空漫游》这部具有神秘色彩的电影给尚处童年的卡梅隆强烈的震撼，据说小卡梅隆当时在电影院里曾反复观看这部电影，而正是这部电影将卡梅隆引向了电影制作的路途，还有乔治·卢卡斯的"星战"系列，这成了卡梅隆一直要超越的目标和动力。

魔幻和夸张一直占据美国电影界的主流，而追逐完美的视觉效果也是好莱坞导演孜孜以求的目标。在詹姆斯·卡梅隆的电影中也不例外，魔幻、想象力、夸张的视觉效果无处不在。可以说，詹姆斯·卡梅隆对视觉的处理和追逐做到了极致，让他人短时间内难以超越。

卡梅隆是一个创造奇迹的人，在制作了《泰坦尼克号》这一难以超越的经典之后，其在2009年推出的《阿凡达》，掀起了另一个视觉高潮。这是一部真人表演结合电脑CG动画的科幻片。美轮美奂的3D效果，成就了人们的视觉盛宴，这部影片得到了观众的空前好评，认为卡梅隆将影片制作特效推向了一个更新的高度。用卡梅隆自己的话说就是："立体电影的时代已经到来了。"

在卡梅隆导演的电影中，主题还是经典的美式英雄主义模式。《异形》系列，不管故事过程多么曲折惊险，最终均是主人公以一人之力拯救了整个地球或者宇宙。而在被人们广泛好评的《阿凡达》中，片子一开始播出就是美国人以救世主的身份出现，为了拯救地球资源出现在潘多拉星球上。

充满艺术的童年

就像很多传记作者喜爱的名人一样，詹姆斯·卡梅隆的早年生活就不同凡响且充满预示性。1954年，卡梅隆出生在加拿大奥兰多的一个中产阶级家庭，从小在父母严格教育下长大。卡梅隆的父亲是一个电气工程师，而母亲是一个艺术家。

卡梅隆从小就对科幻小说十分着迷，他和家人搬到加州后开始对电影产生兴趣，那是在他十几岁看《2001：太空漫游》之后，这部电影让他着魔，他反复看了10遍，还用父亲的摄像机拍摄，影片中斯坦利·库布里克对太空的想象让他佩服得五体投地。

尽管起初卡梅隆的志向是涉足媒体，但他在进入加利福尼亚大学后仍选择了物理专业，后来又转学英语，他很快就对大学的课程感到失望，选择了退学，跑出校园闯荡社会。他与一名女招待结了婚，他当机械工，开卡车，开校车，每当夜晚降临便开始做他的艺术梦，写小说，作画。直到今天詹姆斯·卡梅隆看起来还是更像一个卡车司机，而并非一个电影导演。

1977年，卡梅隆看到了乔治·卢卡斯的经典科幻影片《星球大战》，他激动地意识到这就是他想创造的东西。这让詹姆斯·卡梅隆确立了自己的人生方向并开始为此忙碌起来，从未接受过专业训练的他开始到处寻找机会成为电影人，在熟悉从镜头到摄影机导轨的各种电影制作器材后，他开始倒腾各种电影制作器材，在屋里铺上了摄影机滑轨，甚至和朋友制定了人生第一个拍摄计划，想要利用手头的设备和自制的模型制作一部10分钟的科幻影片！

由于没有受过任何训练，詹姆斯·卡梅隆自然是洋相百出。他成了大学图书馆的常客，他影印和抄录有关电影设计及特技制作的博士论文，电影成了他的一切，在妻子眼里卡梅隆简直是疯了，她难以理解，痛苦不堪。

卡梅隆的第一个作品就是和朋友筹措资金拍摄的那部10分钟的特技效果资料片。卡梅隆是幸运的，他的才华很快就得到了好莱坞制片人罗杰·卡曼的赏识，并从卡曼那里得到了人生第一份电影方面的工作——为卡曼工作室1980年的影片《星空大战》（*Battle Beyond the Stars*）制作特技模型，第二年他就升职为这个工作室的另一部影片《恐怖星系》（*Galaxy of Terror*）的第二小组导演和电影制作设计师。詹姆斯·卡梅隆是少有的特技设计出身的导演之一，记住这一点对理解卡梅隆以及他的作品非常重要。在以后的电影创作中，卡梅隆一向把特技制作放在一个极其重要的位置，而且经常亲自参与设计和实施特技的制作。在卡梅隆的电影里，卓越的特技制作不但总是创造出令人目瞪口呆、热血沸腾的视觉效果，而且能够和情节自然地融为一体，丝毫没有生硬和炫耀的感觉，这与卡梅隆的特技师出身是分不开的。

但这并不是说，特技就是卡梅隆电影的全部。卡梅隆不但是个优秀的特技工程人员，更具有一般的工程人员不具备的想象力，以及一些别的东西。尽管卡梅隆最开始做的是一些并不重要的工作，但亦显示出在特技制作上的才华。

偏执狂和烧钱机

25岁时，意大利片商让詹姆斯·卡梅隆执导《食人鱼2：繁殖》（*Piranha II:The Spawning*），卡梅隆怀着急切的心情赶往牙买加，但与他合作的却是一个没人说英语的小组，制片人对他也十分不敬，极力贬低他的工作。拍摄完毕后，制片方出于对这个羽翼未丰的导演的轻视，不让他参与影片的最终剪辑。25岁的卡梅隆一气之下，用一张信用卡撬开了工作室的门,自己设法学会使用了意大利的剪辑机,用几个星期的时间自己剪辑了整部片子。在这个过程中,卡梅隆下定决心不再为任何人卖命,一定要制作自己的电影。

病饿交加、一贫如洗的卡梅隆在罗马坚持到最后。在那段黑暗的日子里,他发誓永远不再导演别人的影片,他要做的唯一的事就是写出能体现自己天才价值的剧本。在意大利期间,卡梅隆备受疾病、饥饿和贫困的折磨。痛苦的经历使他每晚噩梦缠身,一次他做了一个非常清晰的噩梦:被一个来自未来的机器杀手追杀。梦境是那样逼真而奇特,他将它融入笔端,根据噩梦的内容,卡梅隆写了一个浸满其卓越才华的电影剧本《终结者》。他把这个剧本卖给了制片人高尔·安妮·赫德,价格仅为1美元,条件是允许他用自己的方式去导演这部影片。

高尔答应了他的要求。1984年,詹姆斯·卡梅隆推出了他第一部自编自导的影片《终结者》。这部影片的拍摄只花了650万美元,却赚得了3600万美元的国内票房,并赢得了影迷和评论界的一致好评。《终结者》获得了巨大的经济效益,也奠定了卡梅隆作为作家及导演无可争辩的天才地位。在《终结者》中已经可以看到之后卡梅隆电影的特点,比如富于创意的剧本、出色的特技制作、特色鲜明的人物,特别是在之后的影片中经常看到的女性英雄的形象。

《终结者》的成功使卡梅隆获得了电影界的广泛关注。1985年,卡梅隆和西尔维斯特·史泰龙一起撰写了《第一滴血2》的剧本,这部影片也取得了票房上的成功。

1986年,卡梅隆自编自导的第二部作品《异形2》问世。这部影片是著名导演瑞德利·斯科特(《末路狂花》《角斗士》)的科幻经典《异形》的重拍版。《异形》以渲染幽闭的恐怖感而著称,在片中表现了一种人面对茫茫宇宙的无助,整部影片弥漫着一种虚无主义的气氛。卡梅隆编导的这部影片的续集明智地避免了重复原片的风格,而是把人和异形的战场从单个的太空船搬到了一个巨大的太空基地,以一种动作片的风格重新演绎了发生在太空的恐怖故事，这次他制作了更为宏伟壮观、惊心动魄的太空大战的场面，整部影片洋溢着一种英雄主义的精神。本片的视觉效果也绝对一流，其美工设计给人一种卡梅隆影片所一贯具有的纯粹的（而非形式主义的）机械审美快感，而其特技制作也堪称达到了电脑生成影像参与电影制作之前的高峰。

《异形2》最终创造了比《终结者》更为可观的票房价值，获得了7项奥斯卡提名，其中包括西古内尔·韦弗的最佳女主角提名，最终获得了最佳音响剪辑和最佳视觉效果奖。卡梅隆成为一个因特效策划而轰动一时的人物，巨大的成功巩固了卡梅隆的声望。

二十世纪福克斯公司交给他的又一部新片是充满深海特效的恢宏作品《深渊》。拍摄场地选择在废弃的核工场，一千万加仑水注满了两个巨大的水槽，用防水布遮住光线，以模拟深海的效果。在影迷们等待3年之后，也就是1989年，卡梅隆自编自导的第三部重量级作品《深渊》问世。这部科幻影片和卡梅隆的其他同类作品有些不同，虽然其中穿插了很多惊险的打斗和关于海底神秘生物的描述，但它重点还是用一种比较慢的节奏，在一个科幻的背景下讲述了一个关于夫妻感情的故事。很多观众认为这部影片的节奏过慢，使人昏昏欲睡，这使这部影片的票房不如卡梅隆的其他影片卖座。但也有很多影迷被片中人物的感情所打动。在撰写《深渊》的剧本时，卡梅隆正在经历和第二任妻子——电影制作人高尔·安妮·赫德的感情危机，自然地把自己的经历带入了创作之中，把男女主人公的感情纠葛写得感人至深。另外，正牌的科幻影迷们醉心于这部影片在科学上的准确性，以及片中激动人心的特技效果。

在两个方向上，《深渊》为电影特技的发展树立了里程碑。首先是它创造了前所未有的水下特技效果。卡梅隆在片中创造性地运用了各种方法表现水下奇观，它的水下特技启发了一批电影人，之后的《猎杀红色十月》《红潮风暴》以至于《U-571》都受到了这部影片的很大影响，卡梅隆本人后来的《泰坦尼克号》也运用了在《深渊》中实践过的很多特技手段。

《深渊》中开创的另一个特技技术领域更具有革命性的影响，那就是它首次在电影中使用了大量的电脑生成影像。这种技术不但解决了利用模型难以拍摄在三维空间运动的生物体的困难，创造了令人信服的海底游泳的智慧生物形象，而且创造了片中最令人难忘的场景——会变形的水柱，这种电脑生成变形物体的技术为卡梅隆的下一部杰作《终结者2》打下了雄厚的基础。尽管《深渊》在票房收入上不太理想，但利用T-1000的成功，卡梅隆成立了Digital Domain特技效果公司，并与特技大师斯坦·温斯顿以及"蓝色巨人"IBM公司建立了合作关系。

1991年，被影迷们盼望已久的《终结者2》终于浮出水面，这部影片震惊了影坛，并且赚得了2亿美元的国内票房，获得了4项奥斯卡奖（最佳视觉效果、最佳音响、最佳化妆和最佳音效剪辑）。无疑，这部影片最为人津津乐道的是那个会变形、脑袋上被霰弹枪打出一个大窟窿，能够很快恢复的液体金属人T-1000，当观众第一次看到"他"在大银幕上的表现时，无不惊讶地张大了嘴巴。《终结者2》宣告了一个时代的来临，人们终于相信，电影表现已经无所不能，唯一的制约只是人们的想象力。从此，电脑生成影像在好莱坞大行其道，恐龙、外星人、龙卷风、小行星纷纷登场，人们看到了一个又一个以前想也不敢想的神奇画面。

1994年由"数字领域"制作特技的第一部影片《真实的谎言》出炉。这部影片试图把间谍惊险片和喜剧情节有机地结合起来，成功地发掘出了动作明星施瓦辛格的幽默潜力，但它给人留下最深印象的还是结尾那一架"海鹞"式垂直起落战斗机。它在海天一色的背景下发射"小牛"导弹打中跨海大桥的场面既壮观华美，又具有军事演习一样的真实感；而后来的机翼上的搏杀又呈现出繁复和夸张的卡通风格。作为导演，卡梅隆能够选中这种独特的武器扮演片中"重要角色"，并且把它的魅力发挥到极致，又一次证明了他对机器美的特殊爱好和感悟力。

卡梅隆有一种不顾任何世俗的限制，一心追求自己心目中完美目标的精神。这种类似偏执狂的性格在《泰坦尼克号》中得到了最高的体现，他亲自操办了几乎每一件事，从给特技人员画受力分析图，讲解大船沉没的原理，到为片中的杰克提笔画素描，并且要求剧组的每一个人都做到最好。卡梅隆对演职员的苛刻在圈子里非常出名，在拍摄《深渊》的时候，长期的水中作业原本就使人精疲力竭，加上卡梅隆的严苛要求，使硬汉子艾德·哈里斯在回家的路上失声痛哭，在《泰坦尼克号》的拍摄中，这种苛求更是变本加厉。投资方的冷言冷语、手下的怨声载道、酷寒的海水，再加上拍摄过程中遇到的难以想象的困难，这一切使卡梅隆几乎到了崩溃的边缘，但他仍然坚持着，并且喊出了近乎悲壮的豪言壮语："'泰坦尼克号'可沉，《泰坦尼克号》不可沉！"

这一切努力终究没有白费。在《泰坦尼克号》推出3个月后，国内收入已经达到了4.7亿美元，破了以往所有影片的纪录；而国际票房更是超过了13亿美元，使这部影片成为有史以来收入最高的影片。这部影片更是获得了14个奥斯卡奖的提名并获得了其中的11个，平了《宾虚》的纪录，并列成为有史以来获此奖项最多的影片。在颁奖晚会上，卡梅隆近乎疯狂地举起奥斯卡小金人，大声说出片中的著名台词："我是世界之王！"

《泰坦尼克号》还体现了卡梅隆的很多特点。这部影片虽然安排了一条"自高自大的人类文明在自然面前显得不堪一击"这条副线，但从片中的表现手法（比如重彩渲染的"泰坦尼克号"上隆隆运转的蒸汽机）来看，导演更像是在歌颂机械文明，这也符合卡梅隆对机器的一贯喜爱。另外在大船撞上冰山之后，卡梅隆还是用一种乐观主义的情绪来处理情节的发展，我们看到主人公在危险的环境里到处跑来跑去，最后双双安然无恙地跳到了水里，感觉就像在看一部科幻动作片。但无论如何，两个主人公的爱情悲剧还是感动了无数人，而且两个主演成为当年最红的青春偶像，这无疑是这部机械味很浓的影片的最大胜利。

在《真实谎言》和《泰坦尼克号》的拍摄中，詹姆斯·卡梅隆又超过了福克斯公司的资金预算，卡梅隆自愿大幅减薪，以求与资方共同努力，完成拍摄。《泰坦尼克号》最终耗资达2亿美元，卡梅隆放弃了几十万美元的报酬。最终他的赌注赢得了巨额回报，《泰坦尼克号》不仅在票房上创下了历史纪录，还赢得了奥斯卡11个奖项（包括最佳影片和最佳导演），可与1959年荣获最多学术奖项的本·赫相媲美，为了奖励卡梅隆的贡献，工作室也恢复履行合同，补偿了他在拍摄期间的应得报酬。

至于《泰坦尼克号》获得的众多奥斯卡奖项，似乎可以这样解释，奥斯卡评委把众多奖项投给这部不是那么完美的影片，是在补偿这位杰出导演失落的荣誉。众所周知，卡梅隆对美国影片的最大贡献在于其拍摄的纯商业性质的科幻片和动作片，但奥斯卡一向不把主要奖项投给这类电影。而《泰坦尼克号》刚好符合奥斯卡奖的条件，所以评委们把能给的奖项全部给了它，算是对卡梅隆以往成绩的一种迟到的肯定。要知道，奥斯卡评奖肩负着弘扬美国电影文化的重任，如果卡梅隆这样的导演一生都没有获得过它颁发的导演奖，将是奥斯卡最大的失败！

像詹姆斯·卡梅隆这样的导演是好莱坞真正的财富，也是美国电影得以长久称霸世界的基石。他从不为了票房曲意迎合观众的口味，而是不顾一切地想要制作出心目中理想的电影，而幸运的是，他的想法碰巧和最广大观众的口味是一致的。

里程碑式的电影

真实的谎言
Ture Lies，1994

哈里·塔斯克尔是代号为"欧米茄"的一个间谍组织的特工,他精通6种语言并掌握多种高技能间谍手段。他正受命调查一宗某阿拉伯恐怖主义组织策划的走私核武器的案件。出于国家安全的需要,结婚15年来,哈里一直向妻子海伦隐瞒着自己的真实身份,总以为丈夫是个老实巴交的电脑操作员的海伦对其平凡的工作有些厌烦。出于任务需要,一次,哈里不得不与一女子假装相好,这使海伦醋意大发,她开始与一汽车商西蒙厮混,其间听了自称是"间谍"的西蒙的刺激浪漫故事而心旌摇动。在搭档吉普的帮助下,哈里利用自己的间谍手段侦察妻子的行径,让西蒙这一假特工丑态百出。一次,在哈里化装成法国人正对海伦进行威胁时,一伙恐怖分子冲进来并把他们作为人质绑架到加勒比海的一个热带小岛上。

在那里,哈里遭受了严刑拷打,最终,他与海伦设法逃出牢笼,但在枪战中,海伦慢了一步,而重新落入了魔掌。在吉普的协助下,哈里怀着复仇的决心重返小岛。海伦得救了,但狡猾的恐怖分子又绑架了其女达娜,并威胁要在旅游胜地迈阿密引爆一枚核弹头。哈里抢下一架"猎兔狗"式垂直起落喷气飞机赶到迈阿密,用一枚歪打正着的导弹消灭了恐怖分子,同时救出女儿达娜……一年以后,哈里再次接受"欧米茄"的任务,然而,这一次他身边的搭档却换成了海伦。

这部影片是20世纪90年代动作片经典之中的经典,是阿诺·施瓦辛格主演作品中的极品之一,也是詹姆斯·卡梅隆导演作品的又一个里程碑。对中国普通观众来说,这部影片也是中国进口好莱坞大片的开始,曾经在大陆电影市场掀起观影狂潮。

在这部经典娱乐片中,几乎每个场景、每个段落都有可圈可点之处,甚至连很多个过场戏也神完气足,丝毫不见松懈,称之为经典绝不算过分。在两个多小时的影片中,大型的动作场面有四个。虽然不能算太多,但每个都分量十足,令人叫绝。

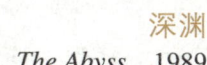

深渊

The Abyss,1989

当一艘美国核潜艇上的队员在雷达荧幕上发现一个不明物体之际,潜艇突然被撞击,沉没于一个无底深渊。由巴德为首的钻油工人奉命拯救潜艇队员,这支拯救队伍包括一名工程师及由考菲中尉率领的水底军事专家。考菲中尉的秘密任务是找回艇上的150枚核弹头,然而当拯救队到达了一个位于水面下2000多英尺深的石层上时,遇到了种种前所未有的困难。先是海面上的风暴和器材的不足给工作带来阻碍,然后是潜水仓周围似乎有奇怪的物体出现。考菲中尉认为那是俄军潜艇,下令向它发动攻击。而巴德和他分居的妻子林赛知道事实并非如此,联合拯救队的其他人反对军方决定。在异常激烈的争斗后,考菲中尉被打死,而核炸弹也投向了深渊,巴德夫妻俩被困在一个没有动力又漏水漏得厉害的小潜艇里,而他们只有一套潜水服。最后他们决定让林赛进入溺水休克状态,抓住了千分之一的机会使她得以生存。

此时救援队的所有人都清楚他们的当务之急就是解除那枚核炸弹的待引爆状态,因为它的爆炸不仅将杀死他们,还会引发海底的异形生物与人类的战争。为此巴德必须穿着特制的潜水衣(这种潜水衣是把某种有机溶剂充满人的呼吸道,替代空气成为传递氧气的介质)继续下潜2英里。巴德渐渐下潜,成功地解除了炸弹,但氧气已经不足以供他返回。巴德安详地等待死亡,却被海底异形所救,同时,地球上几乎所有海滨城市的海面上,都掀起了足有1000英尺高的巨浪……

泰坦尼克号
Titanic,1997

1912年4月15日,载着1316名乘客和891名船员的豪华巨轮"泰坦尼克号"与冰山相撞而沉没,这场海难被认为是20世纪人类十大灾难之一。1985年,"泰坦尼克号"的沉船遗骸在北大西洋两英里半的海底被发现。美国探险家洛维特亲自潜入海底,在船舱的墙壁上看见了一幅画,洛维持的发现立刻引起了一位老妇人的注意。已经是102岁高龄的罗丝声称她就是画中的少女。在潜水舱里，罗丝开始叙述她当年的故事。

1912年4月10日，被称为"世界工业史上的奇迹"的"泰坦尼克号"从英国的南安普顿出发驶往美国纽约。富家少女罗丝与母亲及未婚夫卡尔一道上船，另一边，不羁的少年画家杰克靠在码头上的一场赌博赢到了船票。罗丝早就看出卡尔是个十足的势利小人，从心底里不愿嫁给他，甚至打算投海自尽。关键时刻，杰克一把抱住了少女罗丝，两个年轻人由此相识。

为排解少女心中的忧愁，杰克带罗丝不断发现生活的快乐之处。很快，美丽活泼的罗丝与英俊开朗的杰克相爱了，罗丝脱下衣服，戴上卡尔送她的项链，让杰克为她画像，以此作为他们爱情的见证。当他俩相处时，"泰坦尼克号"撞上了冰山。

悲剧发生了，"泰坦尼克号"上一片混乱，在危急之中，人类本性中的善良与丑恶、高贵与卑劣更加分明。杰克把生存的机会让给了爱人罗丝，自己则在冰海中被冻死。

老态龙钟的罗丝讲完这段哀恸天地的爱情之后，把那串价值连城的珠宝沉入海底，让它陪着杰克和这段爱情长眠海底。

詹姆斯·卡梅隆从"泰坦尼克号"的海底残骸获得灵感，将一段航海传奇演化成令人荡气回肠的爱情故事。卡梅隆说："在我们的集体想象当中，'泰坦尼克号'的悲剧几乎成了神话，随着时间的流逝，它所蕴含的人性和活力已经消失殆尽。我希望罗丝与杰克的爱情能成为情感的指明灯，去让观众全身心地投入，目睹历史的重现。"

异形 2
Aliens，1986

雷普莉在第一集击败异形后，在外太空漂流多年后获救，但公司出于利益考虑不愿相信她关于异形的描述。但公司很快发现异形出现的 V168 星球的太空殖民地与地球失去了联络，于是决定再次派陆战队出发。雷普莉为了让自己不再受噩梦纠缠，也为了人类的未来，毅然决定重返异形地狱。

雷普莉随同陆战队员进入太空殖民地才发现，大量异形已经把那里变成一座死城，只有一个小女孩得以幸存。陆战队员在异形的攻击下很快溃不成军，前来接他们撤退的飞船也遭到异形的攻击坠毁，雷普莉再次面临生死绝境。

雷普莉和最后几个陆战队员试图死守，等待救援，结果还是被攻了进来。公司代表在如此紧要关头还试图带回异形活体牟取暴利，甚至要牺牲雷普莉的性命，最后却自身难保。雷普莉和陆战队员希克斯在人造人"主教"的帮助下，终于杀出一条血路冲上飞船。雷普莉在飞船起飞的最后十几分钟里，为了对小女孩的承诺，又杀出飞船，救回了小女孩，并摧毁了异形的老巢。飞船起飞之际，殖民地的核反应堆发生大爆炸，异形地狱被彻底毁灭。

当一部影片取得大众的好评和极佳的票房收入之后，制片商为了谋求更大的商业利润，往往不失时机地加紧投拍该片的续集，借第一部的影响力推销。事实证明十投九中，赢利居多。也正是因为如此，好莱坞的商业电影往往有着一种很奇怪的现象：卖座影片大多数没有一个明了的结局，为的就是吸引制片商投资拍摄续集。《异形》亦是如此，续集很快出台了。

《异形2》的故事承接第一集，脉络清晰，故事发展合情合理，丝丝入扣。片中不但有更多令人感到震惊刺激的镜头，而且是第一集必然的结果。人类在发现异形的星球上建立殖民地，无可避免与之发生冲突斗争。影片将人们对异形的新奇感转化成了人类对外星生物大规模进攻时的那种震撼力与惊奇感。激烈的战斗与紧张的情节自始至终都在吸引着观众的眼球，异形母兽的出现总结了异形生物的来历。对武器的设想也并不是一味的夸张，激光、核子等未来武器不再大行其道，对现代武器的改进才是其真正亮点。影片中的每个情节都渗透着大胆而合理的想象，令人叹服。

《终结者》之父——詹姆斯·卡梅隆担纲执导本片。卡梅隆自编自导的这部影片明智地避免了重复第一集的风格，把人和异形的战场从单个的太空船上搬到了一个巨大的太空基地，以其独特的动作片风格重新演绎了这个发生在太空中的恐怖故事。沃尔特·希尔是卡梅隆崇拜的一位作家和导演，他并无意涉足科幻领域；大卫·吉勒也是一样。所以直到卡梅隆登上了这艘"太空船"，《异形》才开始投拍续集。本片的视觉效果堪称一流，其美工设计给人一种卡梅隆影片所一贯具有的纯粹的机械审美快感，其特技制作也达到了电脑特技未参与电影制作之前的高峰。

制片高尔·安妮·赫德决定在英格兰拍摄影片，因为这样不仅可以节省开支，而且也是出于对影片连续性的打算。大部分拍摄过《异形》的技术人员都住在英格兰，他们为影片奠定了一个坚实的基础。卡梅隆认为本片的吸引力在于它可以发挥人的想象力，比如说影片中对付异形的武器。卡梅隆说自己并不想成为电影的奴隶,但影片中的武器实在是太吸引人了。尽管卡梅隆认为武器是影片中的亮点之一,但扮演女主角雷普莉的西古内尔·韦弗对此却持反对意见。韦弗并不喜欢武器,拍摄过程中,每天都要接触不同种类的奇怪武器,这使她感到很不舒服。她是美国枪支管制协会的一员,在这样一部血腥的科幻影片中饰演角色让她感觉很困惑。

大兵W.哈德森的扮演者比尔·帕克斯顿这样说:"我还记得我去试镜的时候,詹姆斯递给我一个纸壳管子,让我把它当作一把脉冲步枪。老天,我那时有点过分投入了,我以为我一定把它搞砸了。但不久后,我接到了詹姆斯的电话,'棒极了,你入选了。'"

影片拍摄到一半的时候,卡梅隆将饰演希克斯的詹姆斯·利马换成了迈克尔·贝恩。对此卡梅隆并不想多说什么,他认为用"艺术观点上的不同"来概括再合适不过。拍摄过程中还发生了一场事故,取景棚发生了火灾。那时演员们正在拍摄撤退到APG的那场戏,火焰喷射器点燃了取景棚。由于布景都是塑料制成的,所以燃烧时,有毒气体几乎使演员们窒息。

卡梅隆从未与瑞德利·斯科特谈论过这部电影,他确定斯科特对本片一定会有所保留。通过媒介,卡梅隆告诉斯科特这部片子是一部不错的续集。斯科特的《异形》是一部完美的作品,超越它并不容易。但卡梅隆经常说,如果斯科特执导《异形3》的话,他就一定会执导《异形4》。

影片不足之处就是情节的雷同性十分明显,这也是系列片的一大缺点。第一集中雷普莉决定自毁飞船以杀死异形,结果异形躲在了穿梭机上,经过一番搏斗后,异形被排入太空;第二集几乎原封未动地挪用了这一构思,星球虽然被摧毁了,但异形母兽却上了飞船,仍旧是一番打斗后被排物管道送入太空,但相信"异形"迷一定会将其看作对前一集的一次致敬,一个仁者见仁、智者见智的问题。

影坛孤独的探索者
——[法]吕克·贝松

Luc Besson

从大西洋的碧海蓝天,到杀手里昂的盆栽和墨镜,到黑白巴黎的爱情救赎,到迷你墨王国的动漫世界,这个号称一生只拍10部电影的法兰西鬼才导演,给予我们的,始终是心底最温柔的感动。

法国电影界从二战结束就经历着光复与重建,电影界开展了声势浩大的反美国电影强占法国市场的运动。1948年国家在电影界和民众的压力下废止布卢姆-伯恩斯协定,恢复限制美国每年进口120部影片的配额制,另外,作出戏院应在每季放映法国片5周(原来为4周)的门槛规定,保护法国本土电影的曝光率。法国战后的电影讲究制作价值,技术优异,舍得花钱,讲究大明星、服装布景,也强调特殊的法国、欧洲品味。

吕克·贝松：法国的斯皮尔伯格

吕克·贝松是法国的商业电影红人。

进入20世纪90年代，当大多数法国导演还继续沉醉在富有文学韵味以内心描写见长的艺术电影之中时，吕克·贝松却游离其外，大胆向好莱坞挑战，投身到具有观赏性和娱乐性的类型电影方面来，并且取得了巨大的成功。在他的带动下，法国的新一代年轻导演也开始加入到类型片的行列里来，使得法国呈现出一种复兴大众化电影的局面。

然而法国电影历来就有追求艺术抗衡商业的传统，所以在评论界面前就有些显得吃力不讨好，但是观众的眼睛是雪亮的，无论在评论界吕克·贝松是如何的毁誉参半，全球的观众们却都毫不吝惜地给了他极高的回报，他执导的绝大部分影片在世界各地的上映排行榜上位居前列。

吕克·贝松的电影视觉语言风格与法国传统电影有很大不同，虽然融入了很多好莱坞电影元素，并呈现出商业化的创作特征，但是其"新巴洛克"电影风格却有效地保留下来，成为其电影艺术特点中的重要构成部分。吕克·贝松在电影创作中一反法国电影反传统、反逻辑的叙事方式，而采用经典戏剧的开端、发展、高潮、结尾的叙事结构。在视觉语言运用上，吕克·贝松充分借鉴好莱坞的短镜头拍摄手段，塑造出让观众目不暇接的视觉艺术效果，通过观影紧张感的制造达到画面戏剧性的呈现。

吕克·贝松在借鉴好莱坞视觉语言技巧的同时，并没有被好莱坞的电影套路完全束缚,他在电影创作中对镜头语言的认识和运用上有自己独特的认识和艺术表达,具有诗意韵味的视听语言仍然是他电影视觉语言的主要特征。

吕克·贝松在电影创作中还继承了法国传统电影喜剧表达手法,并主要通过滑稽的人物和幽默的情节表现出浓厚的喜剧艺术特征。吕克·贝松在电影创作中经常会塑造一些滑稽的配角,通过人物滑稽可笑的外形、语言或动作使电影呈现出浓厚的喜剧韵味。

吕克·贝松被认为是"法国的斯皮尔伯格",事实上这个称号并不过分,在法国乃至欧洲大陆,吕克·贝松总是最吸引人们注意的导演,几乎每部影片都能激起人们的期待。但是从《第五元素》开始起了变化,人们开始批评吕克·贝松过于明显的好莱坞倾向。《第五元素》的视觉效果是相当好莱坞化的,未来都市的设计,未来的枪械军火,宇宙人物的造型,等等,都在自觉不自觉地仿效好莱坞经典的科幻影片。影片的模式是拯救地球和人类的好莱坞式的老俗套,故事的发生场景是在好莱坞科幻片中屡遭劫难的纽约,人类和地球的拯救者也是好莱坞的明星布鲁斯·威利斯。在空中度假船上的这场歌剧表演也充分发挥了吕克·贝松的丰富想象力,在造型怪异的太空歌手,既古典又现代的歌声中莉璐一展神威击溃了曾经袭击自己的外星怪人,这两个场面的交叉剪辑,营造了一种激动人心的视听效果。

吕克·贝松继承了法国电影表达严肃主题的优良传统,却不存在"新浪潮"电影的那种晦涩,同时电影角色也不再背负神圣的历史、社会或道德使命,转而追求个体的发展和理想的实现。总之,吕克·贝松虽在法国饱受非议,但说他是最成功最懂商业的法国导演,这一点应该是无可置疑的。

潜水梦想中幻化的伟大导演

吕克·贝松1959年3月18日生于法国巴黎，父母亲都是水上运动的高手，母亲还是潜水教练。在6岁以前，他跟随父母走遍全世界执行各式各样的潜水任务，而8岁时，当他父母潜入海底工作的时候，他已经能和一只聪颖过人的小海豚在海中尽情嬉戏，那时吕克·贝松所想的一切就是和大海在一起共同度过一辈子。他梦想成为海洋、海豚专家。

17岁时，吕克·贝松遭受的意外让他对于海洋的幻想彻底破灭，他不但不能继续潜水，还必须返回出生地巴黎养伤。情绪低落的他一度靠看电影打发日子，不过他马上发现了电视中播放的那些电影的魅力；这种神奇的表达方式几乎可以把他所有的兴趣爱好集中起来。他马上买了一部超八手提摄影机开始了自己的电影生涯，并开始大量地观看各种影片，有时一礼拜达12部之多。从此以后，吕克·贝松放弃了潜水的愿望，转向电影。

17岁高中未毕业的吕克·贝松便进入高蒙电影公司任助理，19岁那年他找到了一个机会远赴好莱坞学习制作电影的经验，3年后他返回法国，在许多部影片中担任助理导演，积累了大量的拍摄和制作经验。

1983年，24岁时的吕克·贝松导演了自己的第一部获得广泛承认的影片《最后的战斗》。这部电影一经推出便受到了无数好评和赞誉，共在不同的电影节上获得了20项大奖。吕克·贝松似乎向世人证明了，在法国即使没有受过专业的电影教育，找不到投资，依旧可以拍出与众不同的电影。也正因如此，贝松曾经一度被奉为法国年轻导演的开路先锋。

吕克·贝松随后成立了自己的电影公司Les Films de Dauphins，而紧接着拍摄的《地铁》《碧海蓝天》更是博得所有人的一致好评。虽然当年的法国恺撒奖有点吝啬地仅仅将"最佳录音"和"最佳音乐"奖授予《碧海蓝天》，但是贝松却公开表示这部影片是其导演生涯中最为得意的作品。毕竟，这部作品倾注了贝松少年时的激情和梦想，贝松终于可以用他的摄影机捕捉他童年时代所看到的海洋的光影和生命。影片中的潜水员杰克最后葬身大海，更确切地说，那是他真正的生存之地，杰克莫非就是贝松理想中的化身？

1990年的《妮基塔》（Nikita）夺得了当年两项恺撒电影大奖，更为他确立起了20世纪90年代法国电影第一人的地位。功成名就的吕克·贝松出人意料地于1994年返回了他学习电影的好莱坞，并在这个商业电影傲视群雄的地方拍摄了一部令好莱坞动作片专家都为之惊讶的《这个杀手不太冷》。

1995年，吕克·贝松把自己17岁在中学课堂上做的一个梦拍成了影片，这就是由他的第二任妻子米拉·乔诺维奇（吕克·贝松有和影片女主角谈恋爱的"习惯"，他的第一个妻子就是《妮基塔》的女主角安妮·帕丽劳）和布鲁斯·威利斯主演的科幻片《第五元素》（The Fifth Element）。如果说贝松正是一步步走向好莱坞，并以自己个人风格的大片向好莱坞宣战的话，那么这部《第五元素》也可以说是贝松与好莱坞的一个媾和成果。不仅影片模式已经完全好莱坞化了，而且故事发生场景也是在纽约，拯救人类和地球的也是好莱坞明星布鲁斯·威利斯。除了关于未来的某些独特的想象力可以看出贝松的个人痕迹之外，影片完全可以归到好莱坞生产的一大堆科幻片队伍里去了。但不管怎么样，该片还是在1997年成为法国电影票房冠军，全球总票房超过2亿美元，并且获得戛纳电影节的技术奖。

接近世纪末，贝松突然以好莱坞史诗片的运作模式完成了一部大制作的古装片《圣女贞德》。要知道德莱叶和布莱松的《圣女贞德》都是电影史上难以逾越的高峰作品，而且几年前贝松的法国前辈雅克·里维特刚刚拍过一个版本，美国的版本也刚刚完成，贝松有把握挑战这些高手吗？这几乎是所有观众和影评人的疑问。

其结果，这部豪华的大制作只能令我们看到了一个稍稍有别于美国版本的《圣女贞德》。两部影片的很多情节和细节都十分相像，恐怕其中还有一些不足为外人道的幕后新闻。贝松新女友米拉·乔诺维奇的表演沿袭了一些《第五元素》中的风格——神经质、惊慌、脆弱，这种处理的结果使这个版本的贞德几乎是最另类的，整部影片中她都令人感到疯狂和迷乱。圣人和疯子就是一线之隔，也许贝松就是这样认为的。除此之外，影片就几乎没有多少好说的了，我们看到了一个世纪之交法国的西席·第密尔式的豪华巨片。对了，影片最后出现的、由达斯汀·霍夫曼饰演的上帝的使者，算是贝松对贞德题材的一个"特殊处理"吧。

《圣女贞德》惨遭滑铁卢，但吕克·贝松在法国依然享有极高的声誉，由他负责编剧和制片的商业片《出租车》和《出租车续集》在法国取得了空前的票房成功，那种万众瞩目全家人争看一部电影的盛况恐怕只有吕克·贝松的号召力才能做到。

从"新巴洛克"到好莱坞

刚开始接触吕克·贝松的人一定会认为他是一个典型的法国文艺片导演。他的早期电影就是一部部贴着法国标签的艺术电影，青春、边缘、爱情、历史与现实等主题被法国化的电影语言拼贴式地言说着。"巴洛克式"的繁复影像、华丽炫耀性的摄影机流动、浪漫激情的生命、一丝奇妙的"神秘"，充满了新成长起来的影像一代对于老一辈"新浪潮"的颠覆。他的影片具有一种神秘、忧伤、浪漫的美，让人们为吕克·贝松电影中的那股激情、躁动着迷，只有博大、幽深、静谧、诗意的意象迂回在影像之间。随后的《碧海蓝天》某种程度上也成了吕克·贝松文艺片风格的终结，之后的《妮基塔》《这个杀手不太冷》

《第五元素》已经成为一种好莱坞商业片的模式。但是吕克·贝松并没有让人们失望，在这些所谓商业元素众多的电影中，他用法国电影特有的细腻、感性、精巧、深度改写了影迷们对于商业大片的认知，在娱乐与文艺的两极之间开辟了一片属于法国类型片的天空。

在吕克·贝松的电影中，看不到"新浪潮""左岸派"电影中严肃的悲剧精神、沉重的道德主题、深刻的反思性，只有属于人物的那份令人迷醉、眩晕的神秘性依旧。人物不再背负历史、社会、家庭的包袱，也无神圣的使命，他们的存在就是"自我"的确证，追求的是个体的欲望满足。从"新浪潮""左岸派"等"作者电影"的严肃、艰涩、时间感凸显，诉说人的存在、烦恼、绝望、迷失等无意义、空虚和荒谬感的"贫瘠的美学"（长镜头、固定景框、尽量减少摄影机的运动、在景框中传达存在主义的哲学、偏离日常生活的美学，以布莱松、玛格丽特·杜拉斯、阿伦·雷乃为代表）到后现代的混杂性文化土壤中成长起来的"新巴洛克"电影一代（以传奇剧的叙事为主线，讲述一个令人振奋的传奇故事），直接继承了好莱坞类型片的情节模式并加上"黑色电影"的元素（怪异的空间、地铁、枪械店、车库、洞穴、废墟、旅店，与都市生活光洁的表象截然相反的一面），但是与好莱坞类型电影又有着一定的距离。在合理的叙事主干中，加入荒谬离奇的旁枝，使故事更散乱、更复杂。在这里，吕克·贝松似乎和当年的费里尼一样，是一个连接不同时代、不同风格的桥梁，费里尼从新现实主义走向了现代电影的意识流；吕克·贝松从"新巴洛克"走向多元化（后现代）。

里程碑式的电影

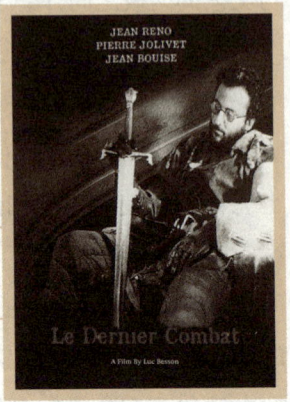

最后的决战
Le Dernier Combat，1983

在文明退化的废墟里，大家为了存活而夺食掠水，野蛮的行为取代语言的沟通，人与人的关系处于对峙的紧张状态，"性"成为最有力的动力元素。在这片如荒漠般的土地上，我们将看到许多人存活与死亡的方式……

此片是吕克·贝松在影坛默默无闻时，凭着一腔热血、旺盛活力与爆发力，突破一切传统，挣脱一切商业机制下的樊笼，冒着无色彩、无对话、无明星等忌讳所完成的电影。当影片完成时，因宣传无门，于是吕克·贝松带着这部影片参加瑞士阿沃基影展，一举拿下评审特别大奖及影评人奖，因而打开他的国际知名度。本片解剖核战后的文明废墟，是一部黑白色调的电影。

影坛孤独的探索者
——[法] 吕克·贝松

地铁
Subway，1985

　　故事发生在巴黎地铁复杂而广阔的空间中。弗莱德抢了海伦娜丈夫的保险箱，逃到地铁中，由此结识了长期生活在地铁中的滑轮小子、鼓手无名氏等人。弗莱德找海伦娜要赎回文件的钱，海伦娜的丈夫手下一伙和警察都在追捕弗莱德。海伦娜在寻找弗莱德，夺回文件的过程中，逐渐爱上了他，而越来越背叛自己的阶级和生活环境。弗莱德从小嗓子受伤不能唱歌，一直希望组成一支乐队。在地铁同伴的帮助下，弗莱德成功地组织起一支乐队，他还抢劫了运钞员，用抢来的钱争取了一次地铁演出的机会。在乐队"枪不杀人人杀人"（guns don't kill people, peoples kill people）的演唱声中，弗莱德倒在枪口之下，匆匆赶来的海伦娜只能含泪第一次也是最后一次吻了他。

　　影片名为《地铁》，而且片中绝大部分场景都是在地铁中，吕克·贝松成功地表现了地铁中的生活空间和独立的小世界。弗莱德闯入这个小世界，马上发现这里比地面上更适合他，这个后来者从一进入地铁就再没有出去，直到最后死在地铁中，毫无保留地把自己交给这个神秘的地下世界。显然，吕克·贝松用自成体系的地铁世界隐喻社会中非主流的另类人群，绝不循规蹈矩的生活和摇滚音乐是这个小世界中的典型特征。影片中几乎所有人物的过去都暧昧不明，只生活在现在，只有阿佳妮饰演的海伦娜是从过去走到现在。这种心理时间层次的表现，使得影片只处于一种表面描述的状态，无法在更深层次塑造人物形象，这几乎是吕克·贝松最大的弱点。片中的几个主要角色是虚幻的，他们的超现实无法博得观众的认同，反而是几个配角倒很有趣味：滑轮小子、雷诺饰演的鼓手、不时出现的卖花人、警长的两个手下——一个叫"蝙蝠侠"，一个叫"罗宾"，等等。这些配角一起使整个地铁世界更加完整，也使影片更富娱乐性，但也从他们身上看出贝松对这个另类世界的有意粉饰。这种平衡的结果，就是使这个地铁世界更加平庸化，更能被"地面"上的社会所接受。

从影片类型上说，这也是一部古怪的影片：惊险、警匪、爱情、音乐，贝松在此表现出他对好莱坞各种类型片的熟悉和仰慕。可能，这样的组合会让人不由对比西班牙阿尔莫多瓦的影片，但贝松远没有阿氏作品的尖锐和力度，以及对现实生活的逼真的扭曲描述。如果说阿氏作品是超现实主义的话，贝松的这部《地铁》只是一个经过包装的、混乱、虚幻的梦境。

碧海蓝天
The Big Blue，1988

这是有关于两个潜水员在竞技中体会出人生真谛的故事。热爱大海的杰克，一直想与大海为伍，即使他在年少的时候，父亲在一次潜水意外中被大海吞噬，他对大海的爱还是一如初衷。但是这一切，在杰克爱上了乔汉娜之后，一切都变得无法掌控。他六神无主地彷徨在选择大海还是爱情的路上……

  为了再接再厉，吕克·贝松选择了当导演。此片是1988年戛纳电影节的开幕大片，描述个人难以融入现实社会的困境，转而寻找梦想中的另一种生活。我们可以看到吕克·贝松将其潜水梦与对海豚的痴迷都写进了这部电影。此片所呈现的天真烂漫曾让许多影迷泪流满面，看过10次以上的影迷不在少数。对法国人来说，大海象征母亲，取大海（Lamer）与母亲（La mere）谐音，也就是回归至犹如母体子宫般充满羊水的起始点，此片的含义在于人类不断向极限挑战的情况下，最后以回归至大海为终。此片带着浓厚性的自传色彩，其不媚俗的执导叙述手法，在戛纳电影节上招致影评界严厉质疑，却受到观众高度支持，在两极化的声浪中成为一部争议性的作品。这是一部蓝色调电影，解剖人类文明极欲扩张的海底世界。

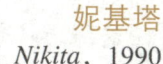

妮基塔
Nikita，1990

  妮基塔（安妮·帕丽劳饰）与一群朋友破窗而入偷药品，商店主人与她的朋友都在这次事件中身亡，妮基塔则因杀了一位警官被送入监狱。但此时来了个神秘政府组织，选她当特务杀手，在数年的特务训练后，她以平凡的护士身份回到现实生活中，在此时她爱上了一个男人（尚雨格·安哥拉饰），他们的关系在她接到一个特务命令时，变得紧张了……

此片是吕克·贝松从一个特务杀手角度，来解剖国家官僚体系背后的恐怖黑爪。浓厚的商业色彩让好莱坞相中而将此片翻拍成美国版的《双面女蝎星》，由布里特·芳达诠释片中的女杀手。此片也呈现吕克·贝松对人性的探索，是部黑色调的动作片。

除了飞车追逐及枪战场面外，这次还加入了忍者武打功夫。全片充满让你血脉贲张、瞠目结舌的精彩画面，在法国播映期间，创下票房纪录。

亚特兰蒂斯
Atlantis，1991

吕克·贝松执导的这部纪录片，类似海中风光博览会，拍片足迹遍及世界各地海域，影片探索美丽的海底世界，是一次纯粹的视听享受。

此片无演员，只有旁白，这部影片带领影迷进入美丽的海底世界，配上美妙的音乐，以音画来表现不同的生活面貌与心灵层面。我们将可看到海底在日出与日落之间的神奇变化与景观，吕克·贝松设定了几个主题来描绘"海底的一天"，主题包括有"内心""旋律""悸动""灵魂""黑暗""心灵""温柔""爱"，最后是"恨"。全片在海底拍摄，动物是片中唯一的演员。海蓝色是此片的主色调。配上赛拉的玄妙乐音，吕克·贝松更完整地呈现了大海所蕴含的丰富色彩……

此片是1991年威尼斯影展的开幕大片。亚特兰蒂斯是传说中一片被淹没的神秘陆地，位于大西洋底下。吕克·贝松想要证明海底下的世界，也有一个和我们社会一样的组织。或许也可以说"亚特兰蒂斯"是"碧海蓝天"衍生出来的副主题。此片是吕克·贝松摒弃传统拍摄手法的作品，一部纯视觉享受的电影，没有传统剧本，没有人类对话，只有音画紧密结合，完全依赖吕克·贝松与配乐师艾瑞克·赛拉共同演绎脚本。吕克·贝松以动物间的求爱、群斗、追逐等场面来丰富剧情，拍片足迹遍及世界各地，包括苏格兰、澳大利亚、哥伦比亚、佛罗里达和巴拿马群岛等海域，甚至北极极地海域的冰雪景观或多方战乱的红海海域。吕克·贝松认为这是他最后一部讨论有关海洋的影片。

这个杀手不太冷
Leon, 1994

　　故事发生在纽约大都会里，由让·雷诺所饰演的职业杀手里昂，受餐厅老板委托杀人。当他以杀手的身份出现时，冷静而神秘，杀人手法令人热血沸腾。但当他卸下杀手面具时，则又回归成为平凡的市井小民，简单到连身份证、银行账号也都没有，每天只是喝杯鲜奶，喜欢浇花及细心地擦拭心爱盆栽的树叶，是个具有双重性格的人。而就在里昂所住的公寓内，有人暗度陈仓地进行毒品交易，警方中的黑恶势力为了毒品而入侵，杀了贩毒者一家人，却遗漏了小女孩马蒂达。马蒂达为了安全起见而躲进隔壁里昂家，她无意中发现了里昂的杀手身份，为了保护自己及报灭门之仇，马蒂达以坚定的口气要求里昂训练她成为一位真正的职业杀手……在此同时，警方亦全力搜寻马蒂达并拘禁之……里昂只身闯入警局大开杀戒，警方火大惊慌之余，下令围剿大厦并全力搜捕里昂，双方交战之下引发了一场紧张刺激的终极追杀。

该片为吕克·贝松的第一部美国电影。他谈到此片乃受金·凯瑞所主演的歌舞片的影响，也受报纸连环小说的影响。此片有几处拍摄手法颇具新意，在视觉方面有压缩的效果。此片亦是吕克·贝松表现他对电影之狂热的最佳代表作。此片是一部以法国人角度去拍摄的美国电影。让·雷诺有史泰龙的冷峻脸孔（家喻户晓的），有法国人的压抑特质。马蒂达（娜塔莉·波特曼饰）则是一位骨瘦如柴有法国味的美国女孩，是本片的视线焦点。盖瑞·欧德曼突出、激烈的警探演出，情绪起伏，令人无法捉摸，是全片最为突兀、也最为抢镜的一角。

第五元素
The Fifth Element，1997

这部影片法国影坛仿效好莱坞模式投资拍摄的超级科幻动作片，幕后虽由法国导演吕克·贝松领军，幕前则力邀美国巨星布鲁斯·威利斯扮演救世英雄，并以英语发音。剧情描述在23世纪的纽约市，一名计程车司机无端搭载到从天而降的少女米拉·乔瓦奇，而她正是解救地球免于毁灭的关键人物。英雄带着美人躲避一连串的危险追杀，最后找出了拯救地球的第五元素。全片的故事情节和主题信息都相当简单，但美术设计和电脑特效制造出十分炫目的视觉影像，宏大的动作场面也颇能满足类型片影迷的胃口。

　　本片是1997戛纳电影节的开幕片，并赢得1998恺撒奖最佳导演和最佳摄影，同时也被提名为1998年奥斯卡最佳特效及音效。

无与伦比的"星战"之父
——[美]乔治·卢卡斯

George Lucas

20世纪是电影的世纪,电影是导演艺术与表演艺术的伟大综合体,在20世纪,诞生了许多伟大的导演,但其中很少有人能将他们的辉煌带到新世纪。乔治·卢卡斯就是其中之一,他所指导的"星球大战"电影系列和"印第安纳·琼斯"(夺宝奇兵)电影系列都将其旺盛的生命力延续到了今天。乔治·卢卡斯是卢卡斯影片公司、卢卡斯艺术娱乐公司、卢卡斯数字公司、卢卡斯授权公司和卢卡斯学习公司的董事长。

对美国的科幻电影而言,乔治·卢卡斯具有独特的意义,他为美国的探险电影注入了新的生命。他是世界上最成功的电影制片人之一。

乔治·卢卡斯：一个替美国人民造梦的人

他一辈子除了"星战"，没拍过别的作品，作为一个神话的开拓者，一个技术的开拓者，他无疑是伟大的。

虽然只有几部作品，但他赚的钱却是好莱坞最多的，足足有40亿美元之多，这是因为他创造了一个帝国，一个美国电影史上最大的IP，一个属于全体美国人的神话系统。

他是导演黄金一代三人组之一，斯皮尔伯格、斯科塞斯、卢卡斯，这三个人是非常好的朋友，加上比他们大一辈的科波拉，和比他们出道晚的卡梅隆，这几个人把好莱坞电影业带进了大制作人大导演把持的时代，他拍的"星战"系列对美国电影工业的发展具有里程碑式的意义。

对于他创造和革新好莱坞的电影技术，彼得·杰克逊给予高度评价："我觉得他为整个电影工业贡献的一切，远远比他得到的回报要多，他就是电影界的托马斯·爱迪生。"

众所周知，是卢卡斯一手造就了今天电影特效的辉煌。在他手里出现了第一套非线性视频编辑系统——Edit Droid，并与Sound Droid音效编辑工作站一起被卖给了Avid。Photoshop，这个现在任何一位图形设计师都离不开的图形处理软件也是他手下的队伍开发出来的；如今大名鼎鼎的动画公司Pixar，当初是卢卡斯电影公司的电脑动画部；"家庭剧院音响"（THX）的质量评测标准也由他一手创建。

他第一个在大型故事片制作中使用索尼的24p高清摄像机，他的"星战"系列之《克隆人的进攻》是我们看到的第一部大型数字电影……他很可能不被视为一个第一流的导演，但却是一个伟大的神话和传奇的书写者。

《星球大战》，一个现代的史前神话。因其前所未有的太空场面，纷繁复杂的星系斗争，被称为"继摩西开辟红海之后最为壮丽的120分钟"，被冠上了"电影史上的里程碑、本世纪[①]最为重要的文化事件之一"。其影响波及整个世界。卢卡斯后来对单纯当一个"导演"失去了兴趣——也许是觉得"导演"对他来说太狭窄了，但他并没有闲着，他一直在苦心经营他的星战帝国。"星战"不只是6部电影，它是一个庞大无边的故事宇宙。

对美利坚民族来说，因为缺乏来自上古的、口耳相传的民间神话和传说，"星战"就是他们的当代神话，用高科技和对未来的想象写就的神话。

都说电影是造梦，一般导演打造的梦最多让你沉醉其中两个小时，卢卡斯的这个"星战"梦，让很多人一辈子不愿醒来。

---

① 本世纪：指20世纪。

小孩子，大成就

乔治·卢卡斯1944年5月14日出生于美国加州曼德斯托的一个农场主家庭，他的父亲同时还是一个文具商人，有三个兄弟姐妹。小时候，乔治又瘦又矮，常被他妈妈昵称为"花生"。乔治·卢卡斯小时候很喜欢看漫画书刊，特别是巴克·罗杰与弗莱什·高登，他沉浸在书中的幻想世界，浑然忘我，久久不知回返。小时候的卢卡斯最不喜欢上学，他对于学校刻板而过时的教学方式厌倦不已，是个功课奇差的学生，直到青少年时期，依旧对前途感到一片茫然。

与许多同龄电影人不一样的是，少年时代的卢卡斯对电影兴趣不大，当9岁的斯皮尔伯格拍下人生第一部影片时，卢卡斯却迷上了汽车。虽然也常常跑去看周末电影，但其早期的理想却是当一名赛车手，或是给书籍杂志画插图。

16岁时，卢卡斯终于拥有了自己的汽车，于是在接下来的许多个放学后的夜晚，他便与一群志同道合者跑到运河镇上唯一热闹的大街做"汽车巡游"，在追求风驰电掣的快感中度过了无数个年少轻狂的日子，这几乎是20世纪50年代美国青少年标本式的生活模式。

正当卢卡斯沉迷于赛车不能自拔的时候，一起车祸改变了他的人生。20世纪50年代的某一天，卢卡斯的赛车与另一辆车发生了冲撞，卢卡斯的安全带断裂，从车内飞了出去。

卢卡斯的肺被压碎，但却出人意料地从死亡边缘走了回来。这场事故使得他不得不放弃考试，住进了病房。卢卡斯就这样错过了高中毕业典礼、毕业舞会。整整4个月的时间，这位一度疯狂地追逐速度的刺激和快感，还梦想成为职业赛车手的年轻人被迫远离他的最爱。这是他短暂的人生生涯里所遇到的第一场危机。但是，躺在病榻上的几个月，他开始广泛阅读哲学、历史、社会学、心理学以及各种文学作品。

然而正如他后来所推崇的东方哲学所指出的那样，祸福是相对的。如果没有这次车祸，他本会沿着千万名普通美国人的道路走下去。而这一次车祸让他从此走上了截然不同的另一条道路。在本市的预科学校读了两年后，他考上了南加州大学电影系。其间，他结识了科波拉。后来又加上了斯皮尔伯格、斯科塞斯、阿尔特曼、米利乌斯、德帕尔玛——他们正是后来被称为"好莱坞神童"的一代新人。

在摄制组充当每个人的助手

第一堂电影课，导师交给各人一段仅60秒钟长的胶片去制作一个动画故事。卢卡斯找来几张图片，在这段2英寸长的胶片上拍下每张图片的几个镜头（在电影播放中，平均每约4秒过一个镜头），放映时图片在屏幕上清晰而飞一般地溜过，观感十分新颖。导师将这个被卢卡斯自称为"看人生"的一分钟影片送去参加几个电影展，它征服了每一个人。

"正是在那一瞬间，我找到了自己。"卢卡斯终于意识到自己在影片编辑中的天赋。

1967年秋，卢卡斯获得年度奖学金并得以在华纳兄弟制片公司实习，在那里，他结识了弗郎西斯·科波拉，一位在其电影事业中充当重要角色的同龄电影人。当时科波拉在好莱坞名声渐响，他招募卢卡斯参与仅有12人的《雨人》摄制组。在摄制组，卢卡斯担当几乎每一个人的助手：导演、摄影师、录音员、艺术指导……而同时与自己那部16毫米摄影机形影不离，捕捉科波拉的一举一动，于1968年完成纪录片《电影人》。回首这段学生生活，卢卡斯形容科波拉与自己以及一群朋友"同志"为"一群毫无纪律性的激进分子与嬉皮士"。

卢卡斯在抽象电影制作方面的能力迅速成长起来：没有主线，没有角色，没有故事。他发现，"只要拥有一台摄像机和编辑仪器，就能将观众感动得流眼泪。"

30岁以前成为百万富翁

1968年结束了在南加州大学的学业后，卢卡斯义无反顾地"撤离"洛杉矶，与科波拉合作租下三藩市北郊的一个仓库作为工作室，潜心制作个人首部电影《THX1138》。

这是一部非常抽象的科幻影片，卢卡斯将镜头对准地铁通道和钢筋水泥的停车场，以营造一个没有生命的未来世界，人们没有思想没有欲望，生活在盒子一般的地下城市。男主角的突然醒悟引起了一连串的追捕，最后他终于爬出地面，看见了初升的太阳。

影片制作精练，艺术观感十分强，故事情节寓意深远，后来，科波拉带着该片飞回洛杉矶交由华纳兄弟公司审定，遭到全盘否定，但影片终于在被公司裁掉5分钟的"尾巴"后，于1971年与观众见面，影片气氛以及演绎受到高度赞扬，但角色个性与对白在刺激的追捕中显得苍白乏味，令人心生厌倦。

观众对虽然影片褒贬不一，但卢卡斯在电影处理方面的精练得到了多方认可，富于想象、积极的世界观，在敲响社会警钟的同时传播了一种乐观主义精神。《THX1138》最终成为卢卡斯进入电影商业世界的入场券。

1971年，卢卡斯在加利福尼亚的圣·拉菲尔成立了以自己名字命名的卢卡斯电影公司。两年后，初出茅庐的卢卡斯一鸣惊人，导演了带有自传色彩的影片《美国风情画》（*American Graffit*，1973）。当时卢卡斯与妻子的联名银行账号里仅有2000美元，正当他走投无路的时候，科波拉的《教父》在好莱坞引起轰动，环球电影公司因此放出风声，如果科波拉愿意出任《美国风情画》的名誉制片人，他们便投资此片，科波拉欣然同意，环球电影出资70万美元，交给卢卡斯28天的拍摄日程，投资之少，日程之紧，而且摄制组连一辆摄影车都没有，卢卡斯在难以想象的压力下完成了影片的制作。

令人意外的是，这部只用了78万美元成本和57天的工作日的影片竟成了当时最有影响力的影片之一，获得了5个奥斯卡奖提名和1.45亿美元的票房收入，而卢卡斯也因此走上了独立的导演生涯。

只见《星球大战》不见妻子

随着在电影制作方面日渐成熟，卢卡斯决定凭借电影科技向现代人讲述一个神话，故事发生在"很久以前，一个很遥远的星际"。这一次，他要做自己喜欢的事情——他要拍《星球大战》。由于受到托尔金教授的《魔戒》史诗三部曲的影响，卢卡斯决定将酝酿已久的太空史诗构想搬上银幕。

"生活中我们找不到一个现代神话故事，教给孩子们正确的价值观以及一个充满幻想的人生观。"但是没有人支持他，他没有钱，没有公司愿意投资，卢卡斯固执地选择了这条不合时宜的道路。当时科幻电影没有任何卖座的迹象。最后他找到了濒临破产的福克斯公司。当时的主管莱德很欣赏他的《美国风情画》，所以非常支持他的计划，《美国风情画》的成功令他们看到了卢卡斯的潜力，于是打算也来一次风险投资。福克斯公司拨了350万美元预算。有了这笔钱，卢卡斯花了3年时间四易其稿终于写出了剧本。

有了剧本只是磨难的开始，福克斯公司最后交给卢卡斯约1000万美元制作《星球大战》，结果超过预算近300万美元，因为要建一座并不存在的城市是很昂贵的，而影片中特效的制作便用去了1/3的资金。当剧组到达突尼斯沙漠外景地的第二天，50年不遇的大雨不期而至，道具置境一塌糊涂；而当一切都变干后，沙尘暴又来了。所有的设备都被沙子堵塞，摄影机每天都得拆拆装装，清理沙子。R2和C3PO由于视野有限，总是撞在一起。甚至有传说扮演欧比万的贵尼斯因为受够了那些台词而要求卢卡斯"让欧比万去死"。 自1975年开始拍摄，整整两年时间里卢卡斯忙得昏天黑地，连妻子也难得见他一面。在《星球大战》制作特辑里，卢卡斯曾回忆道："当你正在做导演，你要早上四点半起床，五点吃早餐，六点离开酒店，驾驶一小时到拍摄点，八点开拍，下午六点左右收工。当你收工后，回到你的办公室，继续制订明天的工作。你回到酒店时已经八九点，满怀希望地找到一点东西吃，然后你回到房间，并为明天的镜头如何拍而想拍摄的准备工作，接着就去睡觉。第二天早上所有东西又重复一遍。"

当好不容易拍完了外景后，卢卡斯回到美国。然而他发现工业光魔已经花掉了100万美元却连一个完成的特技镜头都没有。还有5个月就要上映了，但卢卡斯没有钱，没有特技，只有手上一堆谁也看不懂的素材。

经过激烈争吵后，他飞回旧金山。在路上，他感觉胸痛，经诊断，为疲劳所致，他只好在马丁郡医院里观察了一夜。而小艾伦·莱德以个人名义向董事会借了2万美元才保证卢卡斯去加州沙漠拍摄含有卢克的一处外景的镜头。但不幸的是，马克·哈米尔头天晚上遭遇车祸，脸部严重受伤。卢卡斯只好找一个替身完成了拍摄。

由于害怕面对巨大的失败，在影片首映周，卢卡斯和妻子飞到夏威夷度假。但他没有意识到，他错过了见证历史的时刻。首映的32家影院很快就扩展到200多家，人们争先恐后地大排长队购票观看，长长的队伍绕过了几个街区，使得现场报道的记者们创造了一个新词：blockbuster。不少人看了四五遍还不够，甚至有人看了20多遍。

《星球大战》全面告捷，成为好莱坞历史上屈指可数的票房大赢家，福卡斯公司在经历了两年的提心吊胆后，终于放下了心中大石，就连卢卡斯本人也对自己这部影片造成的轰动效应感到十分意外。

卢卡斯借此树立了其导演道路上的首座里程碑。这部影片的成功，不仅在于其提出并探讨了一个由科学技术高度发展给人类和世界带来的社会问题，更在于它在一个极富想象力的故事框架之内运用现代尖端科技成果如激光、电脑、机器人等向观众展示了一种神奇的宇宙奇观。影片的特技含量极高，令观众们叹为观止。它在世界科幻影片的创作与生产中具有开拓性意义，并因此而摘得了1978年奥斯卡奖的7项大奖。《星球大战》的大获成功也使卢卡斯获得了巨额利润，用这笔钱，卢卡斯在加利福尼亚创设了他个人的电影制作公司。

1978年的奥斯卡晚会上，卢卡斯感觉自己就是卢克。虽然没有拿到最佳影片、最佳导演、最佳编剧（这三项奖都被伍迪·艾伦的《安妮·霍尔》夺走了），但《星球大战》拿到了另外7项奖。加上它以前所未有的速度成为电影史上的票房冠军，人们开始管他叫"天行者"。事实上，早在《星球大战》刚刚公映不久，《时代》杂志就这样断言："卢卡斯是一位浪漫者，一位纯朴天真的浪漫者。正是这种天真纯朴，这种对浪漫史的想入非非，使得《星球大战》能够如此清新，如此妙趣横生，如此异想天开。卢卡斯相信他在影片中创造出来的一切。在影片的后面，他就是天行者卢克——挺身而出斩妖屠龙，拯救公主，寻得圣杯。黑就是黑，白就是白，善良战胜邪恶——至少在他的影片中是这样。"

从某种意义上说，星球大战的巨大成功使得维持它的势头甚至更为困难。20世纪70年代充满了那种大起大落的悲喜剧——科波拉、西米诺甚至斯皮尔伯格，要不是借着卢卡斯的《夺宝奇兵》而东山再起，斯皮尔伯格的成就可能不如现在看起来那么无懈可击。

而且卢卡斯在《星球大战》的成功后遇到了新的麻烦——他和科

波拉的友谊第一次出现了裂痕。由于在《现代启示录》制作中的分歧,两位老友差点分手。而这时斯皮尔伯格也因为《1941》的失败急需一部卖座片翻身。

在这种情况下,卢卡斯让欧文·克什纳执导《帝国反击战》,这部续集并不比它的前一部更容易。拍摄期间,为《星球大战》赢得了奥斯卡视觉效果奖的约翰·伯瑞在拍摄现场晕倒,之后死于脑膜炎。由于摄制进度始终落后于预定时间,《帝国反击战》的支出大大超出了预算。而这时卢卡斯又要为《夺宝奇兵》预先拨款,所有这些都使得他差点破产。历尽重重困难,《帝国反击战》终于上映,但卢卡斯也只保留住拍续集和周边产品的权利。此外,他得到的全部只有500万美元,他却慷慨地把这笔钱和所有拍片的人员均分了。

就在他准备回到家庭中去时,他却发现一向是自己精神支柱的家突然间解体了,妻子玛茜亚决定和他离婚。这件事在他心里蒙上了永远的阴影,从此他变得更加沉默寡言。基于此,他曾发誓再也不导演巨片了,而是把主要精力转移到他的制作工作上来。——一方面,他拒绝让大公司接手"星战";另一方面,他自己不再担任导演,而是退到幕后监视着一切的进展。

20世纪80年代初,他先后将《星球大战》的续集《帝国反击战》(*The Empire Strikes Back*,1980)和《星球大战6:杰迪归来》(*Return of the Jedi*,1983)搬上了银幕。同时,他又与大导演史蒂芬·斯皮尔伯格合作,制作了"印第安纳·琼斯"系列(*Indiana Jones*),又称《夺宝奇兵》。这些影片都取得了良好的票房收入。尤其是"印第安纳·琼斯"系列,更是屡创佳绩,反响不俗。

20世纪80年代中期,卢卡斯开始大力构建他的未来事业。他曾在三藩市附近设立包括音乐制作在内的电影制作公司,又于1992年在美国ABC公司发展电视事业。卢卡斯总是喜欢制作那些融现代娱乐和具有教育意义的情节于一体的影视作品,而这一风格也正符合了大多数观众的兴味。近来，卢卡斯在其影视事业上更加孜孜以求，他总是把眼光投射到那些风格独具的小说作品上，希望从中挖掘素材并用他那天才的制作能力创造出更具影响力的影视作品来。

但在整个20世纪80年代后期，卢卡斯显得异常沉默，鲜有新片出炉，唯一让人们记得他的就是他负责制片的冒险幻想影片《柳树》和《塔克——男人和他的梦想》等电影。此外就是一些不成功的作品。而"星球大战"简直是销声匿迹，只有街头巷尾还有一些关于它即将重新制作的小道消息，也只有最铁杆的粉丝还在苦苦等待着。

22年后，当卢卡斯带着亲自执导的新一辑《星球大战之幽灵威胁》再度出击时，世界各地的"星"迷在公映前一个月，便卷着毛毯、睡袋聚集在那间对卢卡斯有着特殊意义的电影院门口，与即将问世的"幽灵"一起度过最后30个日与夜。

"观众是最难讨好的人。无论怎样尽力，也总有人不满意，但这终究不过一部电影而已，我只不过拍了一部我想拍的电影。"这是54岁的电影人最深的感触。

每一个性格鲜明的作者都在人们的脑海里留下了他自己清晰的画像，而每当人们看到乔治·卢卡斯那张略带羞怯的脸时，都不由自主地想起那位老人的话："一个人是可以被毁灭的，但他永远不会被打败。"

《星球大战》之父

1977年，当那段"很久很久以前，在一个非常遥远的星系中……"的字幕第一次出现在旧金山北部圣安塞尔莫的卢卡斯摄影棚，卢卡斯所得到的老朋友们最友善的观后感是："乔治，你这电影完全都是胡说八道！"

20世纪70年代末期的好莱坞似乎还无法从疮痍的越战中回过神来，

拍摄一部科幻电影的想法几近疯狂，尽管卢卡斯说服了二十世纪福克斯公司，但是，穿着造型怪异的服装，在奇特突兀的建筑旁表演，用不知所云的台词交流，对演员却构成了极大的困扰，一句令人印象深刻的抱怨来自哈里森·福特，他说："乔治，你可以写得出这种屎样的东西，但我可以肯定要你自己来念你也念不出口！"相比较而言，也许卢克的扮演者马克·哈米尔措辞要绅士一些，他告诉卢卡斯："乔治，我们这样好不好，我的台词我自己会念，但是不要让和我搭戏的演员对着我念他们的台词了，我受不了。"

他提供了"一个让才华出众的演员们念他们一生中最糟糕台词，但为此领取高薪的机会"。即使在2005年，《星战前传》最后一部放映后，《纽约时报》的编辑们仍然在谈论卢卡斯的价值。他们抱怨卢卡斯贩卖着炫目高科技下所包装的简单故事，和那些插科打诨的机器相比，作为主体的人彻底沦为后科幻时代的陪衬。

尽管有人抱怨，却没人知道如果好莱坞的电影缺少了卢卡斯将会怎样。一年又一年，影迷们装扮成黑武士与卢克手拿激光剑狂欢，任"原力与你同在""我是你爸爸"这样的台词磨破嘴皮；人们惊讶于"星战"的魅力，对于一部商业性电影而言，《星球大战》所涵盖的范畴显然已经超越了电影与商业本身，在过去的20多年里，连最保守的里根都接受了"太空边疆"民间组织的建言，将自己提出的那份使用最新现代化技术为美国建立导弹防御系统的计划，命名为"星球大战"计划，连最"沙文"的布什都自称"星球大战之子"，在这时候，卢卡斯更像是斯蒂芬·茨威格《人类群星闪耀时》中的人物，因为执着于自己的激情与发现，却无意中产生波澜壮阔的影响乃至改变了世界的格局。只是，这一切的一切，对于卢卡斯而言，"咳，别那么当真，这只是电影而已"。据说，因为不想与现实有任何瓜葛，而对里根政府把战略防御计划命名为"星球大战"耿耿于怀的卢卡斯干脆把《星战前传》中的大反派、贸易联盟总督命名为纽特·冈睿

（Nute Gunray，里根的反写变体）。

当然，和所有史诗般的作品一样，卢卡斯的星战帝国自相矛盾之处也显而易见，它在跌宕的变化中无法摆脱"正义最终战胜邪恶，英雄最终定能拯救人民"的古老框架，这样的叙述在"星战三部曲"中甚至直白得令想象没有太多发挥空间。甚至1977的电影评论家就已经刻薄地指出，即使是罗马宫廷式的争斗发生在遥远的另一个星系，英雄的骏马换成了太空飞梭，卢卡斯的成功依然只是用时代嬉皮的盛行来解读，幻想与暴力并存，冷漠与刚柔交错，摆脱时间的桎梏，甚至包括黑泽明的电影的刀光剑影与心理学家荣格的精神分析。蛊惑人心的人工历史几乎让每个人都产生了上帝君临的错觉。

在商业与电影上一样成功

卢卡斯在商业方面的成就与其在电影制作上的精明老练一样为人称道。

当他发现福克斯公司为花在《星球大战》上的投资忐忑不安时，毅然提出愿以裁减50万美元导演费的代价，换取拥有影片相关产品的销售权以及对续集的所有权。自从1977年以来，《星球大战》的相关产品已创造了近45亿美元的销售利润。

1997年，时值《星球大战》20周年纪念，卢卡斯制作公司推出经过重新合成制作的老《星球大战》三部曲影片以及录像带。起初福克斯公司对录像带一事颇为踌躇："那都已经出版20年了……"然而自信的卢卡斯却认为："但你们只售出了30万盒，史蒂芬的《外星人》卖了1400万盒呢！"事实证明了卢卡斯的远见，经过重新包装的录像带卖了2000万盒，令人瞠目。"我在销售计划上下了很大的功夫，不是因为让它赚更多的钱，而是因为我想控制它。我因为社会、安全和质量的原因，想制订一个标准。我不想某人把'星球大战'的名字用在一堆废话上。"卢卡斯如此说,"目标是尝试让(电影)系统为你服务,而不是与你作对。恐怕唯一的办法就是获得成功。"

而他最经典的名言则是:"梦想始于剧本,而终结于电影。"

里程碑式的电影

《星球大战:新希望》
Star Wars：
Episode IV – A New Hope，1977

银河帝国的各星系居民饱受暴政之苦。莉娅公主潜入帝国基地，偷走了帝国秘密武器死星的核心资料。不料公主被帝国皇帝的左右手黑武士达斯·维达抓获，好在她已把数据输入机器人R2D2的计算机中。

R2D2和伙伴C3PO逃到遥远星球塔图音，被农场少年卢克发现。为营救莉娅公主，卢克找到在克隆人战争中仅存的绝地武士欧比万，踏上危险重重的旅程。

途中，他们结识了星际走私犯汉·梭罗，一行人深入虎穴救出莉娅公主。获得了死星核心资料的反叛军策划突击行动，身为绝地武士后人的天行者卢克也初步掌握了"原力"的奥秘，在千钧一发之际摧毁了死星。

1977年5月30日，《新希望》上映当天，乔治·卢卡斯和他的妻子坐在街角的咖啡店里，没有走进电影院。那时，只有43家电影院同意放映《新希望》，这还是因为发行方二十世纪福克斯公司"以死相逼"——不放《新希望》，就不给《午夜情挑》的放映权。

结果,《新希望》首周拿到了150万美元,《午夜情挑》的票房不及它的1/10,福克斯的股票价格在一周之内暴涨两倍。

《时代》评价它是"流行艺术的伟大结晶",《新闻周刊》称它"一路都是纯粹可人的乐趣",《好莱坞报道》断定"它毫无疑问挺立于科幻/奇幻片的真正经典之林",《纽约时报》形容它是"有史以来最精致、最昂贵、最优美的电影"。

虽然当年的奥斯卡大奖颁给了伍迪·艾伦的《安妮·霍尔》,但《新希望》仍然在10项提名中拿下6项技术奖,其中包括该系列唯一一次最佳剧本奖提名。

从此,科幻片有了崭新的美学风格:"二手未来",Fans文化开始兴起,技术革命瞬间加速,"愿原力与你同在"成为所有人的口头禅,卢卡斯把快乐和空想重新带回银幕,成为影响一代人的"新希望"。直到今天,《新希望》仍然是《星球大战》系列中最赚钱的一部。

《星球大战:帝国反击战》
Star Wars：
Episode V - The Empire Strikes Back,1980

随便问一个"星战"迷,《星球大战》系列中最经典的是哪一部?他一定会告诉你,是《帝国反击战》。

死星战役后,银河帝国展开了对叛军的残酷围剿。在位于冰冻星球霍斯的雪山基地中,外出巡逻的卢克遭遇意外。欧比万的灵魂告诉他前往大沟巴星球的沼泽地寻找尤达大师，接受绝地武士的训练。

另一方面，霍斯基地被帝国军队毁灭，汉·梭罗与莉娅公主逃往云霄之城百斯滨，但不幸落入达斯·维达手中。前来会合的卢克也中了陷阱，不得不与维达苦斗。命悬一线之际，维达告诉卢克，他就是卢克的亲生父亲。绝望之下卢克跃下深井，被莉娅公主救回，摆脱了帝国的追击，回到反叛同盟的船队。面对星空，卢克感到一场严酷的斗争又将来临。

1980年5月26日，《帝国反击战》在全美126块银幕上映，当周拿下641万美元票房，赚回全片成本的1/3。该片一反"续集都比前集差"的定律，不仅叫座，而且叫好。这不单是因为时隔三年特效技术有了长足进步，更主要的是这一集里的几个主要人物魅力四射，化学反应美妙异常，加上情节一波三折，直看得观众欲罢不能，其中尤以莉娅公主和汉·梭罗的爱情，达斯·维达和天行者卢克的父子关系最为震撼。连当时对《新希望》颇有微词的《纽约客》评论家保琳·凯尔都一改批评立场，热情赞扬《帝国反击战》"出神入化，扣人心弦"。

为避免演员走漏风声，卢卡斯把剧本的保密工作做到了最后一刻。直到开拍达斯·维达和卢克对决那场戏的当天，马克·哈米尔才知道维达是他的父亲。此前知道这个秘密的只有卢卡斯本人、导演欧文和两个编剧。

之所以在这一集中出现雪山基地，是因为卢卡斯觉得对于特效场面来说，太空背景太容易"作弊"了（黑色便于掩盖错误），而白花花的冰雪世界则更加难搞，给观众的印象也更加深刻。

彼得·杰克逊曾经说，《星球大战》最伟大的地方就在于像《指环王》一样，塑造了一群永恒经典的人物形象。而对此贡献最大的无疑是《帝国反击战》。

有趣的是，拍摄《帝国反击战》时由于卢卡斯本人忙于公司事务，分身乏术，所以请来他在南加州大学读书时的老师欧文·克什纳担任导演，结果多年过去，《帝国反击战》在粉丝心中的地位日益提高，如今已经远远超过《新希望》，这恐怕也是卢卡斯始料不及的吧。

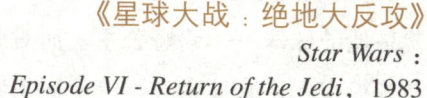

《星球大战：绝地大反攻》
Star Wars：
Episode VI - Return of the Jedi，1983

从《绝地大反攻》开始，《星球大战》系列的颓势开始显现。而"毁掉"它的罪魁祸首跟多年之后的《星战前传1》一样，是一种喧宾夺主的生物——伊娃族（Ewoks）。《纽约客》上的评论家凯尔失望地感叹道："每次有可能出现高潮、让观众卷入其中不能自拔的时候，他（导演）都把它废了。基本上，《绝地大反攻》是一部没什么人情味的垃圾电影。"

帝国统帅维达建造了一个新的死星基地，妄图一举消灭义军，皇帝白卜庭也亲自前来视察。乔装打扮的莉娅公主和卢克相继前去营救，结果也都中了贾巴的道。

此时反抗军正在大举集结，其作战计划是毁掉第二死星防护罩，长驱直入死星中心，炸死身在其中的帝国皇帝。此时卢克已经得知莉娅是自己的孪生妹妹。为顾全大局，卢克主动被俘，被父亲维达带到皇帝面前。坚决不加入黑暗阵营的卢克与父亲展开激战，并引得皇帝出手。眼见儿子垂死挣扎的维达良心发现，将皇帝抛入反应炉中。

另一方面，汉·梭罗和莉娅等人也在伊娃族的帮助下解除了防护罩，死星终于被毁，帝国瓦解，银河系一片欢腾。死后的黑武士达斯·维达也回复光明一面，同欧比万和尤达大师以绝地英灵之姿出现在卢克面前。

尤达在寿终正寝之前向卢克揭露了天行者家族的最后一个秘密："卢克，我死之后，你就是最后一个绝地武士。原力在你的家族中始终很强，把你学到的传递下去吧，卢克。还有……另一个……天行者。"

《星球大战》错综复杂的人物关系就此有了一个强烈的收尾。卢克凭直觉感到，那"另一个"就是他的妹妹——莉娅公主。而对此一无所知的汉·梭罗误以为莉娅爱着卢克，伤感地说："等他回来我会走开"——这场戏是汉·梭罗在《星战》系列中唯一一次温情流露。

无论《绝地大反击》在整体上多么让人失望，达斯·维达临死之前揭下面罩的一幕仍然震撼人心。多少年来，观众们听着那面罩后嘶嘶的喘息声，想象着银河系最恐怖的黑武士到底什么样。如今他终于露出庐山真面目，却是即将死去之时。

在拍摄过程中，恩多（Endor）雨林的场景在加州新奥尔良市附近拍摄，工作条件极其艰苦——尤其对那些穿成"小熊"模样的伊娃（Ewok）演员来说。有一天，制片助理伊恩·布莱斯来到片场，发现伊娃演员们给他留了一张纸条，上面写道："我们受够了，正在机场路上"。布莱斯试图开车直奔机场，但没开多久就爆了轮胎。幸运的是他找到了另一辆车，并在机场巴士出发前截住了这些闹情绪的演员，他们只好乖乖下车——但所有人身上都穿着印有"伊娃复仇"字样的T恤（当时《绝地大反攻》的片名叫《绝地复仇》）。

《绝地大反攻》成了无所建树的理查德·麦昆的事业最高峰。而让人产生无限遐想的是，卢卡斯的好友史蒂芬·斯皮尔伯格本来是执导《绝地大反攻》的第一人选，但由于卢卡斯和导演公会之间有摩擦（确切地说，卢卡斯建立的独立王国跟好莱坞几乎所有公会和工会都有分歧），所以只好作罢。受邀执导的还包括加拿大籍恐怖片导演大卫·柯南伯格和风格更加诡异的大卫·林奇，但后者以"《星战》是卢卡斯的事"为由拒绝了。那时的卢卡斯似乎认为《星球大战》已经成了一个茁壮成长的自组织系统，不太需要经营了。自此之后，"卢卡斯影业"出品的《天降神兵》（*Howard the Duck*）和《幕后杀手》（*Radioland Murders*）也都遭遇连串失败，围绕"星战"衍生的一系列周边产品成了维系这个帝国的支柱。至于粉丝们苦苦等待、日思夜想的《星战前传》，则还要再过16年。

《星战前传1：幽灵的威胁》
Star Wars：Episode I - The Phantom Menace，1999

你能想象一套被捧到天上的电影，其千呼万唤始出来的前传却被所有人踩到地下吗？电影史上最具戏剧性的转折就发生在《星球大战》身上。

银河系贸易联盟和商业行会展开了针对联邦共和国的分裂运动。前去谈判的绝地武士魁刚金和欧比万遭到攻击，战事一触即发。

在护送纳布星女王艾米达拉的途中，他们认识了拥有比尤达大师还要强大的原力的少年阿纳金。通过极速飞梭竞赛，他们带上阿纳金离开。

一行人来到克鲁斯肯行星，并与共和国议员白卜庭会晤。后者唆使艾米达拉在联邦议会上弹劾现任议长，暗中成为下任议长候选人。

同时，魁刚金执意要将阿纳金训练为绝地武士，但遭到绝地长老的反对，因为他们看出阿纳金虽然天赋异禀，但内心深处充满黑暗和危险。魁刚金和欧比万再次返回纳布星球，协助对抗黑武士达斯魔的入侵。在激战中，魁刚金被达斯魔所杀，悲愤的欧比万也杀死了达斯魔。为实现魁刚金的遗愿，欧比万决定继续训练阿纳金。

尽管要在《星战前传1》中找到一段可以媲美正传的经典场景难如登天，但达斯魔对战魁刚金和欧比万的那场动作戏还是颇为够格的。

画着"京剧红脸"的达斯魔使一柄双刃红色光剑，以一敌二，从正传中的击剑风格打到中国功夫，再加上约翰·威廉姆斯改编自凯尔特史诗、辅以僧侣诵经的圣歌《命运之战》，其效果相当震撼。

1999年5月23日，《星战前传1·幽灵的威胁》在全美2970个银幕上映，当周拿下6481万美元票房，似乎前景一片大好，然而没过多久，该片就被淹没在影迷的一片诅咒和叹息声中。

在2000年的奥斯卡颁奖典礼上，《幽灵的威胁》成为第一部毫无斩获的《星球大战》电影，所有评委都把票投给了《黑客帝国》。

导致这一切的原因是什么？是卢卡斯对特技的极度迷恋。在该片的评论音轨中，观众可以清楚地听到，卢卡斯本人最欣赏的"人物"竟然是所有人最痛恨的那一个：纳布星球水陆两栖生物扎扎·宾克斯（Jar Jar Binks）。当卢卡斯滔滔不绝地讲述他本人是如何满意这个CG生物在密林中行走时投下的光影、在和真人演员互动时做出的表情时，每一个"星战"迷都在为这个饶舌的长耳朵生物咬牙切齿。至今，《星战前传1》仍然被视作"星战"系列最差的一部。

《星战前传2：克隆人的进攻》
Star Wars：
Episode II - Attack of the Clones，2002

在魅影危机10年之后，银河系已经处于一片混乱和动荡之中。在变节的杜库公爵策动下，有几千个太阳星系决定一起脱离银河共和国独立，然而银河共和国还不具备足够的军事实力来镇压这些分离主义分子，在武力不足的状况下，银河共和国联合议会决定组成临时军队攻打分离主义分子，而其中的一名议员、也就是纳布星球前任女王艾米达拉却力排众议，极力反对这种以暴制暴的策略，因为这会引发银河系内大规模的争斗和屠戮，但已经身为共和国议长的白卜庭却为个人野心筹建了克隆人军队。

此时已经升为绝地武士老师的欧比万派出他的徒弟天行者阿纳金保护艾米达拉的安全。长成英俊青年、身手不凡的阿纳金始终爱慕着艾米达拉，然而两人的爱情却注定阻碍重重……

2002年上映的《星战前传2·克隆人的进攻》再次延续了《前传1》叫座不叫好的规律，虽然5月19日上映当周票房突破了8000万美元大关，但接下来它的观众人数急剧下降，周边玩具销量也让人失望。《芝加哥太阳报》的著名影评人罗杰·伊伯特称它是一次"科技锻炼"。

至于当年的奥斯卡奖，想必大家都还记得，那已经是《指环王2·双塔奇兵》的天下。某种程度上，卢卡斯是个冥顽不化的家伙。针对全球影迷喷吐在"扎扎·宾克斯"身上的满腔怒火,卢卡斯只是稍有收敛。在拍摄过程中,他不无自嘲地把这一集称作《扎扎大冒险》。

自从1980年的《帝国反击战》向世人介绍了一个2英尺高、名叫"尤达"的绝地大师之后,无数影迷就盼望着能看到这位800多岁的绿毛老怪"行动起来"。

在和邪恶的杜库伯爵对决的过程中,尤达果然没有让望眼欲穿的影迷失望,他矫健、灵活、智慧、敏锐,每一个动作都充分展现出"风林火山"的宗师风范。20多年的技术积累终于让这个全CG人物博得了大家的崇拜。

如果说《星战前传2》作出了什么贡献的话,那就是它让大家意识到《星战前传3》有多么重要,如果连这一集也败掉,那么《星球大战》的传奇就会土崩瓦解。如果《星战前传3》"反败为胜",那么它就会扭转乾坤,让大家原谅一切。

《星战前传3:西斯的复仇》
*Star Wars :
Episode III - Revenge of the Sith*,2005

2003年6月,《星战前传3》在澳大利亚悉尼的二十世纪福克斯电影片场开机。制片人里克·麦卡伦(Rick McCallum)透露要在53天内建造72个场景,主要场景都在这里拍摄,完成后还要赴泰国、中国、英国、瑞士、意大利和突尼斯等地取景,所以影片中涉及的8个不同的星球将会有各自不同的特色。例如Wookiee族的故乡Kashyyyk星球的远景就是以泰国为背景拍摄，而地面背景则在中国拍摄。

里克·麦卡伦称本片的特效可以说是电影史上最伟大的，因为："影片《泰坦尼克号》和《指环王3：王者归来》中的特效镜头约有600到1200个，而《星战前传3》中有2200个特效镜头；本片的正式演员也就60来个，临时演员也不过几百个，克隆人军团和帝国机器人军团都是数码特效设计的结果。"虽然主要拍摄工作已于2003年9月完成，但直到2005年初卢卡斯还不时把演员招回补拍一些镜头，所以说特效及后期制作花费了近两年时间，可见其的精细与繁杂程度，大有"影不惊人誓不休"的态势。

1975年，当卢卡斯着手制作《星球大战》时，惊觉找遍全国也没有一家理想的电影效果制作公司，于是他决定由自己来担当这个魔术师的角色，于是他自己投资兴建了ILM（工业光魔）电影特效工作室。20多年来卢卡斯一次又一次地将拍片所得的盈利倾数投入ILM，使其不断成长壮大并同时不断推进着电影特效技术的革新与发展。

30年过去了，ILM已从一个靠传统手绘模型制造电影特效的工作室，发展成为世界上最大最先进的数码电影效果制作公司，先后14次获得过奥斯卡视觉效果奖，工作室自身发明的设计软件，不仅为卢卡斯的《星球大战》《印第安纳·琼斯》服务，同时也为好莱坞所有需要的影片制作特效。人们所熟悉的《人鬼情未了》《阿甘正传》《龙卷风》《侏罗纪公园》《拯救大兵瑞恩》等影片中的特效均为ILM之杰作。

在《星战前传3：西斯的复仇》中，ILM制作的特效超过2200个，打破了从前任何一部星战的纪录，甚至把《指环王》都比下去了。"有些镜头用了50—60种不同元素，大多数镜头是许多人都意识不到用了特效的。"制片人里克说。这些隐形的特效对于制造片中出现的8个星球至关重要——这同样创造了纪录，因为在星战系列里还从来没一下造过这么多星。

《西斯的反击》中许多令人难忘的角色都是由动画部制作完成的。动画部总监寇曼指出，电脑合成的绝地大师尤达也许是他们最重要的成就。"在前传2里，我们第一次用数码合成尤达。这回，尤达的皮肤看起来更真实，它衣服的纹理也更先进。"在本片中，罪恶多端的机器军头领格菲将军，是一个全新的形象。"科技能救阿纳金，对格菲却不行，它虽然令人生畏，却显得疾病缠身。所以我们花了大量时间把他设计成一个瘦骨嶙峋、咳嗽不断的可怜的坏蛋，我们喜欢设计坏蛋！"

　　和之前的5集相比，《星战前传3：西斯的复仇》的明星队伍越来越壮大了，这说明了这个系列的巨大吸引力，同时这种明星的加入也继续增加着它的分量。海登·克里斯滕森毫无疑问会是这一集里最重要的明星，他的角色在之前故事中不断承受着内心的挣扎，不断地希望获取更强大的力量，而在这一集中，他将最终在正义和力量之间做出选择，最终完成从杰迪到黑武士之间的转变。

电影世家的"教父"
——［美］弗朗西斯·福特·科波拉

Francis Ford Coppola

他能飞快地吃下一盘牡蛎或一大块金枪鱼生鱼片，以致同桌的人几乎都吃不上。他是一位胃口极佳的美食家，无论什么他都能有滋有味地尽情享受。他就像喜欢电影和书籍那样，喜欢鲑鱼点心和古巴雪茄。他从事电影工作已有30年的历史，他5次荣获奥斯卡奖、两次荣获金棕榈奖，他全力投入制作了一部又一部有关纽约的大片，他就是享誉世界的著名导演弗朗西斯·福特·科波拉，人们称他为纽约的"教父"。《教父》《现代启示录》，光这两部片子足以让弗朗西斯·福特·科波拉这个名字永存史册！

科波拉：好莱坞教父级的电影大腕

每一位导演都希望死前有一部真正拿得出手的作品可以垫棺材，对于科波拉而言，那就不是一部了，作为拍出过三部曲《教父》，还有《现代启示录》《巴顿将军》（改编剧本）的人，临终前放哪一部恐怕还真得犹豫一番。

如何衡量一位导演在电影史上的地位？在艺术方面，"他要别开天地另创一家"；在商业上，他的作品要获得观众和票房的双重肯定，他还要获得同行们的认可，令他们心甘情愿地把各种大奖捧到他面前，无论艺术的还是商业的，抑或只是为了奖励他的特立独行。如今还健在的电影大师中，能把上述这些都做到的恐怕只有好莱坞"教父"弗朗西斯·福特·科波拉了，从《巴顿将军》为他捧回第一座小金人开始，科波拉为电影史创立了一座又一座不可逾越的丰碑。《教父》三部曲在百年电影史的各种排名中始终名列前茅，是各种电影人膜拜的电影教科书；《现代启示录》当年让各种专家、影评人看得找不着北，随着时间的积累，人们才逐渐认识到这部影片有着那么多可以深入挖掘的秘密，无论是人性的还是哲学的，抑或电影本身的，这部复杂的"电影论文"已经超越了它诞生的那个时代；《惊情四百年》华丽得有如一出意大利歌剧，在此之前从没有人敢把吸血鬼电影拍得如此奢华。

迄今为止，科波拉已经执导近30部影片，制作50余部，体裁多元，题材更是五花八门，涉及生活中的方方面面，不管何种类型片，在他的改编下，都或多或少地变成探索人类内心真实声音的"自我认知":《惊情四百年》中米娜在前世情人王子与今世丈夫强纳生之间的挣扎;《泰特罗》中兄弟二人从陌生到熟悉的关系与对自身性格的深入了解;《没有青春的青春》中多米尼克·马泰恢复青春后的苦恼和夺人生命的忏悔自责;堪称"战争神话"又"头脑简单"的《巴顿将军》。形形色色的人物形象都不约而同地在"自我认知"这一主题上汇集,其表现形式可能是动态的暴力、血腥,抑或静态的内心独白,或者是动静结合的成长历程。可见,科波拉是善于在广阔、多元的叙述视野中表现鲜明的主题思想的。

科波拉的"独门秘诀"是将各种影像叙述技巧调度得恰到好处。不必说《教父》中勾勒科莱昂复杂内心的俯仰、远近视角变换,也不必说《现代启示录》中威尔德走进战区后目睹死伤遍野后的心灵震动和幻象化表达,单就狼人和德古拉等人"变身"后的艺术化模拟视角,已足以窥探科波拉雕刻镜头语言的功力。露西被狼人勾魂后,从卧室走向后花园的过程堪称情景交融的魔化镜头,狂风暴雨是恶魔行凶的最佳掩饰,露西身上飞舞的红飘带成为"勾魂"的象征。透过猩红之眼,科波拉一方面利用摇晃镜头来营造黑暗恐怖的"血腥"气氛,一方面经过艺术化的处理,使得妖魔眼中的画面得以最大限度地还原,惊悚感之余更多的是惊喜。与此异曲同工的还有《巴顿将军》开篇处的精彩演讲,景别尺寸的对比成为这部"不带政治性"色彩电影的另一种叙述。映入眼帘的是巨大的美国国旗,渺小的巴顿在国旗下严肃地"宣誓",对于一位军人而言,为国家安全与和平而战是最高的荣誉和信念。同样不足5分钟的"奇特"开始将"战争神话"与"不问政治"的矛盾刻画得入木三分。

与电影的不解之缘

弗朗西斯·福特·科波拉，又译弗兰西斯·科普拉，是名震世界影坛的大导演。1939年4月7日，他出生于美国底特律一个意大利移民家庭，其父是位音乐指挥家兼作曲家。科波拉童年时就混迹于剧院后台，还经常偷看父亲的演出。他从小就对电影十分着迷，17岁时，进入了霍夫斯特拉学院戏剧系。在参加校内戏剧演出时，他几乎什么都能干。大学毕业后，科波拉进入加利福尼亚大学洛杉矶分校影剧系专攻电影，其间，他应聘参加了好莱坞导演罗杰·科尔曼的摄制组，当了一名打杂工。科波拉是意大利人和美国人的混血儿，科波拉说，他是意美两种文化的"产物"。科波拉从小就向往电影事业，并决心为之献出自己的一生。那时候，他家住在纽约的远郊，他只记得经常搬家和转学。后来，比他年长5岁的哥哥带他乘坐大巴和地铁发现了纽约，他这才大开眼界，他觉得纽约如此之大和美丽，自此与它结下不解之缘。

科波拉最终在加州大学影剧系获电影硕士学位。那时他已经拍摄了多部短片，其中还包括了色情电影。

从加州大学毕业的科波拉起先充当的是编剧的角色。在20世纪60年代后期，科波拉开始他的职业生涯，与罗杰·科尔曼（Roger Corman）一起制作低成本电影，并撰写剧本。从无名到有名，往往要经历一个艰苦的过程。一开始，名不见经传的科波拉的作品往往被人忽视、贬低。直到1970年，他因《巴顿将军》一片获得奥斯卡最佳剧本奖时，他的才能才得到了社会的承认。

此后，科波拉又满怀热情地当起了导演。他最大的特点就是善于把影片的立意与美国观众的需要、美国社会的注意力相结合。1968年，科波拉独自制作了第一部影片《幸福山谷》，后来他拍摄的《秘密交谈》获得1974年金棕榈奖。

1972年，科波拉执导了影片《教父》，可以说这是一部在美国电影史上占有极其重要地位的影片。该片在第四十五届奥斯卡金像奖的角逐中赢得了最佳影片、最佳改编剧本与最佳男主角三项大奖。这部影片创造了美国电影史中的一个经典类型，被称为"史诗性的黑帮电影"。《教父》是根据马里奥·普佐（Mario Puzo）的畅销小说改编。原小说问世后，被西方评论界称为现代通俗小说杰作。《教父》片长3小时。小说的主要情节与人物基本上保留着，但删去了一些赤裸裸的描写。全片是通过局外人——迈克尔的妻子凯的视角加以表现的，科莱昂家的种种内幕活动显得那么荒唐可怕。策划、暗杀、追逐、枪战等场面连续不断，气氛肃杀，且用纪实手法处理，真是摄人心魄，目不忍睹。该片对了解黑手党的内幕提供了相当形象化的材料。

　　他有意识地去表现了美国黑手党的活动与美国政界、司法界的关系，而且还从同情的视角去表现了这些黑社会人物的"人性"。他们并不是一般影片中常见的那种杀气腾腾的恶霸歹徒，而是同样重视家庭伦理的"严父"和"富有责任心"的"有志青年"。科波拉拓展了黑帮片的表现领域，其思想意义和内涵远远超越了暴力与犯罪的范畴，并且以史诗性的视角将影片主题升华为人类社会中最常见的权力斗争的深层含义：权力与罪恶的关系。这种新的构思使美国观众有耳目一新之感，特别是影片宣传的那种奋斗精神与美国社会一贯提倡的"美国精神"十分契合，在观众中引起了极大的反响。《教父》一片上映后，立即在美国和西欧国家引起了轰动，被美国电影评论界誉为自《公民凯恩》以来最出色的一部美国影片。导演弗朗西斯·福特·科波拉自此一举成名，迈入了世界级著名导演之列。

　　1974年，科波拉又执导了《对话》一片。该片通过描述窃听专家哈里以窃听别人秘密为生，不料反倒被别人所窃听，揭示了美国社会的现实，人人都摆脱不了被监视的命运。这便使人更加孤独、相互猜忌，加速了人际关系的紧张和人的异化。他十分巧妙地在影片中渲染了一种令人不安的气氛，从某一侧面反映出了美国公众当时普遍拥有的对美国政治和社会的那种惶惶不安的情绪。该片获1974年戛纳国际电影节金棕榈奖。

《教父》的巨大成功促使科波拉与原小说作者普佐再次合作，改编和拍摄了《教父Ⅱ》。这部续集让他花费了更大的精力，也让他更为满意。此片共耗资1500万美元，票房收入则达到了2.3亿美元。影片的艺术性更强，最有特点的镜语手段是从头至尾使用闪回镜头，同步表现第一、二代教父的奋斗经历和内心世界。他用史诗的架构去表现美国黑手党的产生历史、内部斗争和与美国政界、警界乃至宗教界（《教父Ⅲ》）千丝万缕的关系。他第一次在电影中以"人"的标准去衡量与主流价值观相对立相抗衡的美国黑帮分子，特别表现他们的"盗亦有道"，与中国古代的"江湖道义"颇有契合之处，可以让普通观众用猎奇的眼光去窥视一个他们不甚了解的世界。并且影片传递出的奋斗精神与美国社会一贯标榜的"美国精神"十分相符，在观众中引起普遍的共鸣。该片获得了第四十七届奥斯卡七项提名，并最终获得了最佳影片、最佳导演、最佳男配角、最佳改编剧本和最佳音乐（他的父亲卡迈恩·科波拉）、最佳美术六项奖项。

《教父》和《对话》使科波拉获得了巨大的荣誉和商业成就，他更是踌躇满志，希望超过好莱坞历史上那些威名赫赫的电影巨头。经过数年的准备后，他决定独资拍摄另一部野心之作《现代启示录》了。在该片中，他试图用哲学的观点来叙述以战争为代表的暴力如何使人异化的问题。为了拍摄这部巨片，追求艺术上的完美，他不惜血本，共耗资3600万美元。

《现代启示录》情节框架大体取自英国作家约瑟夫·康拉德（Joseph Conrad）的小说《黑暗之心》（*Heart of Darkness*），只是对时代、背景和人物做了一番调换而已。越战期间，美军情报官员威尔德上尉奉命"毫不留情"地除掉库尔兹上校，一个叛逃美国军人。接到命令后，威尔德率领小分队，乘小艇逆河而上，冒险深入柬埔寨。在一处偏僻的热带丛林内，精神失常的库尔兹上校以其嗜血成性的残暴统治着当地土著居民，成为他们盲目崇拜、迷信的图腾。随着小艇驶入柬埔寨，威尔德一行人似乎卷入一个超乎现实、彻底疯狂的世界。

然而，命运不济，影片的摄制过程却极不顺利，拍摄期间遇到各种问题的困扰。由于该片的反越战主题，得不到美国军方的支持，再加上出现了台风和演员的不合作，而科波拉又滥用药物和精神崩溃。预算一再超支，似乎一切都在和他作对，拍摄工作一度陷入混乱，因为受到如此多的耽误，电影还被取了个绰号"不知何时启示录"。可是，当电影最终上映时，评论界一片死寂，他们看不懂科波拉想要说明什么，观众们对这部高成本新片也并没有表现出科波拉曾经期待过的热情。同时受到影评人的赞扬和厌恶，而且差点使科波拉刚成立的"美国活动画片"（American Zoetrope）工作室破产。该年度的奥斯卡奖角逐中，该片也榜上无名，这对欠下巨债的科波拉无疑又是一个沉重的打击。可是正是这部电影真正使他在好莱坞乃至世界电影界树立了不可撼动的地位。

1991年的纪录片《黑暗之心：制片人的启示录》（*Hearts of Darkness: A Filmmaker's Apocalypse*），由艾琳诺·科波拉（Eleanor Coppola，科波拉的妻子）、福克斯·巴尔（Fax Bahr）和乔治·希根路柏（George Hickenlooper）执导，片中记载了拍摄《现代启示录》中的困难和全体的工作人员，还有艾琳诺拍摄的幕后花絮。

继《现代启示录》之后，科波拉为挽回损失，接连拍摄了《心上人》《小教父》《斗鱼》《棉花俱乐部》《佩姬苏要出嫁》《石花园》《塔克：人和梦想》以及《纽约故事（之一）》等诸多影片，但大多反响平平，近乎失败。20世纪80年代的科波拉因此而几乎一蹶不振。

但是，经历大劫的科波拉还是挺过了难关。在经历了漫长的等待之后，科波拉带着强烈的商业动机和成功的关键回来执导《教父Ⅲ》。它是"教父"传奇的第三部，在1990年上映。《教父》第三集的推出重新为科波拉赢得了昔日的殊荣。在《教父》续集面世16年之后,导演弗朗西斯·福特·科波拉迫于经济原因拍了这部帮会电影经典的第三集,整体成绩虽不及前二作,但仍为科莱昂家族史做出了史诗式的完结篇。

阿尔·帕西诺饰演的麦克此时已步入老年,他想将家族事业从黑道漂白,向欧洲的大企业和上流社会发展,并准备安享晚年,不料发现白道的斗争跟黑道一样激烈,最后仍不得不用暴力手段解决纷争。本片主要角色延续前两集,但加入了安迪·加西亚饰演新一代接班人,导演的女儿索菲亚·科波拉也参加演出。而此后的 *Barm Stoker's Dracula*（1992）与 *Mary Shelley's Frankenstein*（1994）亦同样使科波拉再现辉煌。

后来,科波拉一改老路,拍摄了一部内蕴悲凉的喜剧片《杰克》。科波拉一改以往风格,与大牌喜剧明星罗宾·威廉姆斯合作,拍摄了这部轻松而又严肃的通俗文艺片。故事描述卡伦怀胎仅两个月便产下了一名漂亮健壮的男孩杰克,医生诊断,这种早衰患者的生长速度是正常人的四倍。杰克以令人难以置信的速度长大起来,只有10岁时已具备了40岁人的成熟外形,但心智还只是个孩子。当高大的杰克出现在同龄的同学当中时,引起了很大的骚动。起初同学们排斥他,拿他取笑,后来发现杰克十分单纯并乐于助人,便开始与他交往。可他差一点让一个同学的妈妈犯了错误,那位太太误以为他是校长,还爱上了他。后来杰克的病日趋严重,不得不离开学校和刚交往的好朋友。影片给人的启迪是人生短暂,需珍惜光阴。对该片的执导使他回想起了自己幼时因患小儿麻痹症而被隔离的孤独与恐惧,这也使他在导演该片时更能融入自己的深切体会。影片以喜剧形式向人们阐述了珍惜光阴的生活道理,受到了公众的一致好评。

当科波拉谈起他制作《特大都市》的初衷时说道,在纽约这个特大的城市里,人们觊觎权力和金钱,有钱的人虽然很多,但他们却不会善用金钱。他曾大量阅读有关古罗马的书籍,认为现在的纽约与古罗马有许多相似之处：权力争斗，尔虞我诈。罗马人从希腊人那里获得民主思想建立了共和制度，为西方文明作出了自己的建树，而纽约几乎什么也没有发明创新。科波拉认为，在纽约，人不再有理想，一小撮人利用金钱控制着传媒，给孩子们展示的未来也不是灿烂的，人们甚至嫉妒青年人，把他们视为一种威胁。他说："青年人是理想主义者，他们力图改变世界，而享受特权的老人则想办法维护既得利益，他们不希望发生变革。"这些复杂的矛盾和斗争，在《特大都市》中都有体现。

科波拉家族

家族，意味着血脉相承的传统，是基因传递而构成的因果关系。家族，通常直白地表明深厚的根基和庞大的势力。无论在政治、经济还是文化领域，无论在东方还是西方，无论是历史上还是现在，"家族"的影响无处不在。而在电影史上，弗朗西斯·科波拉的家族无疑是令人瞩目的。

充满了传奇色彩的"科波拉家族"到弗朗西斯的下一代，共有祖孙三代四个人获得了9个奥斯卡小金人。"家族"的擎旗者是集编剧、导演、制片于一身的著名电影人，索菲亚的父亲弗朗西斯·福特·科波拉（Francis Ford Coppola），9个奥斯卡小金人中的6个是属于他的；索菲亚的祖父卡迈恩·科波拉（Camine Coppola）是位音乐指挥兼作曲家，他为《教父》系列（第一集和第二集）作的音乐已经与那两部伟大的影片一起不朽了，并且获得了第四十七届奥斯卡最佳原创音乐奖；堂兄尼古拉斯·凯奇（Nicolas Cage）是好莱坞的一线男星，他凭借影片《离开拉斯维加斯》（Leaving Las Vegas）获得第六十八届奥斯卡最佳男主角奖；兄长罗曼·科波拉（Roman Coppola）在2001年执导了电影《CQ》；索菲亚的母亲是摄像师、时装设计师兼纪录片导演；

姑母是演员，曾出演过弗朗西斯的4部电影；另外一个堂兄也是演员。发生这一切的缘起是因为弗朗西斯·福特·科波拉是一个工作狂，但他不止一次地宣称：他很珍惜与家人共度的每一分时光。他不可能把他的两个最爱分隔开来，所以我们早在1972年他导演《教父》时就看到了这样一幅景观，在阴郁而温情的"科莱昂家族"中处处闪过"科波拉家族"成员的影子。

弗朗西斯的观点是："我制作的电影一部接一部，《教父》成了历史上最伟大的家族电影。其实我想说，为什么不让我妹妹在电影中饰演一个角色呢？为什么不能让我的爸爸给我的电影谱写音乐呢？为什么不能为我新生的孩子拍摄洗礼的场面？其实这样很好，这样总能留下一些纪念，这才能算真正意义上的家族电影，我们可以看到孩子们以前的模样。"秉承"家族电影"要由家族成员参与这一原则，只要是"科波拉家族"成员负责制作的电影，我们就能在片子中看到其他"科波拉家族"成员的身影。

家庭事业的继承人
——索菲亚·科波拉

弗朗西斯·福特·科波拉已在好莱坞的浮光掠影中沉浮了半个世纪，他曾经因为横溢的才华和实干的精神而赢得亿万财富，也因为对完美艺术的执着追求而赔得倾家荡产，这个历经世事步入晚年的老人应该在第七十六届奥斯卡颁奖典礼中笑得最开心，因为他心里最明白"自家有女初长成"，"科波拉家族"后继有人了。

"金草莓奖"（Razzie awards）的评委曾经在杂志访谈中说过："金草莓奖"引以为傲的一件事是"让索菲亚·科波拉决心永不再演戏"。索菲亚·科波拉1971年5月12日出生于美国北加州，并在那里长大。她第一次走上银幕是1972年，她在科波拉执导的影片《教父》（The Godfather）中饰演男婴麦克·弗朗西斯·里兹（Michael Francis

Rizzi）。两岁时，她又在《教父Ⅱ》（The Godfather Part II，1974）中饰演了一个在轮船上玩耍的儿童。随后的几年里，索菲亚又相继在她父亲执导的几部电影中饰演角色。1990年，在弗朗西斯拍摄《教父Ⅲ》时，索菲亚·科波拉顶替了威诺纳·赖德（Winona Ryder）出演了一个角色，在影片中她的表演中规中矩，并无太大的漏洞，但由于她显赫的出身，该片使她得到了"金草莓奖"的两个奖项"最糟糕新人奖"和"最糟糕女配角奖"。评论界攻击说：父亲没有分辨能力，女儿没有才能。作为演员而被骂得半死是件任何人都很难接受的事，尤其她来自好莱坞最有势力的家族之一。在获得"金草莓奖"后索菲亚·科波拉再也没有出演过任何电影。

1999年索菲亚导演了自己的第一部长片《处女之死》（The Virgin Suicides），该片根据杰弗里·尤金尼德斯（Jeffrey Eugenides）的同名小说改编而成，她自己撰写了剧本，并在2000年的戛纳国际电影节面向全球公映，引起众多媒体的关注，该片在圣丹斯电影节以及美国主流电影界都获得成功，被美国《娱乐周刊》评为年度最佳处女作。2003年，她编写、执导并参与制片的《迷失东京》使其成为美国历史上第一位获得奥斯卡最佳导演提名的女性，最后，她获得了当年奥斯卡最佳原创剧本奖。

跟自身的生命体验有关，索菲亚非常迷恋"迷惘"的主题，在《处女之死》中她以女性的细致敏感表现了青春期少女对爱情和生命的迷茫；而《迷失东京》更是将"迷惘"的主题延展到一个处于中年危机的男人与一个二十出头的少妇对家庭和事业的迷惘心态，以及在异乡不期而遇所发生的情感碰撞。索菲亚坦言："我自己也不清楚为什么会想到拍一个这样的故事，只是我的确被这样一个故事所吸引，我就是想拍它，想拍一个在东京这个繁华都市步入中年的男人以及他所面临着的一系列危机。我虽然是一个三十岁的女性，但我认为自己还是能体会男人的中年危机的，这和我在二十岁刚出头时面临的那种'到底我这一辈子该怎么过'的迷惑应该很相似，于是，我把自己的感受放在了电影角色里，我甚至让角色重新经历我所经历过的情境，只不过电影故事的讲述是从另一个角度出发的。"凭借着这部拍摄了27天，预算仅400万美元的独立制作影片，索菲亚成为奥斯卡历史上第一个获得最佳导演提名的美国籍女导演，同时也是第三个获得最佳导演提名的女导演，它获得了第七十六届奥斯卡奖最佳影片、最佳导演、最佳原创剧本和最佳男演员四项提名，并最终获得了最佳原创剧本奖。

"家族执行人"
尼古拉斯·凯奇（Nicolas Cage）

具有世界知名度的好莱坞影星尼古拉斯·凯奇原名是尼古拉斯·科波拉（Nicolas Coppola），这又是一位在"科波拉家族"盛名的压力下奋斗出来的"家族成员"，但到现在为止，每一个谈论到他的人都还是会加一句：他是弗朗西斯·福特·科波拉的侄儿。尼古拉斯·凯奇1964年1月7日出生于美国加州，"科波拉家族"的影响力为尼古拉斯的从影创造了非常有利的条件，在他18岁那年，一部叫《开放的美国学府》（*Fast Times at Ridgemont High*）的影片首次起用了他。次年他又参加了影片《山谷女郎》（*Valley Girl*）和《斗鱼》（*Rumble Fish*）的演出。《斗鱼》的导演是他的叔叔弗朗西斯。与索菲亚遭受的境遇相同，"科波拉"这个姓氏如同一把双刃剑，"尼古拉斯·科波拉这个名字其实带给我很多困扰。我没有办法像平常人一样去参加试镜，这个名字带给我的包袱太大了。所有的家庭成员对于我改姓的举动感到很难过，也颇不以为然，可是我要证明我不靠这个姓也可以在这一行出人头地"。

尼古拉斯在这一年将姓改为凯奇，来自他喜欢的漫画书的主角。如今的尼古拉斯·凯奇已经是出演过将近50部电影，是曾经片酬达到2000万美元的好莱坞一线男星。他的戏路宽广，不但可以控制内心世界极为复杂的艺术片里的角色，在商业类型片里他也可以凭借利落的身手敏捷的动作成为票房的保证。1990年，尼古拉斯在美国著名的先锋导演大卫·林奇（David Lynch）执导的影片《心中狂野》（*Wild at Heart*）中饰演了男主角，片中尼古拉斯身着蛇皮夹克嘴里唱着猫王歌曲的经典形象已被载入电影史册中，这部电影也获得了当年夏纳国际电影节的金棕榈大奖。1995年对尼古拉斯来讲是辉煌的一年，他因为出演了影片《离开拉斯维加斯》（*Leaving Las Vegas*）而获得第六十八届奥斯卡最佳男主角奖，为"科波拉家族"又赢得一个小金人。《离开拉斯维加斯》是一部成本仅有350万美元的低成本影片，尼古拉斯在片中饰演一位酗酒沉沦的剧作家，他与一个同样陷入生活泥沼的妓女相爱，尼古拉斯的表演既绝望又温情，正如他所说的，"为一个好的角色，我可以将我的灵魂投入进去"。此后，尼古拉斯在一系列的商业类型片中取得了成功，其中有中国观众耳熟能详的影片《石破天惊》（*The Rock*，1996）；跟在好莱坞取得巨大成功的香港导演吴宇森合作的两部电影《变脸》（*Face Off*，1997）《风语者》（*Windtalkers*，2001）；还有《空中监狱》（*Con Air*，1997）、《蛇眼》（*Snake Eyes*，1998）、《8mm》（1999年）等。

2002年，对于尼古拉斯·凯奇来说发生了两件比较有意思的事情。第一，他终于按捺不住执导的欲望，导演了电影《索尼》（*Sonny*）；第二，他出演的电影《改编剧本》（*Adaptation*）获得第五十三届柏林国际电影节评委会大奖，而这部影片的导演正是堂妹索菲亚当时的丈夫斯派克·琼斯（Spike Jonze）。

才华横溢的女婿
——斯派克·琼斯

斯派克与索菲亚相识于1992年，1999年6月26日结为伉俪，2003年12月正式对外宣布结束夫妻关系。

斯派克·琼斯这个登堂入室一度成为"科波拉家族"成员的年轻人是世界影坛风头正劲的新锐导演，迄今为止他只导过两部电影，但每一部影片的公映，都要引起不小的轰动。1999年他导演了风格黑色诡谲的电影《成为约翰·马尔科维奇》（*Being John Malkovich*），奇异的想象力和匪夷所思的剧情设置，让首次执导的他获得了当年的奥斯卡最佳导演奖的提名。2002年，由他导演、尼古拉斯主演的《改编剧本》（*Adaptation*）获得了第五十三届柏林国际电影节评委会大奖，此片的怪诞风格不逊于他的第一部电影。斯派克·琼斯在拍摄《成为约翰·马尔科维奇》之前，是个成功的广告和音乐电视的导演，索菲亚跟他初次相识就是在他拍摄音乐电视的现场，她不止一次坦言斯派克对自己的影响和帮助，是斯派克帮助她实现了摆脱父亲盛名的压力，树立与她父亲的电影风格完全不同的独立电影之梦。

不难看出，"科波拉电影家族"从诞生到形成再到传承的50年时间，正好契合了好莱坞电影从经典到新浪潮到科技主义再到现代主义的历史发展过程，"科波拉家族"的电影经验可以说代表了好莱坞近50年的文化经验，那就是：不停地在文化和技术上进行探索，汲取世界范围内的电影风格形态，但永远也不会放弃观众。

在不同的历史时期，"科波拉家族"的不同成员总是处在那个时期电影艺术大潮的潮头浪尖上，因此，就"家族"内部成员而言，便诞生出多种形态的电影风格。由于在电影的制作过程中，"家族"内部成员习惯相互参与，这些风格可能相互结合，也可能彼此对立，通过这种"旋转搅拌"会衍生出许多奇异、温和或猛烈的泛音，产生出很多与众不同的电影，这也许就是"科波拉电影家族"或好莱坞电影持续保持活力的秘诀吧。

电影世家的"教父"
——[美] 弗朗西斯·福特·科波拉

里程碑式的电影

《教父》
The Godfather，1972

　　《教父》不仅是科波拉的成名作，也是世界电影史上的经典之作。它被影评人列为一个人一生中必须要看的10部电影之一。

　　把马里奥·普佐虚构的纽约黑手党塑造成一个实现美国梦的家族奋斗史，这是科波拉最了不起的地方。影片从20世纪40年代末开始往后叙述，极具宏伟的史诗气派，同时又有非常细腻的细节。无论是白兰度饰演的大家长，还是帕西诺饰演的新一代，人物刻画既个性化，又不乏代表性。暴力场面也有双重性，既写实，又有歌剧的壮观。事实上，整部影片将一些没有社会内涵的打打杀杀升华为美轮美奂的歌剧，达到黑帮电影的最高境界。片尾洗礼的婴儿是科波拉的亲生女儿。本片荣获第四十五届奥斯卡奖最佳影片、最佳男主角、最佳改编剧本3个奖项。

　　《教父》的拍摄也是一波三折，派拉蒙高级管理人员曾对最早的电影工作样片很不满意，并考虑用伊利亚·卡赞来取代弗朗西斯·科波拉的导演之职，希望卡赞能够与声名狼藉的马龙·白兰度精诚合作。白兰度则宣称要是解雇科波拉和换掉摄影棚，他就要退出这部电影。派拉蒙起初是打算把电影拍成一部低成本的现代强盗片，而不是设置在20世纪

40—50年代。制片方曾希望由意大利制片人卡罗·庞蒂（Carlo Ponti）来扮演唐·科莱昂，但科波拉认为他的意大利口音过重予以拒绝。在西西里拍摄的画面中，麦克的妆容与在纽约拍摄时不相符，因为派拉蒙不愿支付化妆师赴意大利的费用。科波拉最初的导演剪辑版长126分钟，而制片方认为过短，正式上映的版本比导演剪辑版长50分钟。

《教父》在拍摄过程中也趣事不断。马里奥·普佐笔下的唐·维托·科莱昂来源于真实人物，分别是纽约黑手党号称"黑帮总理"的弗兰克·克斯特洛（1891—1973）和暴徒维多·吉诺维斯（1897—1969），普佐小说中的一些黑手党行动也源于两人及手下一手制造的真实事件。本片中马龙·白兰度也是在有意模仿弗兰克·克斯特洛的声音。而马龙·白兰度希望把唐·科莱昂打造成"像一只牛头犬"，在试镜的时候，他用棉花和毛织品塞到自己的脸颊里。到了真实拍摄阶段，他就戴着一副牙医制作的器具。为了达到脸部瘀肿的效果，阿尔·帕西诺则把泡沫塑胶做成的假脸贴在他的左脸上，还特意把颜色调成与他的肤色一致。白兰度的这套口腔道具至今还在美国纽约的皇后移动影像博物馆展示。在卧室场景中，剧组使用了真实的马头拍摄，这只马头是从一家狗粮加工厂得到的。桑尼殴打康妮丈夫的场景用了4天才拍摄完成，使用的临时演员多达700人。

《教父》中甚至体现了科波拉"好吃"的美食家性格，片中的吃喝场景为数众多，所有场景和镜头将近61个。

《教父》反映了一个家族在困境中生存、在逆境中挣扎、在顺境中力图重生的轨迹。它是一部最具史诗气魄的揭露黑社会明争暗斗内幕的影片，一幅气势恢宏的"社会图卷"，它使举国上下都关注到黑手党问题，从20世纪70年代初开始，反映黑手党的作品就如雨后春笋一般繁盛起来，但是没有一部能同《教父》相提并论。科波拉的《教父》以精细的笔墨描述了黑手党全盛时期的家族恩怨，在这部格局庞大、情节复杂、人物众多的大制作中，科波拉把整部影片处理得有条不紊、扣人心弦，其高超的专业技巧不得不令人叹服。科波拉在选角方面的独到之处也叫人刮目相看，他大胆起用在影坛沉寂多年的马龙·白兰度饰演教父一角，不仅使其成为奥斯卡最佳男主角，也让他再次成为超级巨星。《教父》系列共拍了3部，它的续集也得以进入美国百部经典电影名单，它是唯一一部挤进"百大"的续集电影。

《现代启示录》
Apocalypse Now，1979

该片表面上在讲越战，但在所有著名的战争片中，它可能是"升华"程度最高的一部。它可以套用于任何战争，甚至广而言之，说它表现任何人生经历都不为过。影片虽然不乏对战争的正面描写，但它的精髓是刻画人性中的黑暗，难怪它不是以越战记录为蓝本，而是改编自英国小说家康拉德的经典名著《黑暗之心》。马龙·白兰度扮演的这名军官镜头不多，台词和处理均很"虚幻"，仿佛是一种力量，而不是某个人。本片是科波拉对于战争暴力造成人性异化的一种反思，巧妙地将现实主义的题材和象征意义融合在一起，以一名战士沿河寻找白兰度饰演的主角的旅程为线索，展开了一种近乎荒诞的"实况记录"。影片具有一种"大歌剧"般的风格，夸张而华美，带有强烈的表现主义色彩。

在飞机上播放瓦格纳《女武神》主题音乐的轰炸场面是这种风格的集中体现，也是本片的经典场景之一。影片获戛纳电影节金棕榈奖。2001年科波拉推出该片的新版本，比原来的版本多了将近一个钟头。当时，受政治环境的影响以及为了迎合主流观众的胃口，该片曾删掉长达49分钟的内容。20年后，科波拉在电视上收看这部旧作时，深感当时的"顺从"给它带来的缺憾。也许，经过这20年的风云变幻，如今的观众已趋于成熟，可以承受当初大刀阔斧剪去的那些个性独特和带明显政治意味的情节。于是，在科波拉的策划下，这部惊世之作终于恢复其本来面目。

科波拉自认为马龙·白兰度对约瑟夫·康拉德的《黑暗之心》一定很熟悉，并且认为他是电影的不二人选，满心期待着这位传奇演员的出现。当白兰度现身之后，又令科波拉大为震惊。他从来没有读过《黑暗之心》，甚至不知道其诗句。更糟糕的是，白兰度已经严重发胖（库尔兹在小说中反复被描述为一个骨瘦如柴的高个子）。经历了不少打击之后，科波拉决定把白兰度拍摄成人高马大、残忍野蛮的样子，并且确保镜头里不能出现白兰度隆起的将军肚。

威尔德在他的宾馆房间里独自醉酒这场戏里，马汀·西恩确实已经醉了。电影中看到的西恩醉酒的举止是他的真实反应。当西恩打碎镜子，正如电影中展示的那样，他的确伤到了自己的手，醉得不省人事的西恩浑身湿透了，最后竟然想袭击科波拉。

《现代启示录》是科波拉的精心力作。影片具有一种"大歌剧"般的风格，夸张而华美，带有强烈的表演色彩。这部影片不仅是对人性本质的探讨，也是对战争的深刻反思。这部在商业上遭到惨败的影片，却为科波拉赢得了"左翼艺术家"的声誉。

电影世家的"教父"
——[美]弗朗西斯·福特·科波拉

《惊情四百年》
Dracula, 1992

　　科波拉一反以往吸血鬼故事的基调，将原本阴森诡异的吸血鬼传说诠释成一段令人荡气回肠的凄美爱情故事。一如传说，吸血鬼总是与贵族紧密相连的，他是一种十分高贵、傲慢的怪物，这种特性更增添了他的神秘性与浪漫色彩。影片依然如此，但在此基础上的突破却令人大吃一惊。他抛弃了以往关于吸血鬼的观点，并不是仅仅把吸血鬼作为一种邪恶与丑陋的化身，不再是一无是处，死有余辜。影片中的德古拉在成为吸血鬼后，住在阴森恐惧、充满神秘色彩的古堡中，处在那种似乎处处都隐藏着怪异与邪恶的环境之中。他面目恐怖，笑声阴森可怕，能够呼风唤雨，支遣黑暗的精灵，以传说中的罪恶去为祸世间。但是，影片更着意刻画的是德古拉伯爵对爱情的执着的追求。他本身是个英勇善战的充满人类高贵而优秀的品格的人，但命运却玩弄了他，为此他采取了坚决的抵抗而不是妥协。他如同《失乐园》中那象征叛逆与自由的撒旦，是一个为自由和公平而战的勇士。为了追求到那份永恒的真爱，他可以放弃自己的生命，放弃眼前的一切。

　　影片极具冲击力的镜头语言给人以全方位的视觉体验，让先前借助文字描绘的古老吸血鬼形象更为鲜活、丰满地跃然于观者眼前。男主角加里·奥德曼对吸血鬼角色的演绎也实在令人着迷，其阴暗、优雅的气质将德古拉的银幕形象塑造得更具神秘性与浪漫色彩。其他几位演员的表现也同样可圈可点，无论是成功扮演怪物猎人范海辛的老戏骨安东尼·霍普金斯、拥有精灵般纯美外貌的维诺娜·赖德、还是当时还很青涩的基努·里维斯和惊艳四方的意大利性感女星莫妮卡·贝鲁奇，都给人留下了深刻的印象。

日本电影复兴的旗手
——［日］北野武

Kitano Takeshi

当过出租车司机、脱衣舞秀场的喜剧演员，表演过对口相声，活跃于电视及广播界，做过电视节目主持人，当过著名的演员，并以辛辣和黑色幽默受到欢迎，成为日本20世纪80年代相声热潮的灵魂人物。更重要的是，他还是个导演。这就是北野武（Kitano Takeshi）。值得区分的是北野武只使用于导演名字，演员身份的北野武取的是艺名"彼得武"（Beat Takeshi）。

北野武是日本电影的一个传奇，世界各地媒体将他与黑泽明并列，甚至誉之为日本电影复兴的旗手。他导演的《花火》也成为日本电影第二次高潮的代表作。他是自1951年黑泽明的《罗生门》，1958年稻垣浩的《无法松的一生》获金狮奖以来相距39年第三个获此殊荣的日本人。

北野武：剥开每个人身上的暴力基因

　　北野武已然成为当代日本电影界的领军人物之一，被公认为继黑泽明和大岛渚之后最具国际影响力的日本导演。有着"日本电影新天皇"之称，他的电影奇妙地混杂了暴力血腥与黑色幽默，热切疯狂与纯真稚气，不经意间令人深受吸引。

　　矛盾——恰恰是理解北野武的关键。在他的电影中，极致的爆裂与极致的平静，奇异地和谐共存着。以暴制暴是北野武电影中主人公实践爱的方式。暴力，是他电影里面最重要的表现元素。相对于其他钟爱表现暴力的吴宇森、昆汀·塔伦蒂诺等导演，北野武的暴力更加简单、明确。北野武的暴力是在你还不知道发生这件事情的时候就立即结束。血腥的场面和对枪杀他人毫不在意的主人公脸上轻松的神情形成强烈的对比，更容易导致心理上的不和谐感，从而带来强烈的视觉冲击，让人不寒而栗。

　　北野武善于营造角色间的紧张关系，枪击镜头的残暴场面用街景或空镜取代，暴力的实施不过是一连串动作和物理声效的结合而已。影片动静结合、温情与打斗结合，刚才是嬉戏的场面，转瞬变为你死我活的纷争。他的镜头生猛直接而突兀，拍摄手法上尽量少用特写、慢镜头、直接抒情等引起观众共鸣的手段，采取冷色调处理。和萨姆·佩金·帕、昆汀·塔伦蒂诺、吴宇森都不同，去掉"表演化""戏剧化"色彩，暴力不需要说明，也不纠缠因果，只为了呈现暴力的瞬间，紧紧抓住生死转折的本质。

影片不追究细节，不追究心理成因。像《凶暴的男人》剧本中警官我妻（北野武饰）的同事岩城（平泉城饰）因为身患癌症，想给妻子多留点钱，才介入毒品交易。电影则将之完全略去，让角色和情节增加神秘性。

北野武电影的主人公通常是一些默默无闻、生活在社会边缘的小人物，或者是警察，或者是小混混，不得志的中年男人……每个人都有各自的生存压力，这些压力或来源于成长历程，或来源于家庭矛盾，或来源于工作事业，总之，他们均肩负着这样那样的难题，在人生的旅途上苦苦挣扎着。

暴力与死亡，生命与温情，这两种看似矛盾的特性却能在北野武的电影中和谐统一，相互融合。如果我们深入挖掘北野武电影的内涵，我们能看到各种细腻的情感都会出现在北野武的电影中，但是奇特的是无论是兄弟之间的亲情，男女之间的爱情，还是朋友之间的友情，在北野武的电影中大多数都是以血腥暴力的方式来表达的。就如同《菊与刀》的作者用菊花与武士刀来对日本人的矛盾性格进行描述，"他们恰如其分地揭示了日本人的矛盾性格亦是日本文化的双重性"。

纵览日本历史，日本极端的国民性贯穿着整个日本历史，可以说日本人都是矛盾的综合体；而所谓大师，更是如此。北野武在《花火》中用独特的电影语言和极具匠心的方式以浓厚的个人主义色彩，将生与死这两个相互矛盾的体系糅合在一部影片之内。在那鲜血四溅的镜头中，处处透露出对于生命的敬仰和对死亡的尊重，北野武通过《花火》想告诉我们的绝对不仅仅是影片中单纯的对暴力表象的描绘。而是他那被暴力的表象层层包裹住的柔软的心。

他也曾是问题孩子

北野武于1947年1月18日出生日本东京都足立区。父亲菊次郎为油漆匠，母亲名为早纪。北野武于足立区立梅岛第一小学入学。热衷于打棒球，成绩优秀，据说特别擅长算术和图画手工课。小学毕业后，到较远的足立区足立第四初级中学就读。在初中时，他进入棒球部。毕业后进入东京都足立高级中学，在高中时代进入软式棒球部，同时也短期学习过拳击。

毕业后经母亲的推荐，1965年3月，北野武进入明治大学工程系（现在的理工学院）机械工程专业攻读。北野武从小都不是好孩子，让父母一直操心，在大学二年级的时候，他向往着自由自在的生活，于是便辍学了，在新宿附近晃荡度日。

年轻的北野武为当时盛行的学生运动、爵士乐和新风气倾倒，之后在新宿混嬉皮，在"LeftyCandy"、新宿ACB、风月堂等场所长期逗留。他也当过短期的爵士乐酒吧男服务员，并在这样的场合下结识了若松孝二、小水一男、高桥伴明等人。北野武当早班男服务员时，在当时连环杀人案件中逃走的永山则夫，则是当晚班的男服务员。

1973年，北野武开始说相声，那一年，他结识了FRANCE座的演员兼子二郎（Beat Kiyoshi），组成相声搭档Two Beats，并取艺名为Beat Takeshi（彼得武）。1975年作为相声（漫才）演员的北野武初登小荧幕，参加朝日电视台《敌对大爆笑》的演出，并于1976年在NHK的相声比赛中获得优秀奖。1986年，北野武对于12月9日《FRIDAY》写真周刊的八卦报道感到愤怒，率领手下"Takeshi军团"前往讲谈社，由于对编辑部人员施暴而被逮捕，被判拘禁了6个月、缓期2年执行。

1989年8月，北野武初次执导，开始了他的导演生涯，自导自演处女作《凶暴的男人》，叫好又叫座。

1990年9月，发表所执导的第二部作品《3-4×10月》，获得日本电影导演协会颁发的新人奖。1991年10月，北野武执导的第3部作品《那年夏天，宁静的海》获得日本电影蓝丝带奖最佳影片奖、最佳导演奖。1993年6月北野武献上了第4部作品《小奏鸣曲》。1994年8月，北野武在深夜骑摩托车滑倒受到重伤，右颊等多处骨折，从此，北野武以半边面瘫的形象出现。

1995年2月，第一部喜剧片《大家都在干吗？》问世，尽管低俗笑料泛滥，作为一部喜剧却可算成功。1997年9月，他所执导的第7部作品《花火》在威尼斯电影节中获得了金狮奖。1998年1月，《花火》公开上映，同年执导《菊次郎的夏天》。2002年执导《玩偶》一片。2003年第11部作品《座头市》亮相水城并荣获威尼斯电影节最佳导演奖，北野武以头染金发、身穿牛仔裤的盲侠形象示人，2005年的《双面北野武》被人冠以"晦涩难懂"的评价。以上就是北野武的一生以及他的获奖经历，从某种程度来说，从不肯循规蹈矩的北野武经历了复杂的生活，从而带给了我们难得的电影观影经历。

独特的风格

"削落美学"

北野武并非科班出身，他往往是到了拍摄现场才去设计具体的情节和台词，甚至有时候临时改变剧情。用他的话来说，"要跳脱出剧本所给予的拘束力，这样演出的戏才不会无聊"。北野武曾经在访谈中谈及过自己的这种创作方式，"就是从拍摄完成的作品里面把比较无聊的东西删除掉"。

"北野武式蓝调"

北野武曾经说过："我所要拍的是一个人真正中弹倒下而生命渐渐离去的无奈和悲伤"。要表现这样忧伤的情绪，唯有蓝色才能胜任。所以北野武的片子从处女作《凶暴的男人》开始，大多都是拿蓝色作为基本色调的。这已经成为他导演风格的一部分，甚至为此出现了一个专有名词"北野武蓝调"。至于为什么如此偏爱蓝色，北野武在访谈中做过详细的解释："我认为所谓整体的蓝色，是在画画时画布的颜色。一般来说，画布是以白色为最佳的。但当使用彩色底片拍摄时，白色的画布上会有晕光作用产生，因此最安定的画布颜色是蓝色系的颜色。如果在画布上有过多的彩色出现，就会失去画画的兴致了，总之，就决定统一使用蓝色系来作画。所以在影片的最初到最后，都是在蓝色的画布上添上色彩的。"

北野武式的幽默

北野武式的幽默几乎等于一个代名词，这种幽默来得很快，却是冷静克制的态度。在很多场景上，往往幽默者的旁边都会出现类似冷静的旁观者的形象，他们既是幽默的接受者，同样也是幽默的反抗者，而这样的形象往往是与无奈和暴力有关的。在北野武的幽默定义中，幽默既是人生之乐，又充满无处不在的无奈和暴戾，因为生活的困苦或者生命的无望，笑话突然成了一种奢侈的东西，或者说，更像是置身事外的第三者。北野武式的幽默是一种冷漠荒诞、压抑克制的幽默，有些笑容来得太快，在人们还没有反应过来的时候就产生了效果，而有些则伴随着长久的恨意。

直面死亡

作为日本民族的一员，似乎日本导演都有一种对死亡的超脱，黑泽明对于死亡的思考和人性的探索，深作欣二对于人性的反讽和不信任感，甚至连青春片导演——我们最熟悉的岩井俊二在《关于莉莉周的一切》中也讲述了一个以死亡为结局的故事。影响日本人的有两种花，菊花是日本皇室的象征，而樱花则代表了日本大众。日本民族仿佛是一个矛盾体，既有对完美的喜爱，又充满了对生命的不完美的赎罪意识。

在北野武的所有影片中，几乎无一例外地涉及了对死亡的探讨，在几乎所有的影片中，北野武对待死亡的态度都显得与众不同。死亡成为一种生活的代名词，也摆脱了原本苦涩、可怕的形象，而成为生活的一部分。

与死亡相伴随的是暴力的运用。在北野武2003年的影片《座头市》中，这种真实的暴力终于借助一个不真实的情节得到了最大的发挥。座头市本是日本故事中的盲剑客，北野武在影片中所饰的座头市出手狠辣，却在市井生活中保持了一副自然善良的面目。暴力在影片中的流露，往往是伴随着刀光剑影之后喷射而出的鲜血而来的，北野武作为日本的暴力美学的大师，一切死亡的形式都是如此简单明了，干净纯粹。

两重极端性

北野武的作品有非常鲜明的个人风格。他的电影包含两重极端性：极端的冷酷与极端的感伤主义。这种冷酷和感伤既是他无意识的流露，又是他自觉的表现。北野武偏爱使用一种近于绝对冷静的旁观角度来把故事进行下去，在《孩子归来》的访谈中，他说，就是想以一种旁观的角度拍出这部片子："咦，这帮家伙挺有趣的嘛。看看吧……"就像观察水桶中养着的一群小蝌蚪一样，这种手法也加强了这两个极端的表现。

美轮美奂的电影配乐

一部完美的电影，不能缺少优秀的配乐。优秀的音乐在影片里可以起到"于无声处听惊雷"的出色效果。北野武的影片有着业界公认的经典配乐，这必须归功于他的御用音乐制作人——久石让（Joe Hisaishi）。作为日本当代最多产，同时也是最具国际影响力的音乐人，久石让在他多年的音乐生涯中创作出无数打动人心的作品，在影视音乐方面更是佳作频频，曾四度拿下日本电影金像奖最佳电影配乐奖，可以说，久石让的配乐为北野影片的成功起到了不可忽视的作用。

另类小人物的悲喜传奇

纵观北野武从影以来执导的十余部作品，可以发现他在片中选择表现的主要对象都是既平凡又另类的：《凶暴的男人》中的主角是个狂暴神经质的小刑警，《那年夏天，宁静的海》中的男女主人公都是聋哑人，《性爱狂想曲》中的主人公其貌不扬、形容猥琐，《坏孩子的天空》讲的是普通高中常见的不良学生的成长经历，《花火》里的小警探有着患白血病晚期的妻子，《菊次郎的夏天》里的男主角是个混吃等死、不务正业的中年男人……这些形形色色的人物就像一颗颗打翻了的瓶子里的玻璃球，凌乱散布在社会的各个角落，看似毫无关联，却又有些耐人寻味的共通现象：他们大都是默默无闻、生活在社会边缘的小人物，每个人都有各自的生存压力，这些压力或来源于成长历程，或来源于家庭矛盾，或来源于工作事业，总之，他们均肩负着这样那样的难题，在人生的旅途上苦苦挣扎着。

暴力美学

在北野武的电影中，暴力几乎是不可缺少的元素（除了《那年夏天，宁静的海》等少数影片），所以和吴宇森一样，北野武的电影也被称为暴力美学。但完全不同于吴宇森用酣畅淋漓的枪战表现暴力，北野武的暴力清晰而强烈地指涉人格尊严的捍卫、生与死的抉择和以恶抗恶的偏执，在他的影片里，暴力奇观效应和视觉快感往往不足以表达他特有的暴力特征，而换以残暴的突发打击和生理恶感，让人产生目不忍睹之感，北野武曾经说过："我所要拍的是一个人真正中弹倒下而生命渐渐离去的无奈和悲伤。"这样的离去也许正表达着一种"不尊严，毋宁死"的对人生的态度，把人生最后的时刻以最悲惨的方式展现给你看，这种生理上的快感是平时所难以达到的，即使是性爱到达最高潮也很难去理解那样的死亡的感觉。

这样，他的电影透过暴力的外表，探讨人生的矛盾。暴力与死亡，暴力与恶性，暴力与尊严，暴力与弱小，暴力与意志，等等的内涵通过震撼的镜头表现出来，指涉日本传统文化中的义理、复仇、尽忠等终极价值观念。暴力在这里成为一位作者渐次挖掘和展示人生价值和伦理是非的特殊载体，以这样的表现方式引起观众的共鸣。

血性

北野武的血性是血的实体和虚体。不只是单纯的血色、血量，还有无法用镜头掩盖的血的存在性。血液作为一种生命和死亡的象征在各类艺术中被广泛地宣传和应用。血液对于人类来说最直观、最赤裸的刺激就是它独特的颜色和性质带给人的恐惧和不安。而北野武恰恰抓住了人们对于血的天性敏感在其影片中通过血来传递暴力。

阳光般的柔情

如果用"暴力与温情"的二元视角来衡量北野武的片子，它似乎并不偏于那一边，而是介于温情与暴力之间，因为既没有煽情的刻骨的爱，也没有令人发颤的暴力。急速和突然是北野武独特的展现暴力的要素，而凄美则是其追求的结果。在"暴力"镜头的剪接上强调跳跃性和非连贯性，省略连贯的厮打场面，用简洁的镜头语言来表达极端暴烈的死亡效果，试图从那一瞬间的爆发中，展现人的内在的力量（日本人的那份特有的忍性）。那飞舞的喷射的血，酣畅而淋漓，让人忘记了恐怖，而带有欣赏的眼光了。暴力的必然结果是死亡，而死亡又带有悲剧和宿命的色彩。北野武似乎在为我们提供用"以暴易暴"的方式，来结束暴力的可能，结果是两败俱伤，而没有出现"怨怨相报何时了"的怪圈，固然片子的最后，依然暗示着罪恶的继续，但也成了一个寓言。

北野武在当代日本电影中所起的作用是多样性的，他除去知名国际导演的身份，也是名出色的演员，同时能胜任编剧和剪辑角色。在电视上，他对别人的电影百般挑剔，甚至把这些东西汇集成杂文出版。他的电影无法分类，包括动作片、黑帮片、青春片、时代剧、温情片、搞笑喜剧等等，简直是综合众多类型电影一起做番展示。

作为20世纪90年代日本导演中坚力量的旗手，自1989年首次执导《凶暴的男人》以来，北野武不断破坏"规范"电影文法与台词，造就了独具魅力的"削落美学"。这些以蓝色为基调的影像，让"北野蓝"驰名世界。据北野武自己说，蓝色的背景，一方面可以从情绪上表现出求生的艰难，另一方面，从表演艺术角度讲，也可以如白纸般衬托出人物的细微变化。1995年，北野武驾驶摩托车发生意外，造成半边面部瘫痪。1997年，在遭遇车祸惨剧后的第三年，北野武自导自演的《花火》问世。这部影片中我们可以找到北野武自身的影子，他对生命和自身的审视反省，跃然纸上。该片获得威尼斯影展金狮奖及蒙特利尔影展最佳导演奖。对于观众来说，了解北野武的电影，就大概了解了他的一生。

里程碑式的电影

《凶暴的男人》
その男、凶暴につき，1989

特立独行的刑警我妻谅介由于作风粗暴，在警局内被视为异端。我妻追查一宗毒品贩子柄本遇害的案件，得悉青年企业家仁藤是背后的主谋，而我妻在警局内的好友岩城则暗中把查获的毒品交给仁藤的组织。为了灭口，仁藤旗下的杀手清弘杀害了岩城，并故布疑阵，令人以为是自杀案件。另一方面，清弘一伙绑架了我妻的智障妹妹，让她染上毒瘾再予以轮暴。我妻辞去了警职，先持枪射杀了仁藤，又在车库内解决了清弘，并且找到染上毒瘾的妹妹……

这是北野武一鸣惊人之作，影片中对警匪之间的界限、人性的挣扎、正义的追求及生死价值的省察均着墨甚深。而北野武凡自编自导自演的招牌，也正式由他一手开拓，其中他面无表情的演绎风格，更加成为他的注册标记，当中笼罩的暴力气氛，往往来无迹去无影，更增添了一股强大的震撼力。在众多的日本当代导演之中，只有他仍然保持如此强大的生命力，令人看着坐立不安，充满挑战观众观影习尚的一份气势。

《小奏鸣曲》
ソナチネ，1993

村川是出了名的心狠手辣的黑帮头目，在血雨腥风中打斗多年，禁不住有退休的念头，可是大老板北岛却派给他新任务，协助中山组对付新兴的阿南组，村川虽然不愿意去，但碍于帮规只得答应，村川和几名心腹逃到海边待命，为了打发时间，几个大男人玩着表面幼稚实际暗藏杀机的游戏。后来村川得知北岛在削弱他的力量，杀死北岛全身而退，然而在开车回来的路上，却举枪朝向自己的脑袋……

1993年的影片《小奏鸣曲》是北野武编剧、导演、剪辑，并以彼得武的艺名主演的一部作品。北野武将自己的感性摆在最优先位置上，依靠即兴摄影的电影制作方法，从这部影片开始，突然有了一种流畅均匀的一体感。这部影片讲述了暴力团干部及其喽啰去冲绳后被卷入一场对抗的故事。然而这部影片也是一个奇妙的小结，称得上是彼得武及其团队的伙伴们在冲绳的孤岛上欢度暑假的影像记录。最后一场戏散发出混乱的悲观主义。该片是一部黑帮的挽歌，首尾呼应着北野武式的暴力与死亡。而夹在中间的，则体现了他对上一部电影中夏日与海的美好回忆。影片的叙事手法无比流畅，一改以往电影中的刀锋式的影像处理，被誉为北野武初踏国际殿堂的杰作。本片是北野武个人风格的一次华丽总结，片中充满了对以往暴力死亡的着迷，对冷色调的纯熟处理，以及对暴力场面设计的冷静和得心应手，成就了他作品的第一次巅峰。

《花火》
HANA-BI, 1997

　　西佳敬是一名警探,数年前女儿死于意外,而妻子又患上白血病。多年的好友跟搭档堀部在执行盯梢任务的时候,好意让西佳敬去医院看看妻子。在医院,医生告知西佳敬他的妻子已经时日无多,并建议他把妻子接回家去时。堀部被一个他俩追踪了很久的惯犯击伤,伤势严重。受伤后堀部只能坐轮椅了,他被妻子、儿女抛弃,独自坐在海边。西佳敬要照顾接回家的妻子,又想供养在一次埋伏行动中牺牲的年轻警探田中的寡妻,西认为田中的死他也有责任。而且他还尽力接济堀部。

　　这一切都令西感到疲惫不堪。西决定离开警察局,陪妻子做一次最后的旅行,试图把一切都做个了结。他从一个旧汽车贩子手中买了一辆偷来的出租车,改装成警车模样,又穿上警服,然后去抢劫银行。得手之后,他还清欠高利贷者的债,拿出一部分钱给田中的寡妻,又邮寄一包颜料、画笔、画布和一个艺术家的笔洗给堀部。堀部早就想画画,但无钱买这些用具。这一切全完成之后,在黑帮暴力团和警察朋友的追踪下,他和妻子先去雪国,后去海边,踏上了没有归途的旅行。

　　《花火》是北野武真正实现精练成熟的作品。自由奔放的手法,寓意深刻的内涵,那种狂烈中透出的温柔情怀,以及对生与死的勾画,通过纯粹的电影概念,达到了一种独特的艺术平衡。这是一部有着全新影像风格的日本电影,影片中虽然暴力血腥的场面依然过多,但是暴力已经转化成为主人公对妻子以及朋友深厚柔情的衬托。片中大量的绘画作品（出自北野武之手）渲染了主人公渴望宁静归宿的梦想，在与暴力血腥场面的对比中，令人产生一种朦胧的"自杀倾向"。这样的对比还出现在了片中的另一种形式中，即整部电影的压抑凄美情绪与夫妻二人旅行中一些轻松愉快的小笑料，形成了另一种反差，造成"夕阳无限好，只是近黄昏"的唯美悲剧感叹。世界恢复了宁静，这就是北野武的了断。

《菊次郎的夏天》
菊次郎の夏，1999

期待已久的暑假终于开始了，但对于上小学三年级的真男来说却没什么好高兴的。所有的朋友都去了海滩或是父母老家的乡下玩，连足球队也放假不训练了。在寂寞的暑假里，连真男最熟悉的校园也显得陌生，每天除了在日记里记下天气报告，就再也无事可写了。真男的爸爸在他出生没多久的一次交通意外中死去，而妈妈则在一个很远很远的地方工作。跟奶奶相依为命的真男决定在这个暑假里来一次冒险旅程，目的地是真男只在照片里见过的妈妈住的地方——丰桥。带着日记、暑期作业和每个月的零花钱，真男离开了家。菊次郎是个自由职业者，换句话说，就是一辈子都没有过一份正经工作。因为与规规矩矩的生活的格格不入，菊次郎年轻时不断地遭到嘲笑。他每天都等待着天降良机，使他过上令人羡慕的生活。可是时间一天天过去，由于手头没有本金，他还是每天靠着妻子过活。

一次偶然的机会里，菊次郎被卷入了真男的冒险旅程。妻子给了他一笔5万元的旅费，让菊次郎陪同真男去找妈妈。尽管真男不喜欢菊次郎，但一个人的冒险实在令人沮丧，于是勉强同意。菊次郎对这笔旅费却另有打算，他兴高采烈地把钱一次性投到了赌博里，最后却输得一塌糊涂。几乎输光了妻子给的旅费和真男少得可怜的一点点零用钱。怒气冲天的菊次郎丢下真男，一个人去喝闷酒，但最终真男的眼泪让菊次郎恢复了理智。经过一番波折，两个"男孩"终于到达了目的地。但真男妈妈住的房子上却是别人的名字，从里面走出来陌生的一家人。菊次郎不忍心看着真男伤心，于是拿出一个从别处找来的带铃铛的玻璃天使，告诉真男那是妈妈离开房子时留给真男的，让他在困难的时候摇一摇，天使就会出现。

《菊次郎的夏天》是北野武比较特殊的一部作品，它阳光灿烂，并且充满了童趣，它讲述一个成年人和一个孩子在旅行中建立的友谊，虽然这旅行自由而荒诞，充满了堂吉诃德式的大胆想象，但是其中蕴含的温情，却是真实感人的，我们看到，这些看上去五大三粗的男人心里有着怎样柔软的角落，因为一个沉默寡言的，生长在双亲之爱缺失的环境里的男孩，他们踏上了寻找母亲的旅途，虽然母爱并没有被找到，这一大一小，连同半途遇到的几个可爱的成年人，却建立了和谐温暖的友谊，那是一种爱的补偿，也使成年人小心守护的那个角落又重新焕发出光彩，每个人心里都有一个童年，无论快乐不快乐，都弥足珍贵。

商业与艺术的最高境界
——［美］史蒂芬·斯皮尔伯格

Steven Spielberg

  1994年3月2日，第66届奥斯卡颁奖晚会上，影片《侏罗纪公园》(*Jurassc Park*, 1993) 和《辛德勒名单》(*Schindler's List*, 1993) 囊括了共9项奖项。当这两部杰作的导演斯皮尔伯格登上领奖台时，全场起立，掌声不息，在这个属于斯皮尔伯格的夜晚。
  史蒂芬·斯皮尔伯格（Steven Spielberg）的作品里既有《大白鲨》《E.T.》《侏罗纪公园》等著名的商业娱乐片，也有严肃的史诗片《辛德勒名单》。在好莱坞，他不仅是美国人的偶像，更是美国电影的奇迹。

斯皮尔伯格：好莱坞的最佳劳模

如果要找一个人作为例子来解释什么叫好莱坞电影，那这个最合适的人应该就是斯皮尔伯格。

他是现今好莱坞商业片风格的奠基人之一，他创造了如今好莱坞优秀商业片的叙事风格。

作为好莱坞电影的代表人物，他的名字可谓是大片的象征和电影票房的保证。他的电影既不局限于如今好莱坞电影泛滥的暴力和商业化，同时又继承了好莱坞大片注重讲述故事的精髓，既能够精准地拿捏观众心理，设置情节悬念，却也不盲目渲染电影的虚幻成分，写实与科幻的完美结合加上他纯熟的叙事技巧，让他的电影成为难以超越的经典。

他的作品中几乎没有出现过悲观消极的创作题材，总的来说，斯皮尔伯格的创作风格趋于豪放，他往往从大处着手，大笔泼墨影片风格，题材各异却大多是大力宣扬美好温情的理念。无论科幻还是战争题材，他的创作主张写实主义，然而人们却不难发现绝大多数作品或多或少弥漫着斯皮尔伯格式影片充满想象力和温情童话色彩的一面。

斯皮尔伯格电影的创作风格特点之一就是主张写实。如《血战太平洋》《拯救大兵瑞恩》等都取材于真实发生的二战时期，《拯救大兵瑞恩》更是超过1/3的剧情真实逼真地还原二战场景。像《辛德勒名单》这样的作品主题也具有鲜明的纪实性。

善于用儿童的眼光来看待世界，是斯皮尔伯格创作风格又一代表特点。他众多电影无一例外的一点就是：影片结尾总是会以美好温情的一面落下帷幕。他早前拍摄的《E.T.》《第三类接触》《人工智能》等都有一个神话或者童话故事的原型。《战马》在揭露战争残酷的同时也不忘给影片穿插温馨美好的人性真善美，在《战马》结尾更是给出一个大团圆的童话完美结局，让人完全遗忘战争的伤痛。所以总体看来，斯皮尔伯格导演的影片类型不管是定格在科幻还是战争题材上，最终创作风格都不会脱离对爱、对美好的注释和象征。

从电影叙事上看，斯皮尔伯格的影片一般都有明确的主线：《大白鲨》侧重于鲨鱼的凶险与捕鲨的曲折经历的细致描绘；《第三类接触》《E.T.》讲述地球人和外星人的交流。在他的影片中，中心化叙事不会被旁枝末节所干扰，有效地保证了中心事件在观众观影中的引领地位。

斯皮尔伯格极善于煽情点的制造，如《辛德勒的名单》中辛德勒自悔未能多救出犹太人的表白；《拯救大兵瑞恩》里米勒临终前的嘱托等，这种适度的情感宣泄可以使观众的感情被影片中的故事所引领，故事也因此而获得广大观众的理解与认同。此外，斯皮尔伯格还特别善于节奏的处理，跌宕起伏的情节对观众具有强烈的吸引力。

作为好莱坞最成功的商业导演，斯皮尔伯格实在太懂观众想看什么，正如斯皮尔伯格本人所言："我觉得我对观众有完全的把握，我确切地知道，怎样去做才能使观众哭和笑，才能使他们恐惧地惊呼或者高兴地鼓掌。"

电影之路

1946年12月18日，史蒂芬·斯皮尔伯格出生在美国俄亥俄州辛辛那提的一个居无定所的犹太家庭。正是在这个家庭的孕育下，斯皮尔伯格童年时代就潜移默化地接受了技术和电影的熏陶。

父亲老斯皮尔伯格任职于正在崛起的电子计算机行业，工作经常调动。身为电子工程师，老斯皮尔伯格对应用科学和日渐兴起的电子计算机领域特别感兴趣，他也是设计电子计算机的第一代科学家之一。母亲丽厄·斯皮尔伯格在一个小型古典音乐室内交响乐团中任钢琴师。正如斯皮尔伯格所说，他成长在"由三个叽叽喳喳的妹妹和一个在音乐会上为另外7个妇女担任钢琴伴奏的母亲组成的家庭"。这位擅长科幻特效的卖座电影大师此后在其作品中巧妙地结合了科技知识与艺术野心，正是分别来自父亲关于科技方面的教导和对母亲的美学的耳濡目染。

斯皮尔伯格算是成长于"后文艺知识"时代——即大多数知识来自电视或电影，而非来自书本的代表性导演。

住在西部也热爱西部片题材的斯皮尔伯格在童子军摄影学习班上用他的8毫米摄像机拍摄了一部3分钟的西部片*The Lost Gun*，讲述牛仔抢劫驿车的故事，并因此获得了他电影生涯中的第一次奖励——童子军荣誉奖章。也借此机会让斯皮尔伯格首次发挥了他过人的经营才能，他个人也同时包办了这部短片的"发行"与"放映"，还兼在放映处卖零食！

首次电影作业的成功，促使受到激励的斯皮尔伯格开始酝酿其他电影拍摄方案。他第一部剧本完整的电影，是1961年，拍的40分钟战争故事片《走投无路》，那时他还不到15岁。

在中学时代，斯皮尔伯格至少拍摄了15部电影，他所参加的菲尼克斯阿卡迪亚中学戏剧艺术活动小组，给了他继续电影拍摄的自信和鼓舞，也使他得以在16岁时拍出第一部标准长度的电影——《火光》，这是一个关于一群科学家探测夜空神秘光亮的科幻故事，长达两个半小时。曾获准在凤凰城的某戏院上演一晚。剧本是由斯皮尔伯格自己写成，花费一年时间及500美元完成，算是深受热爱科幻题材的父亲及B级电影影响下的产物。这部今天被斯皮尔伯格视为"史上最烂的五部片之一"的影片却在当时为他赚进50美元，将他的少年生活带入空前的风光和幸福局面。为拍摄《火光》，斯皮尔伯格经常装病逃学，花费了1年的时间。身为艺术家的母亲明白电影对儿子的重要，尽量支持他进行创作。斯皮尔伯格渐渐发现，自己追循了母亲的足迹，走上了艺术的道路，这和父亲对他日后能从事科学领域工作的期望恰恰相反，而这时老斯皮尔伯格本人同妻子之间的隔阂也愈来愈深。《火光》就是承受着来自家庭的巨大压力完成的，但这也没有阻遏斯皮尔伯格实现电影梦想的努力。

斯皮尔伯格从未上过电影专业学校，并非他不想上，而是因为成绩不好，被电影学院拒之门外。由于无法进入电影学院，斯皮尔伯格申请进入加州州立学院长堤分校英文系就读。对读书并没有兴趣的斯皮尔伯格，一旦成绩达到及格标准后，便再次投入到有趣的电影创作世界，为了接触真正严肃的"大场面"，夏天的时候，他怀着对电影的"朝思暮想"，随团参观了好莱坞电影制作机构环球影业公司。

斯皮尔伯格决定拍一部能吸引好莱坞制片以及资金的片子，于是他通过立志成为制片的朋友丹尼斯·霍夫曼，筹募到1.5万美元，拍成了只花10天时间就完成的22分钟电影作品《阿姆伯林》（*Amblin*）。这部没有对白的35厘米公路电影，描述两个搭便车的青少年的爱情故事，虽然事后被斯皮尔伯格自嘲为"不过是一部百事可乐广告片"，却为他在1969年时赢得亚特兰大及威尼斯影展奖项。

当斯皮尔伯格带着《阿姆伯林》同环球影业公司接洽时，他过去多年观看和研究电影获得的知识，给对方留下了极深的印象。环球影业公司电视制作部主任悉尼·欣伯格看了《阿姆伯林》之后，立刻同斯皮尔伯格签订了7年的电视节目导演合同。

1971年由斯皮尔伯格拍摄的电视电影《飞车杀机》（*Duel*）的成功，让他有机会和自信证明自己导演一部剧情长片的能力。至此，斯皮尔伯格拍成了由真实事件改编的电影《横冲直撞大逃亡》，不但为他赢得1974年戛纳影展最佳剧本奖，还让他广受评论界赞赏，甚至将此片创新的拍摄技艺比拟为影响后世电影拍摄手法的《公民凯恩》（*Citizen Kane*）。

在执导了几部令人刮目相看的电视节目后，斯皮尔伯格终于获得了为电视台导演电影的机会。20世纪70年代初，他为环球影业公司导演了3部电影，其中第一部《决斗》最为成功，获得了法国阿沃里亚茨电影节大奖、罗马陶密那电影节的卡利迪·德奥洛导演奖。一部为电视台而拍的电影获此殊荣，是前所未有的事情。

1973年，斯皮尔伯格终于结束了他的电视导演生涯，他很快就启动了自己的拍片计划——一部几年前他提交给环球影业公司的根据真实事件改编的影片《舒格兰快车》。

斯皮尔伯格拍摄自己的第一部故事片时，使用了由著名的摄影机生产商潘纳维申公司提供的同名新型摄影机。他也是第一位被该公司看中，请来试用其新开发的35毫米Panaflex牌摄影机的导演。从此，运用尖端计算机和摄影技巧强化影片叙述效果，便成了斯皮尔伯格电影的典型标志。《舒格兰快车》并没有大获成功，但是评论家们对斯皮尔伯格运用摄影机的高超技能赞不绝口，几乎所有的人都一致认为，一位全新的电影天才已经从环球影业公司电视部的导演队伍中脱颖而出。这时，斯皮尔伯格刚刚读完了彼得·本奇利的长篇小说《大白鲨》，他被委派执导这部投资1200万美元的电影。但这部片的原著作者Peter Benchley

在片场看见他画中的人物与人物间的关系被斯皮尔伯格的惊悚电影噱头给处理得简化不堪时，曾讽刺说："有天一斯皮尔伯格会成为美国最伟大的附属组（second-unit）导演！"尽管受到如此评价，斯皮尔伯格还是被这次全新的创作吸引，并为这部影片编写剧本，还客串演出。《大白鲨》于1975年夏天发行上映，并迅速取得成功，成为第一部打破1亿美元票房收入纪录的电影。这使斯皮尔伯格一跃成为明星导演。然而，就在《大白鲨》尚未进入影院时，他已经开始筹备拍摄《第三类接触》——这才是他发自内心渴望拍摄的电影。

太空和外星人，是斯皮尔伯格自幼痴迷的对象。和以往的科幻影片常常把外星人描绘成意欲征服地球的敌对生灵不同，《第三类接触》并没有去表现攻击的场面。在这部影片中，人们看不到丝毫的恶意，有的只是富于感染力、激动人心的幻想场面，以及对纯真无邪、平和宁静的世界的赞颂。几年后，斯皮尔伯格又在《第三类接触》里的外星人基础上，构思出那个注定要成为经典的E.T.形象。

如果说他通过《第三类接触》探究了自己对外星生灵的兴趣，那么通过《E.T.》他表达的是自己孩童时的迷惘、孤单和寂寞。这部日后在全球获得7亿美元收入的超级巨片，讲述的是地球上一个孤独儿童和一个被遗落在地球上的外星植物学家建立了友谊的故事。对于斯皮尔伯格来说，《E.T.》才是最能代表他个人风格的作品，这部影片更接近他的内心感受。

斯皮尔伯格童年时代里的另一种痴迷则是对恐龙的爱好。借助于执导《侏罗纪公园》，他得到了满足。他运用最新电脑技术，使恐龙得以成为这部影片的明星。在斯皮尔伯格的绝大多数电影中，其技术魔法可谓闻名遐迩。他凭借先进技术手段完成超乎常人想象的特技和节奏快速的格斗场景，这同样见证于他的"印第安纳·琼斯"系列。有评论家指出，在斯皮尔伯格眼中似乎没有什么技术难题，他是制造特技奇迹的天才，也能使专业摄影师实现他对一部电影的理解，他非常擅长将童年时代想象中的神奇世界转化为现实。

此外，斯皮尔伯格也强烈关注那些成人世界中的严肃和重大主题。20世纪80年代，斯皮尔伯格拍摄了电影《紫色》，本片根据普利策奖得主艾利丝·沃克的同名小说改编，讲述了美国大萧条时期一代黑人女性的故事（由乌比·哥德堡和奥普拉·温弗瑞主演）。虽然该片遭遇票房惨败，但是评论界则对斯皮尔伯格的转型成功大为赞扬。罗杰·伊伯特宣称这是该年度最佳影片，其后又被他列入最伟大影片榜单之中。该片获得11项奥斯卡提名，包括乌比·哥德堡的最佳女主角提名和奥普拉·温弗瑞的最佳女配角提名。不过，斯皮尔伯格并未因为该片获得最佳导演提名。

1987年，中国向世界电影界敞开国门，斯皮尔伯格成为自20世纪30年代以来第一个在上海拍摄影片的美国导演。《太阳帝国》是根据J.G.Ballard的自传体小说改编而成，该片同样获得了评论界的诸多赞誉和多项奥斯卡提名，但是票房收入并不乐观。评论家安德鲁·萨里斯评选它为本年度最佳影片以及十年最佳影片之一。

尽管他一部接一部推出大作，票房收入颇丰，但是在奥斯卡，他却一次又一次受到电影同行的冷遇。直到1993年，《辛德勒的名单》终于给他带来了渴望已久的认可——这部影片不仅成为他电影生涯中获得赞誉最多的电影，同时也第一次为他带来了奥斯卡最佳影片和最佳导演两项大奖。

从1994年开始的4年间，斯皮尔伯格不再导演影片，而是花更多的时间陪伴家人，并着手组建他的新制片公司——梦工厂。1997年，斯皮尔伯格执导开拍1993年的《侏罗纪公园》的续集《侏罗纪公园2：失落的世界》。尽管评价不一，该片还是取得了接近2.3亿美元的国内票房成绩。

1998年，斯皮尔伯格制作了一部二战故事片——《拯救大兵瑞恩》。斯皮尔伯格凭借此片赢得了他的第二座奥斯卡小金人。该片对战争暴力场面形象、真实的描绘影响了其后的电影,诸如《黑鹰坠落》和《兵临城下》。这部电影是梦工厂的首部大作,由其和派拉蒙联合制作。之后,斯皮尔伯格和汤姆·汉克斯制作了一部迷你电视剧——《兄弟连》,该电视剧根据斯蒂芬·阿姆布罗斯的著作改编。这部HBO的电视剧共十集,记叙了美军101空降师506空降步兵团E连的事迹。该剧集横扫金球奖和艾美奖,获得诸多荣誉。

  2001年,斯皮尔伯格完成了好友、著名导演斯坦利·库布里克的遗作《人工智能》。库布里克在世时,由于种种原因,一直没有开拍这部影片。本片展现了突破性的视觉效果和多层次的、古典童话寓言式的故事线索,被《视与听》杂志评选为影史上最伟大的电影之一,而《纽约新闻报》的影评人阿尔蒙德·怀特则宣称本片是他一生中最钟爱的电影。其后,斯皮尔伯格和演员汤姆·克鲁斯首次合作制作了科幻影片《少数派报告》,根据菲利普·K.迪克的科幻小说改编,讲述了华盛顿特区的一个警察被预见杀死一个他还没见过面的男人的故事。由于本片的哲学性假设前提和悬疑式的结构,它被视为是向黑色电影致敬的未来派作品。《少数派报告》取得了3亿美元的全球票房。罗杰·伊伯特将该片评为2002年的最佳影片,赞扬该片对于未来的画面表现富于冲击力,而CGI技术与实拍场景实现了完美结合。

  斯皮尔伯格2002年执导的电影《猫鼠游戏》讲述了一个年轻的骗术大师的历险故事。克里斯托弗·沃肯凭借该片获得了一个奥斯卡最佳男配角提名。本片以约翰·威廉姆斯的配乐和独特的片头设计而著称,并在票房和评论两方面都收获颇丰。

  之后,斯皮尔伯格再次和汤姆·汉克斯合作,联袂凯瑟琳·泽塔·琼斯和斯坦利·图希拍摄了影片《幸福终点站》。这是一部温暖人心的喜剧,讲述了一个东欧男子滞留机场,进退两难的故事。评论界对该片褒贬不一,但票房反应良好。

  2005年,《帝国》杂志评选斯皮尔伯格为影史上最伟大的导演之一。同年，他翻拍了根据H.G.威尔斯的同名科幻小说改编的现代版的《世界大战》（派拉蒙和梦工厂联合制作）。汤姆·克鲁斯和达寇塔·范宁出演。同斯皮尔伯格过去的电影一样，工业光魔为本片制作了视觉效果。与《E.T.》和《第三类接触》中友善的外星人不同，《世界大战》中的外星人是残暴的入侵者。

斯皮尔伯格的电影《慕尼黑》则记叙了1972年慕尼黑奥林匹克运动会上以色列运动员被屠杀的真实事件。这是他第二部探讨犹太人与世界关系的电影。本片改编自加拿大记者乔治·乔纳斯的著作（*Vengeance: The True Story of an Israeli Counter – Terrorist Team*）。《慕尼黑》受到评论界的大加赞扬，但国内和国际票房不佳，并且是斯皮尔伯格最富有争议性的电影。《慕尼黑》获得5项奥斯卡提名，包括最佳影片提名、最佳电影剪辑提名、最佳原创音乐提名、最佳改编剧本提名和最佳导演提名。这是斯皮尔伯格的第6次奥斯卡最佳导演提名和第5次最佳影片提名。一年之后他凭借担任《硫磺岛的来信》的制片人获得了第6次最佳影片提名。

里程碑式的电影

《大白鲨》
Jaws, 1975

《大白鲨》（Jaws）是斯皮尔伯格在1975年导演的惊悚电影，改编自彼得·本奇利的畅销小说，该书以1916年泽西海岸鲨鱼袭击事件为素材。阿米蒂岛（一个虚构的避暑胜地）的警察局长试图关闭海滩以避免游客被大白鲨袭击，然而镇议会却希望海滩继续开放以保证经济利益。在几起袭击事件之后，局长找到一位海洋生物学家和一名职业捕鲨者以寻求帮助。罗伊·谢德扮演警察局长马丁·布罗迪，劳勃·肖扮演捕鲨者昆特，洛林·加里扮演布罗迪的妻子艾伦，默里·汉米尔顿扮演沃恩市长。

本片由理查德·赞努克和戴维·布朗监制，他们以大约25万美元买得本奇利的小说电影改编权。他的小说取材于1916年夏天发生的真实事件，新泽西海滨的一连串鲨鱼袭击杀死了4个人并引发了媒体关注。虽然斯皮尔伯格并非导演首选，他们最终还是在他第一部故事片《横冲直撞大逃亡》（也是由赞努克、布朗监制）发行前决定由他来担任导演。

当制片人买入小说改编权时，他们保证由作者来写电影剧本的初稿。本奇利在决定退出前（虽然他最后在电影中客串了一位新闻报道者的角色）共写了三份草稿。托尼和普利策奖获得者霍华德·塞克勒正好在洛杉矶，那时制片人正寻人重写剧本，因为制片人和斯皮尔伯格对本奇利的草稿都不满意，他们很快接受了他的提议。斯皮尔伯格将原来的草稿交给卡尔·戈特利布（他在片中饰演有政治关系的记者麦多斯）寻求建议。戈特利布重写了许多场景，约翰·米卢斯润色了对白。斯皮尔伯格称他准备好了自己的剧本草稿，虽然不清楚其他剧作家是否采用了他的材料。

为了制作该片一共造了三条机械鲨鱼：一条用于水下拍摄的完整模型，一条由左向右转的鲨鱼模型、左边的内部机械完全暴露，还有一条由右至左的模型，它的右侧是暴露的。他们由模型师Joe Alves和特效师鲍勃·马蒂设计。造好后它们被运往拍摄地点，它们必须要在水中做测试，那个完整模型在放入海中时不幸沉入了海底。

外景镜头是在麻省马萨葡萄园岛拍摄的，因为12英里远的海床含沙量高。这使机械鲨容易平稳的操作。尽管如此，影片的拍摄还是遇到了麻烦，并超出了预算。有很多情况会耽搁海上拍摄，比如一艘帆船漂进镜头里、摄影机被浸湿，甚至"逆戟鲸"带着甲板上的演员开始下沉。机械鲨鱼经常出故障，由于水力作用，它的内部结构会被咸水腐蚀。一头鲨鱼被起了"布鲁斯"的绰号，斯皮尔伯格将其中一头称为"大白粪"。心怀不满的工作人员将电影贬称为"Flaws"（裂纹）。

某种程度上，拍摄延误也给制作带来了意外的好处。手稿在拍摄时被再次润色，由于机械鲨鱼不可靠，斯皮尔伯格在许多镜头中只是暗示它的存在。这个被迫的做法被认为增强了影片的悬念，给它染上了一层神秘的色彩。

霍珀在失事船残骸中发现尸体的镜头是在初次放映之后加上的。那次放映过后斯皮尔伯格说他希望再加一个镜头，他自己出资3000美元拍摄了那个镜头。电影公司拒绝资助，他们说该片没什么好加的。加上的镜头有时被认为在衔接上有问题：当布罗迪试图劝说市长关闭海滩时，他忘记提及这次死亡事件以支持自己的观点。值得注意的是霍珀记录了在尸体上发现的鲨鱼牙齿。他告诉市长他在船里找到了鲨鱼牙齿，然而当要求拿出证物时，他遗憾地说自己由于惊吓而搞丢了。

《大白鲨》被誉为动作片领域的分水岭，暑期大片的开山之作，并且是最早的"高概念"电影之一。由于该片预映时的成功，制片人员决定在前所未有的更广泛的范围内放映它。1976年夏的《预兆》及一年后的《星球大战》都追随了《大白鲨》的道路。该片有三部续集：《大白鲨2》（1978）、《大白鲨3：一柱擎天》（1983）和《大白鲨4：惊海寻仇》。

《侏罗纪公园》
Jurassic Park，1993

《侏罗纪公园》是一部1993年的科幻冒险电影，改编自麦可·克莱顿于1990年发表的同名原著小说。《侏罗纪公园》至2007年为止仍名列全球票房榜前十名之内，首集票房成功之后并发展成系列电影。1997年拍摄了续集《迷失世界》（*The Lost World: Jurassic Park*）和2001年的第三集《侏罗纪公园3》（*Jurassic Park III*）。第四集《侏罗纪公园》（*Jurassic World*）也已经于2015年6月全球上映。

《侏罗纪公园》成为世界最知名的电影之一，它是第一部广为使用计算机绘图（CGI）来制作动物的电影，并成为电影特效历史上的一个里程碑。另外，电影很大程度加强了恐龙在流行文化中的影响，公众对恐龙的兴趣大大提升，同时关于恐龙的新理论也更快速地向世人传递（例如恐龙与鸟类的演化关系）。和先前的其他电影相比，《侏罗纪公园》对恐龙的描写更具科学性，这是因为有古生物学家指导了此片的拍摄。

古生物学家阿兰·格兰特和艾利·萨特勒以及数学家伊安·麦尔科姆三人被国际遗传科技公司（International Genetics Technologies，InGen）邀请，去免费游览一座名为"侏罗纪公园"的主题乐园。这个公园由InGen的总裁约翰·哈蒙德所建，位于名叫Isla Nublar的岛上。另外，哈蒙德的孙子阿历克斯和蒂姆也被邀请参加这次的游园之旅。

一行人到了岛上惊讶地发现：岛上孕育了一群活生生的恐龙，随后遗传科技人员向他们解释是如何办到的：从封在琥珀化石中的古代蚊子中抽取恐龙的DNA（脱氧核糖核酸），再利用青蛙的DNA去修补恐龙受损的DNA。然而惊讶之后，格兰特对培育食肉恐龙感到不安，格兰特和艾利两人也都对整个计划感到质疑，伊安则根据理论认为计划会有纰漏，而终究会导致失败。哈蒙德希望可以获得这些专业学者的背书，以稳住投资人的信心，学者们的反应却不如他所期望。

由于飓风因素，游园之旅草草中断。一名叫丹尼斯·纳德利的公园系统设计师暗地将保安系统关闭，以窃取并带走恐龙的DNA，丹尼斯先前已偷偷和其他的遗传科技公司勾结，偷窃DNA样本以牟利。保安系统关闭，连同电网也跟着失效，格兰特等人在园区中遭到暴龙攻击，伊安受伤、律师唐纳德·詹纳罗死亡，格兰特带着阿历克斯和蒂姆逃亡。而丹尼斯也因意外被双脊龙（Dilophosaurus）杀死。

园区守卫罗伯特·马尔登和Ellie前往搜救，找到了受伤的伊安，三人在返回途中又遭到暴龙的袭击，但安全返回。在救援到来之前，哈蒙德决定必须先重新开启保安系统的电源，工程师约翰·阿诺德和罗伯特·马尔登在过程中被迅猛龙（Velociraptor，正式俗名为"伶盗龙"）杀死，艾利成功开启电源，和格兰特等人会合。一行四人在暴龙以及迅猛龙的混战中逃离游客中心，并和哈蒙德等会合，所有人最后搭乘直升机离开了侏罗纪公园。

《侏罗纪公园》获得市场上的极大成功，全球票房高达9亿美元。并一度成为电影史上最卖座的电影，至1997年才被《泰坦尼克号》（*Titanic*）取代，不过至2007年仍为全球票房榜上的第八名。在台湾，《侏罗纪公园》一度成为上映最久的电影，并改变了台湾电影分级制度（上映之初为辅导级，后改为新设的保护级）。

此片获得奥斯卡金像奖三个奖项：分别是"最佳视觉效果"（Visual Effect）、"最佳音效剪辑"（Sound Effects Editing）以及"最佳音效"（Sound）。并获得1994年雨果奖的"最佳戏剧呈现"（Best Dramatic Presentation）。

《辛德勒的名单》
Schindler's List，1993

《辛德勒的名单》除少数镜头采用彩色底片模拟黑白摄影的方式拍摄之外，全片皆使用当时几乎已不生产的黑白底片拍摄；当时电影公司高层曾建议斯皮尔伯格使用彩色底片以利VHS的转换及发行，可是被斯皮尔伯格婉拒，他认为"不需要过多太漂亮的东西"。

尽管如此，本片拍摄时，现场场景尽量避免绿色的物品，原因是它们呈现在黑白底片上的效果并不好。片长195分钟。影片描述了第二次世界大战期间纳粹集中营中犹太人的悲惨遭遇与德国商人奥斯卡·辛德勒拯救受害犹太人的义行。本片导演本身是一个犹太人,他根据澳大利亚作家托马斯·肯尼利的小说《辛德勒方舟》进行改编,拍摄了这部黑白影像的影片。作品以纪实的风格真实再现了当年的恐怖景象,作品中人类的丑恶面目与伟大人性都得到了充分的体现。作为美国最出名的科幻导演,斯皮尔伯格在这部作品中舍弃了他以往最拿手、强调各种特效的拍摄手法,以纪录片的风格拍摄了此片。

  这部影片的配乐也是近年来少见的具有强烈感染力的音乐之一,由著名小提琴家伊萨克·帕尔曼演奏小提琴。作曲家约翰威·廉斯在创作中吸取了犹太民族音乐的旋律特点,采用了小提琴独奏的方式突出主题,将残酷战争阴影下的犹太人凄凉的心境表现得淋漓尽致,这部音乐作品和这部影片一样,也必将是音乐殿堂中的永恒经典之作。

  对于电影将来能否吸引观众的问题,斯皮尔伯格解释说:"我根本无意关心电影是否保本,我真的第一次有这样的感觉。"他在拍摄过程中多次泪流满面,证明了斯皮尔伯格对这部影片的感情。他本人将全部个人收入捐献给美国大屠杀博物馆。《辛德勒的名单》于1993年12月的第一个星期在美国上映。影片长达195分钟,这并不是美国人习惯的观影时间,但是这次大部分人用神圣和礼貌的态度对待这部电影。许多电影院都发布了一条"行为法规":在看电影时吃爆米花将被视为不适当的。

《拯救大兵瑞恩》
Saving Private Ryan，1988

　　《拯救大兵瑞恩》（*Saving Private Ryan*）是美国经典战争电影之一，描述诺曼底登陆后，雷恩家4名于前线参战的儿子中，除了隶属101空降师二等兵的小儿子詹姆斯·雷恩仍下落不明外，其他3个儿子皆已于两周内陆续战死。美国陆军参谋长马歇尔上将得知此事后，出于人道考虑，特令前线组织一支8人小队，只为在人海茫茫、枪林弹雨中找出生死未卜的二等兵詹姆斯·雷恩，并将其平安送回后方。

　　电影改编自二战中发生的真实故事，主角本名为美军第101空降师E连士兵弗利兹·尼蓝，在E连攻下卡伦坦数日后，弗利兹得到消息，得知他在第82空降师的哥哥鲍伯在D日阵亡，同时他在第四步兵师的另一位哥哥也在D日阵亡于犹他滩头。不久后弗朗西斯神父也来阵地中告知他的三哥在D日的同一周中于中缅印边界阵亡，同一天中尼蓝夫人同时接到三封儿子阵亡的电报。弗利兹是家中剩下唯一生存的儿子，陆军于是下令将他优先护送回国。电影中E连失联固守小镇的情节则纯属虚构，本电影取材于二战中苏利文三兄弟的说法同时也是不准确的传言。

　　该片最为人津津乐道的是开头的诺曼底登陆抢滩场面，相当程度重现了当年的残酷与惨烈。该片荣获1998年奥斯卡最佳导演奖在内的5项大奖，票房收入也称冠一时。

印度新电影的拓荒人
——[印度] 萨蒂亚吉特·雷伊

Satyajit Ray

作为东方的电影大师，雷伊的电影总是透着东方化的空灵，意味深长的空镜头和大量留白的远景镜头，让观者在神经舒缓之余得以展开某种思索，他仿佛一个古印度佛学者一般注视着印度大地上的万千生灵和人生，记录他们的叹息和生活的诸种无奈。

萨蒂亚吉特·雷伊：记录东方大地生活的诗意和苦难

黑泽明曾经这样评价雷伊："没有看过雷伊的电影，就像生活在这世界上却没看到过太阳和月亮。"

印度电影在艺术上很少有创新和贡献，"宝莱坞"几乎成了艳丽歌舞与廉价道德剧的同义词。时至今日，多数印度人心目中的好电影还是遵循着这样一条简单的原则：电影最重要的东西，一是好故事，二是好演员，三是好歌舞。

但是在整个20世纪50年代，印度受到意大利新现实主义的影响，曾经有过一次备受瞩目的"印度新电影"运动。这次运动的领军人物就是萨蒂亚吉特·雷伊（Satyajit Ray）。无论是为了了解印度电影，还是为了了解艺术电影，或者为了了解印度，我们都不能错过这位世界级的大师，他会改变你对印度电影的印象。

萨蒂亚吉特·雷伊的电影生涯大致可划分为三个阶段：1955年到1966年间他的影片风格以写实为主，有着从容平缓的叙事基调。1969年到1977年间他的影片风格开始转向晦涩难懂，而剪辑与叙事的方式也复杂了许多，而他对社会的关注也从一些表象化的东西转入到更为深入的部分。从1978年到他去世是他电影生涯的第三个阶段，此时他努力去除影片中华而不实的元素，致力于探索和挖掘角色的内心世界。雷伊的影片里讨论过非常多的主题：成长的历程、精神的觉醒、女权运动、自然灾害和神秘主义等都曾出现在他的影片中。

雷伊电影的最大特色是一种舒缓的诗意和被这种诗意包裹的悲剧感。"现实主义"并不是艺术电影的标准，在雷伊的影片中，人物在崇高和卑微、信仰和诱惑、苦难和幸福中走过，他尽可能用充满诗意的电影语言去呈现。

雷伊从本质上还是继承了东方文化精神和20世纪40年代森特拉姆、巴鲁阿等电影先驱们的人道主义风骨，无论是随风舞动的芦苇还是斑驳光影的芭蕉树丛都充分展现出他对自然风情之美的敏感和近乎虔诚的膜拜，《小路之歌》如一首磅礴的长诗，一曲古老的歌谣，灵魂里充满着对生活的赤诚热爱，哪怕面对磨难与不幸忍不住要失声痛哭，而最后，用一种原谅的方式迁徙，如要扎根于这片土地，必要坚强地充满希望。人文的镜头充满着无穷的张力，如此酣畅和美感十足，孩子的视角尤其动人。

雷伊对音乐也颇有研究，如在片中采用莱文森·卡尔的音乐，让观众在观看精彩故事同时又受到音乐的熏陶。他自《两个女儿》后，开始自己为影片配乐。继《小路之歌》以后，雷伊又执导了《不屈者》《阿普的世界》，合称"阿普三部曲"。他使印度电影的写实主义传统更上一层楼，也使得印度电影从此摆脱了只有歌舞片为世人所知的状况，让印度情节故事片也开始在世界获得瞩目。

充满文艺色彩的创作之路

黑泽明是这样评论雷伊的:"如果我们冷静深沉地观察,了解人类对爱的演进,在萨蒂亚吉特·雷伊的电影中你必有所感动和共鸣,萨蒂亚吉特·雷伊的电影是电影工业的指标。""没有看过雷伊的电影,就像生活在这世界上却没看到过太阳和月亮。"这并非夸大其词,1963年9月,《时代》周刊将他列为世界上10位最伟大的导演之一,1992年,美国电影学院将奥斯卡终身成就奖颁给他。遗憾的是,一个月后的4月23日,这位东方电影的大师级人物就与世长辞。得知雷伊去世的消息,黑泽明痛心疾首,感叹"世界失去了一位最伟大的写实主义导演"。

萨蒂亚吉特·雷伊1921年5月2日生于印度加尔各答,祖父是印度著名画家、诗人兼科学家,父亲是印度闻名的文学家,他们一家与印度文豪泰戈尔是世交。

雷伊出身贵族,受过高等教育,并有充分的机会学习西方的文化。他最初对物理学和经济学感兴趣,19岁获得名誉经济学学士学位。雷伊对电影与音乐的兴趣始于少年时代,他经常阅读好莱坞的电影杂志和英国电影杂志《视听》(Sight & Sound)。

1940—1942年,雷伊对绘画产生兴趣,立志做一名插图画家。他在泰戈尔主持的森林大学研究美术。不久后,他到伦敦广告公司的加尔各答分公司美术部工作,创造了糅合现代西欧和印度传统的广告样式,开拓了新作风。

1947年,他与友人成立"加尔各答电影协会",了解了许多当代杰出的美国导演,包括他最喜欢的约翰·福特。1950年雷伊在英国看了德西卡导演的《偷自行车的人》,对电影有了新认识,决心献身于电影事业。

从《小路之歌》开始

1947年印度自治那年，孟加拉邦一个26岁的美术设计员和几位热爱电影的朋友成立了"加尔各答电影协会"，开始放映和介绍外国的优秀影片。翌年，他发表了《印度电影为何不振？》一文，指出印度电影的两大缺点：一是电影导演从未了解和掌握电影的本质；二是电影制作错误地走上仿效外国电影尤其是美国电影的路线，而未能建立起有独特和鲜明民族风格的印度电影。他感叹地说："电影的素材是人生。很难令人相信，一个曾经唤起如此丰富绘画、音乐和诗歌创作的国家，竟然无法鼓舞电影创作者。他只要睁开眼睛、竖起耳朵就成。让他这样做吧！"这篇文章在当时并未引起轰动，但文章的作者萨蒂亚吉特·雷伊在8年后却因导演了《小路之歌》而闻名世界。

1952年雷伊当上了编剧与导演，1954年摄制《小路之歌》，取材于浦山·班纳吉的自传体长篇小说，这部小说被孟加拉人视为与罗曼·罗兰的《约翰·克利斯朵夫》同样伟大的作品。《小路之歌》是印度孟加拉语小说家维普迪·浦山·班纳吉（1894—1950）的成名作。萨蒂亚吉特·雷伊曾经替小说的删节本画过插图，所以对书中的人物和情节非常熟悉。1950年，雷伊升任广告公司的艺术指导，被派往英国和欧洲工作半年。到伦敦后的第三天，他看了意大利新写实主义杰作《偷自行车的人》（1949），大为感动，认为假如他有机会拍戏，一定要用实景和无名演员。回国前他偕妻子到威尼斯及巴黎旅游，然后回英国乘船返印度。这时他已决意将《小路之歌》拍成电影，并开始构思撰写电影剧本。

出版于1929年的《小路之歌》是描写农家日常生活的经典作品，反映出印度农村的衰落。雷伊计划将小说的前半部分改编为电影，以故事的主角阿普跟随父母离开乡村迁居城市作结。小说的情节虽然大量被删除，但原著的诗意抒情描写和散漫结构却被保存下来。雷伊和一群各有正业的电影爱好者，多次筹集资金，历经千辛万苦，断断续续地合作摄制《小路之歌》，结果用了两年半的时间完成了电影的制作，并及时将影片送往美国纽约参加影展。

《小路之歌》的情节非常平淡，讲述了主角阿普的出生和他一家人的艰苦生活。他的父亲哈里哈是世袭的乡村祭司，善良而喜爱写作剧本，因收入菲薄被迫到外地谋生。阿普的母亲莎波贾雅巧妇难为无米之炊，不免终日愁苦，阿普和姐姐杜娜常常四处玩耍，有一次他们穿过丛林到远方的原野，第一回看到隆隆地驰行于大地的火车。稍后雨季来临，杜娜在野外被暴雨淋湿，回家后就不幸染病身亡。哈里哈从外地返家后才知悉此事，痛不欲生之余，决定离乡背井，举家迁往恒河畔的印度教圣地贝拿勒斯居住。本片以一位不满十岁的少年的视野来观赏人类与大自然生活的共通性，是本片最突出的地方。

1955年8月，《小路之歌》在加尔各答正式公映，第一周反应平平，但第二周起即开始轰动，社会上各阶层的人都踊跃观看，使影片在艺术上和商业上都获得成功。萨蒂亚吉特·雷伊大受鼓舞，就辞去广告公司的安定工作，改行当职业电影导演。由于一时找不到别的好题材，他就继续从班纳吉的小说中寻求灵感，在1956年完成了《不屈者》。该片取材于小说《小路之歌》（1929）的后段和小说《不屈者》（1931）的前段，讲述阿普从小学到大学的家庭变故，情节徘徊于城市和乡村之间。影片开始不久，哈里哈就因急病去世。莎波贾雅带阿普随她叔父回乡居住，让阿普去当祭司。阿普很喜欢读书，要求在下午去上课。他在学校的成绩非常优秀，中学毕业后荣获政府奖学金到加尔各答读大学。莎波贾雅很不愿意阿普继续求学，但爱子心切，还是忍痛让他离去。《不屈者》沉痛地描述了随着阿普的成长与求学，他与乡间日渐衰老的母亲越来越疏远，以致在母亲临死前也赶不及返家见她一面。

《音乐室》拍摄于1958年，是雷伊的第四部电影，虽然并不是他的代表作，但是依然可以从中感受到一种朴实的力度以及由此带来的震撼。影片中人物的举手投足乃至眼神，都极具魅力，在缓慢的节奏中透出一种钝态美感和厚重气息。镜头的推拉摇移运用顺畅且不事张扬，大巧若拙。这种返璞归真的纯净特质，将使观众忘记追求情节的激烈与节奏的推动，而是与电影同步前进，他们不仅仅是在观赏电影，而是彻底融入了电影。

在《不屈者》中，阿普已经长大成人，他们全家来到圣城贝拿勒斯，以后又迁居加尔各答，阿普进了大学求学。遗憾的是，他的父母先后都离他而去。影片再现了1930年前后处于殖民时代的印度的城市生活图景。这部电影在威尼斯获得大奖，意味着雷伊已经成为伟大的电影艺术家，他让印度电影名扬海外。一般来说，连续性的电影作品容易势弱，但是"阿普三部曲"并未落入这个窠臼，这个三部曲的最后一部《阿普的世界》超过前两部作品，成为当代电影的杰出作品之一，可见导演功力的日渐深厚。

1963年的《大都会》是一部说教味浓烈的科幻寓言，但是拍摄得细腻精彩，视觉风格非常鲜明。在这个"大都会"中，阶级严明，不同阶级的人居住在不同的场所：领导者住在"新巴别塔"，他的子嗣则跟其他领导阶级的子嗣一起在"人子之塔"；真正维持城市运作的劳工则居住在地底深处的"工人都市"，过着暗无天日的生活。电影中既有阶级冲突，也有机器和人类的冲突，无处不在的倒五角星，象征着机器人的邪恶本质，意味深长。这部片子的视觉冲击相当强烈，你可以看到各种惊人壮丽的都市景观，甚至连字幕都别有用意：诉说阶级对立的文字被排列成金字塔状，呼应着这样的阶级象征。

1971年的《不负责任的伴侣》是雷伊"中产阶级三部曲"之一（前两部为《林间日夜》《仇敌》）。影片剧情并不曲折，却拍得精致而有味道。电影讲的是在英资电风扇公司出口部任主任的男主人公年轻英俊，善于交际。他原本生活幸福，但小姨子前来暂住，两人产生了无可名状的恋情。与此同时，他的公司也发生了前所未有的危机，为了公司和个人的前途，他不惜损害工人的利益，和人串通制造了工人罢工事件。虽然解决了公司的危机，自己的前途也一片光明，但小姨子却由此看清楚了他的为人，含怨而去。因制作费用和环境所限，部分场面处理得有点避重就轻，然而导演的叙事和抒情手法均为一流，使得本片也不失为一部佳作。

继1958年拍摄了风格迥异的《化金石》和《音乐室》后，雷伊在1959年拍摄了《阿普的世界》。这是"阿普三部曲"中技法最圆熟的作品，情节取材于小说《不屈者》的后半部。影片开始，阿普因为贫穷，被迫中断大学学业到社会谋生。住在破烂的房子里，还欠了房东三个月的租金。白天他四处寻找工作，以替人补习维持生活，闲时在家就写写小说吹吹笛子。一天他的大学好友普卢找到他，请他吃了一顿丰盛的晚饭，并邀请他到乡下参加他表妹的婚礼。婚礼那天，新娘的母亲发觉新郎原为疯子，不允许将女儿出嫁。但照传统习俗，新娘当天若不成婚，就终生也没有再出嫁的机会。普卢请阿普和他表妹结婚。阿普起初坚决拒绝，但最后还是答应了。阿普婚后带妻子阿帕娜返回加尔各答居住。阿帕娜见到阿普家徒四壁，顿时悲从中来。阿普经普卢介绍得到一份低薪工作。阿帕娜深爱阿普，每天都很勤勉地做家务，两口子可说虽贫亦乐。可惜好景不长，不久阿帕娜返回娘家准备分娩，却因难产致死。痛不欲生的阿普虽然自杀未遂，内心早已死亡。他不愿意见到导致妻子死亡的儿子，自己四处流浪，更把用心血写成的小说原稿弃于山谷中。5年后，普卢从英国学成归国，追踪寻觅阿普，劝说他照顾无人管教的儿子卡贾。阿普到岳父家探访儿子，努力设法消除卡贾对他的敌意，终于赢得卡贾的信任，肯跟随他回加尔各答。影片结尾，阿普让卡贾骑在背上，父子二人重新踏上人生的征途。

电影剧本的创作

萨蒂亚吉特·雷伊的所有电影剧本，都是出自他的手笔。雷伊出生时祖父早已逝世，两岁时父亲亦因病身亡，所以他跟母亲到舅父家居住。大学毕业后他听从母亲的建议到泰戈尔创办的国际大学研习美术，并广泛阅读文学、音乐及美学的书籍。1942年底，传来日本人轰炸城市的消息，他就中断学业返回加尔各答寻找工作，1943年中期，他受雇于英国人开的广告公司，专职画面装帧，很快就在业内赢得声名，到20世纪50年代更成为当地首屈一指的广告设计师。

1946年起，雷伊开始练习撰写电影剧本。当听说有哪部文学作品快被搬上银幕时，他就尝试去编写该作品的剧本，好与后来的影片对比。雷伊成为职业导演后编写的电影剧本，有下列几个特点：一是剧本几乎全部改编自文学创作，改编对象也包括他祖父和他自己的作品，只有《千城章嘉峰》（1962）和《英雄偶像》（1966）是少数的例外，但电影的故事情节也由他自己编撰。二是他惯于对原著的人物和情节做增删改动，以适应电影的表现形式和符合对电影的主观设定。《小路之歌》的原著中有300多个人物，电影只保留了30个左右。一般来说，文学创作作品的作者会很介意自己作品被改动得面目全非，但是即便雷伊对原著大肆改动，被他改编的当代作家都没有提出任何抗议，因为他的导演手法高超和影片富有艺术性，使得文学作品更为直观地被呈现，也从未失去原本的社会意义和审美趣味。只有若干影评人指责雷伊对已故的作者不够忠实。三是他只撰写孟加拉语的剧本，只有《棋逢敌手》（1977）和电视片《解脱》（1981）是例外。前片是乌尔都语，后片是印地语，而两者都改编自印地语作家门施·普拉查德（1880—1936）的短篇小说。孟加拉语是雷伊的母语，在印度只通行于西孟加拉邦，所以雷伊的影片并不流行于印度全国。四是他的剧本内容毫不伤感，常常意在言外，绝不浪费篇幅。对白也写得精彩简练，有些双关语经过翻译就大失其趣。这是外国观众的一大损失。五是他撰写剧本时，往往先设定角色的演员选择，再根据演员来发挥角色，所以人物写得真实和深刻。更何况他就是影片的导演，所以更能精确地掌握电影的全部效果。毕竟雷伊擅长的就是用诗意的镜头语言和散漫的影片结构记录印度的风情。

佳作问世

　　萨蒂亚吉特·雷伊在40年的漫长创作生涯中，一共拍了28部剧情片，5部纪录片和3部电视剧，可以算得上是个多产的创作者，其中接近半数的影片可以称得上是杰作。他的影片成本很低，在印度的孟加拉邦有一定的观众基础，所以他的影片没有一部亏本，而他也因此享有充分的创作自由，可以按照自己的想法尽情创作。

　　综观雷伊的电影创作，可以分为早期(1952—1964)、中期(1965—1975)和晚期(1976—1991)三个时期。早期的作品最为引人注目，多写战前的世界而且抒情色彩十分浓郁。中期作品则主要表现当代问题，因受政治黑暗和社会动荡的影响而色调比较灰暗。晚期则全是彩色制作，包括两部不惜工本的大片。

　　至于哪几部电影称得上是雷伊的代表作，一般大家公认，他最完美的电影是改编自泰戈尔作品的《寂寞妻子》(1964)，而最为传世的是"阿普三部曲"。此外，《音乐室》(1958)、《女神》(1960)、《两女性》(1961)、《林间日夜》(1969)、《远方的雷声》(1973)、《中间人》(1975)、《棋逢敌手》(1977)和《家园与世界》(1984)都各有各自的支持者。雷伊的创作广度极大，既描写了乡村的状况，也剖析了城市的生活；既刻画了大饥饿大萧条，也描绘了繁华都市梦；既批判了宗教迷信，也揭露了娱乐界的浅薄虚假。他拍过各种类型的电影，几乎涉及电影类型的全部种类，包括谐趣片、恐怖片、犯罪片、通俗片、侦探片、音乐片、历史片和纪录片。他很少重复同一主题，影片内容丰富多彩。即便是同样的主题，也会从不同的角度切入，不会让人觉得重复。比如都是反映大城市的人浮于事，《大都会》(1963)偏重描写妇女地位和夫妇关系，而《对手》(1970)则着意刻画青年对现实的不满。

　　在电影领域，雷伊可以称得上是一个全能的导演。作为导演，他很会教演员做戏，尤其擅长指导儿童演员和新演员；从1961年《两女性》一片开始，他就一直自己作曲配乐；而在1964年拍完《寂寞妻子》后，他就从此亲自操纵摄影机；他甚至自己设计片头字幕和电影海报。在作曲方面他成绩斐然，亲自摄像也效果绝佳，而制作海报更是他的看家本领。雷伊对电影媒介的驾驭，在当代无人能及。他的影片的形式虽然偏向保守而不算前卫，但他在每一次的创作里，都尝试在形式上有所探索与创新。早期的《千城章嘉峰》是雷伊的第一部彩色片，讲述的是在大吉岭度假的一家有钱人在100分钟内的遭遇和心理转变。故事的时序与影片的长度一样，就像是真实再现了一个生活片段，而刻画人物的手法则接近契诃夫的白描手法。中期的《林间日夜》，描述4个单身汉度假时邂逅两位漂亮女子，结构有如莫扎特的音乐，流畅而深邃。片中高潮的一场人名记忆游戏，镜头摇来摆去，6个人物的性格呼之欲出，令人叹为观止。晚期的《棋逢敌手》，一方面写两个棋迷整天在棋盘上拼得你死我活，另一方面表现了英国在1856年凭武力推翻印度土王王朝的历史。雷伊借大时代的小故事，批判封建主义和殖民主义，手法接近布莱希特，耐人寻味。2001年的诺贝尔文学奖得主V.S.奈保尔观看电影后表示叹服："《棋逢敌手》好像是莎士比亚戏剧的场面。对话不过寥寥300字，但天啊，却发生了惊天动地的事！"

成为电影大师

雷伊的电影虽然最初闻名于法国戛纳影展和意大利威尼斯影展,但他一生在德国柏林影展获奖最多:1964年以《大城市》荣获最佳导演银熊奖,1965年以《寂寞妻子》荣获最佳导演银熊奖和国际影评家联盟奖,1966年以《英雄偶像》荣获国际影评家奖和评审团特别奖,1973年以《远方的雷声》荣获金熊奖。他在柏林又先后三次取得塞尔兹尼克金桂奖。到1978年,柏林影展再授予他个人特别奖。在国外,他的电影最受英国人赞赏。1960年他以《阿普的世界》赢得伦敦影展的萨瑟兰奖。1974年和1978年,伦敦大学和牛津大学都先后颁赠他荣誉博士学位。1982年,戛纳影展特别举办了雷伊回顾展,而威尼斯影展又颁赠他特别的金狮奖。1983年,英国电影协会选他为院士。最后的荣誉当然是他去世前在病床上获得的奥斯卡终身成就奖。

雷伊以小说家的手法,替一百多年的印度社会做了忠实写照。他凭借诗人的气质,造就了自身敏锐的观察力,观照了社会现象之下的人性,也探讨人与人之间的复杂关系。他擅长刻画人物,创造了很多难忘的女性形象。透过并不曲折的故事与情节,他从容周密地描写了各种情感:亲情、爱情、友情以及同情。他深厚扎实的美术功底,使得电影的影像流畅自然;他用诗意般的节奏加上旋律优美的音乐,给人们带去视听享受,更深层次地倾听内心。他善于以小喻大,擅长用小人物小故事反映大时代大社会,正所谓"一粒沙里见世界,一朵花里见天国"。

雷伊生于1921年5月2日,卒于1992年4月23日。他生于加尔各答,死于加尔各答。他下葬那天,孟加拉邦政府公定为假日,全城为一代电影大师的逝世而致哀。

始终坚持电影之路

纽约现代艺术博物馆的门罗·惠勒来到加尔各答为举办一个印度艺术展览会收集展览作品的时候，雷伊的《小路之歌》刚拍完一半。那时，影片经常由于缺乏资金而停拍。为了筹集资金，雷伊又回去干他的广告老本行，他早就和雇用他的那家公司说好，只要拍电影的资金到位，他就暂时离职去拍片，如果钱花完了，就回来工作。

惠勒到加尔各答之后，到雷伊的办公室拜访他，听说他正在拍摄一部影片，提出要看剧照，雷伊给他看了十多张。"你是否同意我们让这部影片参加我们的展览会？"惠勒问道，"从现在起还有一年时间。"

萨蒂亚吉特·雷伊几乎不能相信自己的耳朵，对他而言，他之所以经历一次又一次的巨大挫折而始终没绝望和放弃拍片计划，就是因为他相信总有一天他的影片能够在西方放映。没有想到机会比自己的想象来得更快。他为什么如此坚持要让西方观众看到这部电影呢？雷伊后来在采访中说："人们都认为西方电影的水平比较高（当时人们对日本电影还不了解），观众水平也不低。全世界都知道印度影片产量最多，影片中的歌舞也多，但是为什么一些卷帙浩繁的电影史巨著却仅仅以半页的篇幅介绍印度的电影，因为在出版这些电影史巨著的西方国家中，印度影片放映得太少了。"

印度影片中大约有10%是在孟加拉邦也就是雷伊的工作地摄制的，孟加拉邦的电影市场虽不大，但却以具有优秀的文学传统著称，它从不拍摄那种歌舞片，但是会改编孟加拉的畅销小说，但是拍摄出来的电影也是感情冷淡平淡乏味，因为观众也已经麻木不仁、精神空虚。鉴赏能力比较高的城市知识分子又人数太少，而印度的电影评论又没有什么深度，评论家也就没有什么地位，这样一来，严肃的电影制作者也就难以遇到知音。

还有一种偏激的观点，影评家们认为电影是西方的产物，西方有的是钱，技术又领先，而雷伊什么都没有，就不必过于苛求。但雷伊从未放弃过。事实上，全世界的电影制作者使用的工具都是一样的，故事一经搬上银幕，哪怕是最简单的故事，也必须有规模庞大的设备和完善的电影工业才行。对雷伊来说，印度并不缺少资源，西方电影有的他们也有：技术设备、工具、演员和众多的技术人员，何况印度也有深厚的文学传统，有的是可以改编的题材，故事的题材都有了。印度一样具备拍大电影的前提条件。雷伊知道，他必须用事实来证明这一点。印度电影已经具备进入成熟阶段的条件，要向西方电影看齐，而不是故步自封。

门罗·惠勒来访六个月之后，约翰·休斯顿又来了，他到印度来是想了解一下有无可能在印度拍摄《即将当国王的人》一片，惠勒和他很熟，请他代为了解雷伊影片的进展，如有可能的话，再看几段样片。惠勒急于想找一位专家来了解雷伊的想法能否实现。于是，雷伊请休斯顿看了十分钟配音的样片，选择的是阿普和杜娜第一次见到火车的一段戏。"拍得优美而真实"，这是休斯顿的评语。

但他提醒雷伊，不要把两个孩子看见火车前随便溜达的那段镜头拍得太拖沓，"观众会不耐烦的，"他说，"他们不喜欢等了好久才看到情节的发展。"

为了赶上展览会的最后期限，雷伊真是费了九牛二虎之力，他和剪辑师都累得筋疲力尽，但幸好最后都及时地完成了。博物馆郑重宣布，这次放映是该影片的全球性首映，参加首映式的观众都是经过精心挑选的，据说，还包括吉许姐妹。由于时间紧张，电影正片没有加字幕，送出去之前，雷伊都没来得及再从头到尾看一遍。尽管如此，雷伊始终坚信自己拍了一部好影片。但是，在等待来自博物馆的反馈期间，他还是不免产生疑惑：西方观众会关心发生在遥远的印度穷乡僻壤的这样一个描写贫困生活、情调低沉的故事吗？对影片里的人物、地方、语言和社会问题不了解的西方观众会为之感动吗？不感动的话，又怎能谈得上成功呢？尤其是这样一部完全不卖弄异国情调和噱头的影片，既然没有老虎，也没有大君，又没有骗子，更没有弄蛇人和舞蹈的舞女……

当时的雷伊，越想越觉得这部影片完全没有成功的希望。他说："除去专门从事某种研究的专家之外，西方对印度没有丝毫兴趣，当然，泰姬陵还有贝拿勒斯西岸山径上的焚尸场面曾经吸引过不少游客，但是，仅此而已。尽管印度有最古老和最丰富的艺术、音乐和文化传统，但是这样的印度虽存而犹无，长久默默无闻，被人忽视。"

即便一度统治过印度的英国也同其他西方国家一样对印度表现得冷淡无情，虽然在英国统治印度时期，无论是旅行者、文官、士兵、传教士还是其他人都写了回忆录或照了相，画了画，这些回忆录中有的真正反映了他们对这个国家和它的人民的了解，这些早期来客乘坐缓慢行驶的舟车和山轿随处漫游，深度接触了印度农村的生活。而有了火车以后，这些人来去匆匆，又不能跟印度人民和生活深入接触。这些文字和图片的记述所反映的往往是同帝国自豪感联系在一起的、作者个人对印度的无比热忱。但是英国本土人民对这些会有兴趣吗？

《小路之歌》在西方大获成功，这证明雷伊的担心都是多余的。门罗·惠勒拍来的第一封电报说："动人的电影取得了成功"，但是他并不相信，直到后来收到了影迷的信，他才相信这部影片在博物馆受到了欢迎。

1958年9月，《小路之歌》在纽约五号街剧院举行在美国的首映仪式时，激动的观众拥出剧场，《纽约时报》的晨报登载了博斯利·克劳瑟对影片的评论文章，克劳瑟是纽约评论界的泰斗，他的评论甚至可以决定一部电影成败，克劳瑟并没有被《小路之歌》所感动，事实上，他说这部影片很不成熟，"它在好莱坞只能被视为一部毛片。"

后来，大量读者来信批评了他的错误看法，他才改变口气。这部影片连续上映八个月之久。

想要让西方世界更了解印度的想法激发了雷伊更大的创作热情，他始终坚持不懈地改良和推广印度电影，确切地说，这与其说是雷伊对印度电影的坚持和不放弃，不如说是他对于印度文化的坚持和不放弃。正因为他的电影，世界才更好地了解了印度文化。

充满诗意的风格

"阿普三部曲"一举奠定了雷伊在世界电影界的大师级地位，很多人都把他和日本的黑泽明相提并论，大家普遍认为他们都是最能鲜明反映本国民族特质、风格流畅自然的导演。他的影片反映了印度的社会问题和政治问题，寓意深刻、见解独到、手法细腻、抒情优美，具有非常强烈的民族风格。

由于早年的美术经历，雷伊对于画面的感觉非常敏锐。他的电影在表演、摄影音乐方面的水准不逊于同时代的任何一个国家的电影。

雷伊电影的最大特色是一种舒缓的诗意和被这种诗意包裹的悲剧感。在他的影片中，人物在崇高和卑微、信仰和诱惑、苦难和幸福中走过，他尽可能用充满诗意的电影语言去呈现。尽管雷伊的电影来自西孟加拉，电影中的对白也是孟加拉语的，但他以共通的人性题材，如友谊、感动、感情、冲突、喜悦、伤心、光明和黑暗等，成功地融入他的电影，为世人所接受。虽然雷伊的电影在世界范围内广受好评，但是他的电影在国内成绩并不好，印度观众觉得"他的电影不娱乐"。要改变一直以来习惯欣赏印度娱乐电影的印度国内观众的观影品味，并不是一件容易的事情。

他的电影和文学息息相关，习惯以典雅的叙述诗方式铺陈，巨细靡遗，抽丝剥茧、一波一波地向观众娓娓道来！人道主义思想在萨蒂亚吉特·雷伊的系列电影中展露无遗，这是世界的宝贵财富。雷伊善于在他的电影中处理不可思议的微妙、难以捉摸人物角色和情境，以及错综复杂的理性和感性纠葛。他精准地掌握影迷的情绪反应，他的电影不太需要用其他印度歌舞戏的场面来渲染及借助夸张的戏码。

印度新电影

萨蒂吉亚特·雷伊是熟练成功的导演，他让他的电影继承的不仅是印度的文化资产，也是世界的文化资产，他逐步带动和建立了印度电影比较含蓄抽象的表现手法。他认为无须一再向观众明示主题电影技巧的最高境界。雷伊的电影类别及风格很难定位，也不能简单分类。但可以确定的是，他的电影是印度的传世经典之作，具有很高的文学艺术价值，他那些具有普适价值的电影故事，永远深植人心。尽管雷伊电影的成就和风格与其他具有开创性意义的世界级的电影导演有所不同，但相同的是，他们的电影所反映的普适价值及对世界的影响是一致的。

虽然印度社会等级森严、物质条件一般，但由于普遍信奉宗教，这个国家是世界上公民享有最大幸福感的国度之一，观众在"神"的国度里，对电影的需求就是娱乐化。印度有以不同语言拍片的三大制片中心：孟买（印地语）、加尔各答（孟加拉语）、马德拉斯（泰米尔语）；印度约从20世纪30年代开始，电影非常明显地偏向逃避现实的歌舞片。到了40年代，印度电影在商业上逐渐获得成功，发展日渐稳固，但在商业利益的驱动下，影片的类型更被禁锢在娱乐歌舞片的模式里，甚至出现了低级庸俗的作品。

一般认为因为受到了意大利新现实主义影片的影响，在20世纪50年代，印度开始出现了一些反映社会现实的高质量影片，它与以前的印度电影在风格上截然不同，所以被称为"印度新电影"，它不是一个固定的流派，但雷伊的电影出现并取得成功之后，一批有社会价值和艺术价值的电影形成了印度电影的现实主义的潮流，由于佳作频出，印度电影鲜明的民族风格和迥异的文化旨趣，备受世界影坛的瞩目。印度新电影的代表人物除了雷伊，还有V.森达拉姆、尼丁·博斯、吉亚·撒尔哈迪、维杰衍蒂·玛拉、德塔·特尔玛蒂卡利、麦尔·洛伊、阿米亚·查克拉瓦蒂、拉兹·卡普尔、赫勒希凯什·穆吉克和夸加·阿默德·阿巴斯等。

全能导演

雷伊是全方位的导演，充分掌握所有的环节，他自己写剧本，而这剧本的故事大部分是他自己亲身体验过的故事。

他设计戏服，从1964年起他亲自抓架摄影机拍片，作曲配乐自己来，连电影海报设计也不假手他人。他本来也是作曲家、作家、绘画师。在1961年，他仍然在他祖父曾管理的孟加拉文的《儿童》杂志社负责发行。20世纪40年代，印度作家维普迪·浦山·班纳吉的小说《小路之歌》请雷伊画插图，他就决心将小说改编成电影，也就是后来的《小路之歌》。

萨蒂亚吉特·雷伊一生共导演了37部电影，大部分由他自己写剧本或改编剧本，他的影片在戛纳、威尼斯、柏林都得到过大奖。他的电影在世界上得到了极高的声望。而他拍摄的电影更奠定了其在印度电影发展史上的崇高艺术地位。1963年9月，美国《时代》周刊将他列为世界十位最杰出的导演之一。1989年，雷伊获法国最高荣誉奖励——荣誉勋章；1992年3月，雷伊获得美国电影学院奥斯卡终身成就奖。正是他，将世界各地观众的目光吸引到印度电影上，也是他，将印度电影推上世界电影舞台，他可谓是东方电影大师。

里程碑式的电影

"阿普三部曲":

《小路之歌》　　　　《不屈者》　　　《阿普的世界》
Song of the Road，1955　　Aparajito，1956　　Apur Sansar，1959

"阿普三部曲"记录了一个印度人的一生。从乡村到城镇，再到都市。

在资深电影人眼中，《小路之歌》的拍摄者可谓相当业余，从导演、摄影到艺术总监，都是些几乎没有任何电影拍摄经验的后生小子。从开始拍摄到完成后期制作，《小路之歌》总共花了近3年的时间。因为资金问题，拍摄时断时续。最困难的时候，雷伊不得不当掉妻子的首饰，挪借自己的人寿保险，向亲朋好友求助。

1954年，政府终于同意资助《小路之歌》，但由于款项需分批拨出以及审计的缘故，拍摄工作始终不能一气呵成。对此马拉松式的摄制过程，雷伊后来开玩笑说：第一，幸好小演员阿普没有变声；第二，饰演阿普姐姐的演员没有长成大姑娘；第三，出演姑姑的八十高龄老演员没有去世。出演姑姑的八十高龄老演员屈尼芭拉·德维，这可能是《小路之歌》给观众印象最深刻的角色。在拍摄这部电影前，屈尼芭拉已有30年没有上过银幕。她凭借在《小路之歌》中出色的表演，获得了马尼拉电影节的最佳女演员奖。

1956年，《小路之歌》参加戛纳影展，由于放映正好安排在某个假日的午夜，大部分评委都未出席。在安德烈·巴赞等影评人的努力下，电影节为全体评委另外安排了专场放映。最终，这部电影获得了评审团特别奖。《小路之歌》彻底改变了西方对印度电影的认知，这也是首部在欧洲电影节获得认可的印度电影。

《小路之歌》的后期制作，特别是其中的配乐工作值得一提。印度音乐大师拉维·香卡（Ravi Shankar）是传统乐器锡塔尔琴（Sitar）的演奏高手，当时他在繁忙的巡回演出，但只看了这部电影的一半，就同意为电影作曲，并为此不间断地录制了11个小时的音乐。

《小路之歌》的主要故事是围绕阿普展开的。阿普出生在一个穷困的乡村家庭。每位父母都在为养家糊口而奋力打拼，而孩子们却总能在贫苦的生活中找到乐趣。相对于其他家庭来说，阿普家生活还算不错。父亲是个文化人，能识文断字，父亲到城里做临时工，因此长时间离家在外，归期不定。大人整天忙于生计，阿普就只能跟姐姐一起玩。他们到田野里去玩，到湖畔去玩，也到远处的铁轨边去玩。阿普没坐过火车，他和姐姐见到火车隆隆而过，就好奇地跑到近前观看。火车在阿普的童年生活中可能是唯一令他感觉新奇和神秘的东西。然而，再平凡的家庭也会有悲欢离合，姐姐死了，在爸爸从城里回来之前。《小路之歌》就带着这样的遗憾结束了。这是"阿普三部曲"的第一部，从冷静犀利的镜头中，观众可以了解印度底层生活的真实状态，以及他们善良乐观的品性。可见雷伊的人文关怀，《小路之歌》犹如清新的田园诗，尽管生活贫苦，但清澈的色调将阿普的早年生活描述得既宿命又天真。

为了摆脱沉痛的记忆，阿普一家离乡背井，迁移到恒河边的一个小城。父亲继续做着作家梦。阿普可以常常到恒河边沐浴锻炼，感受那些城里人多彩的生活。只是他再也没有了玩伴，也不再到野地里去看火车。

更不幸的是爸爸很快因重病去世。母亲亲眼见到第二个亲人离去，欲哭无泪。为了更好地照顾阿普，母亲带他回到了农村。阿普上午帮人做祭司，下午学习文化知识，最终学业有成，只是学校很远，阿普与母亲聚少离多。母子的相聚随着阿普的成长出现了变化。阿普成绩优秀，获得奖学金去加尔各答的大学深造，无法再每周回家探望母亲。他的母亲积劳成疾，在终日思念中倒下，阿普因考试而未能见上母亲最后一面，带着深深的遗憾回到了加尔各答。

《不屈者》这个名称无论是指阿普、他的父亲还是他的母亲都是贴切的。这是"阿普三部曲"的第二部，该片的目的并不在于赞扬穷人的善良与挣扎，雷伊更关心的是揭示人类无法抗拒的悲剧，以及悲剧发生后发人深省的含义。影片技巧的成熟与风格的写实，叙事的老练和艺术的精湛令人惊叹，丝毫不逊色于世界影坛上已负盛名的顶级作品。本片荣获1957年威尼斯电影节金狮奖。

孤零零的阿普只能独自前行，所以"阿普三部曲"的第三部《阿普的世界》里所有的人物关系都是以阿普为中心的。

阿普并没有读完大学，他没有钱。为了挣钱，他走遍了城市的每个角落。他希望继承父亲的梦想，成为一个作家，只是现实显然无法让他如愿。有一个朋友带阿普参加一个婚礼，不料新郎突然精神病发作，令女方甚是愤怒。不只是因为被欺骗，还因为按照风俗来讲，新娘若没在吉时结婚会遭受灾难。阿普就这样误打误撞成了新郎。

阿普与妻子从素不相识到深深相爱，又在朋友的帮助下找到了稳定的工作，看起来前途一片光明。不料妻子却在分娩时难产去世，只留下了新生儿。悲痛欲绝的阿普视自己的儿子为祸端,他把孩子留给外公,自己四处流浪。

5年后,在朋友的鼓励下,想通了的阿普回到了家乡。只是长大了的孩子怨恨父亲长久不归家,还捡石头砸他。阿普只能在儿子熟睡时亲近他。阿普买了玩具,试图让儿子跟他走,孩子却砸回去给他。阿普带着遗憾上路,却心有灵犀地回头,在那一瞬间看到了孩子的身影。一切都无须解释。所以接下来的对话简单而平淡,阿普甚至都没有落泪,在如此令他激动的时刻。他只是说,我们去加尔各答,我们去坐火车。他重拾生活勇气,带上儿子,承担起做父亲的责任。

这是"阿普三部曲"的最后一部,也是影响最大的一部,扮演成年阿普的索米特拉·查特吉也就此成为雷伊最钟爱的男演员之一。影片大大推进了印度电影的写实主义传统,突破了歌舞片的局限,使得印度故事片开始在世界上大放异彩。《阿普的世界》包含了极度的喜悦和极度的绝望,阿普的迷茫与困惑,妻子带来的希望与意义,妻子的死亡带来的绝望与痛苦,在绝望中阿普自我放逐,直至儿子给他带来新的生活与希望。这是一个循环,也是新起点。这正是雷伊的高明之处,苦难如影随形,只有希望带来光明和快乐。

"阿普三部曲"可以这样来看:第一部是与生长的地方的联系,第二部是与父母的联系(在第二部里,阿普的父母相继弃他而去),第三部是与爱人和孩子的联系。一层比一层深,每一部都充溢着关于人生苦难的滋味。雷伊在商业化上的一次尝试,曾打破印度的票房纪录。影片选用了当时印度的大明星,但依旧保持了雷伊对现实的关注。

"阿普三部曲"(*The Apu Trilogy*)以朴素自然、强烈的感情和视觉上的独特美感给人以心灵上的震撼,你可以体验到与好莱坞主流电影商业性观影完全不同的感觉。影片中导演、摄影、音乐和主演全部是新手,摄影师是照相师,用的是借来的16毫米摄影机。但影片给人的感觉没有多少的业余感,更没有丝毫的造作感。

印度新电影的拓荒人
——[印度] 萨蒂亚吉特·雷伊

《远方的雷声》
Ashani Sanket, 1973

　　甘贾卡兰是村里新来的婆罗门（印度僧侣）。在村里，他承担了多种职责。包括教书，组织宗教事务，预防流行病，等等。在1943年的印度，时局动荡，战争频仍。乡村上方经常有飞机呼啸盘旋，发出战争的信号。此时，饥荒开始侵袭村民，食物的极度稀缺对于已经被战争搅得人心惶惶的村民来说，简直是一次灾难性的生存难关。甘贾卡兰决定运用他的僧侣身份和特权为村民们争取利益，躲过饥荒。同时，甘贾卡兰的妻子，一个十分慷慨善良的女人，也决定协同丈夫积极完成这一义举。战争带来的意外灾难，使得两个不同的阶级结成了兄弟般的联盟，共同对抗饥荒的威胁。

　　本片是萨蒂亚吉特·雷伊以1943年发生在印度孟加拉邦的大饥荒为素材拍摄而成的。在当时，日本控制了孟加拉邦，印度的主要粮食来源被切断，成千上万的印度人民因饥饿而死，这一历史惨剧激发了导演的创作欲望。《远方的雷声》取材于真实的历史事件，极大地贴近了社会生活。在风格上导演延续了他一向秉承的写实主义风格，客观地展现了战争的残酷。全剧对印度底层人民表达了深切的体恤和同情，并颂扬了以印度僧侣甘贾卡兰为代表的上层阶级的良知。两个不同阶级组成的同心联盟，成为印度人民渴望平等、自由和爱的朴素理想的象征。本片为他赢得了柏林电影节金熊奖，曾一度被称为是"印度电影史上最优秀的代表作"。

《棋逢敌手》
Shatranj Ke Khilari,1977

瓦吉德·阿里·沙是印度最后的一个自治王国的国王。他整天待在自己的宫殿里,吟诗赏乐,跳舞嬉戏。东印度公司意欲控制这个富裕的国家,派了将军奥特拉姆暗地里来扫除吞并过程中的障碍。与此同时,两个贵族,米尔和米尔查,沉浸在对象棋的热情中,对其他事不闻不问。他们不想被谁统治谁这样的小事所打扰。就在两个人下棋的时候,他们的婚姻趋向瓦解,国家的形势也越来越糟糕。

《音乐室》
Jalsaghar,1958

影片的主人公是一个生性嗜爱音乐的没落地主,名叫雷艾,居住在豪华的殿堂。他不想依靠自己的能力把土地经营好,只是坐吃山空,靠一点祖上的积蓄苟延残喘,结果家业由于长期以来疏于管理,开始一步步败落下去。但雷艾却极喜欢铺张,不断举行花费巨大的音乐聆听聚会。影片中的马幸是新兴暴发户的代表,雷艾看不起他,这对新旧势力形成了残酷的交锋。两人都在举办音乐会上的排场上明争暗斗。在马幸眼里，对音乐的痴迷只是这位没落贵族维护荣誉的借口而已。因为雷艾即使不得不依靠变卖妻子的首饰来强撑台面，也要在众人面前维持住他品位的尊贵和典雅。甚至，为了赶在别人之前召开一场音乐会，他不惜召回远在外地的妻儿，致使他们被突发的洪水夺去了生命。而雷艾认为自己是对音乐虔诚无比的信徒，为了表达他对神圣不可侵犯的音乐的向往和追求，付出了倾家荡产、家破人亡的惨痛代价。没落的雷艾一如既往的虚荣，在贫困潦倒时还要给马喂鹰嘴豆，给大象配装饰，最后他把全家剩下的最后的一袋钱在众人面前赏给舞者之后，开始饮酒狂欢。之后，垂暮的他抛开拐杖，不顾他人拦阻飞身上马，疯狂地奔驰在自己的田地里，落马而死。

《音乐室》是萨蒂亚吉特·雷伊的第四部电影，尽管在他的众多电影作品中并不具有突出的代表性，但浸透了一种思想的力度与朴实的美感。《音乐室》的人物故事、场景时代虽然极其简约，但却深刻而清晰地勾画出角色灵魂深处的那种无可奈何的沧桑。没落贵族的代表雷艾，既是时代的寄生虫，又是古老文化的精灵，具有高贵而脆弱、痴迷而虚荣的双重特性。影片风格和缓凝重，透出一种特殊的钝态美和厚重气息。镜头的调度井然有序，顺畅而不事张扬，大巧若拙，具有返璞归真般的纯净。雷伊这位享誉世界的电影大师，"印度新电影运动"中的中坚人物，并没有走实验的路子，也没有现代派电影的倾向，而是果断地回归印度本土的文化，将民族的与世界的举重若轻地勾连起来，并依靠不懈努力将这一流派提升到了极致。《音乐室》便是这样一部极致之作。如果说印度新电影这一影像神话的缔造属于一个人群，那么雷伊无疑是这个人群中的高执火炬者。

《寂寞妻子》
Charulata，1964

此片根据泰戈尔同名短篇小说改编，在这部被誉为"为精神进步做了杰出贡献"的影片中，导演以当时的社会政治为背景，表现了恰鲁拉达这位已婚的中产阶层妇女无所事事的日常生活，以及她对自我的不断认识和感情变化。女主人公恰鲁拉达的丈夫是一位进步的知识分子，但他整日埋头编辑一份政治刊物，对于妻子，他缺乏起码的了解和理解，也没有更多的时间来与妻子进行互相的沟通，这个孤寂的女人在不知不觉中爱上了丈夫的堂兄，堂兄是一个年轻的性格直爽的诗人，他富于激情和创造力，他对恰鲁拉达表现出了一个诗人的激情和互动的意愿，在堂兄的引导和帮助下，恰鲁拉达开始认识她自己，在不断的内心情感冲突下，她终于明确了自己想要的生活和未来前进的道路。

该片又被译为《恰鲁拉达》，表现出在当时的社会政治背景下，女主人公恰鲁拉达一步步在情感冲突中成长和反省，从无所事事走向对未来道路的认知。该片的情节设计简单质朴，没有惊天动地的故事和催人泪下的场景，只是通过流畅的移动摄影，通过人物内心世界在外部现实的冲击下所产生的强烈对比与反差，表现出人物的内心感情冲突，导演运用灯光的变化以及画面中的运动，取得紧张的戏剧效果。该片荣获1965年柏林国际电影节银熊奖，获罗马天主教法庭奖，并获印度总统金质奖。

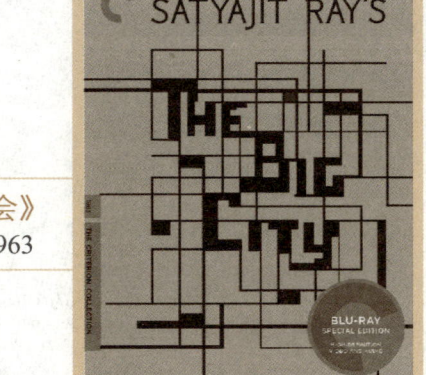

《大都会》
Mahanagar,1963

在《大都会》中，充满了阶级严明、等级森严的秩序。领导者乔恩·弗莱德森住在新巴别塔，他的子嗣弗莱德·弗莱德森则跟其他领导阶级的子嗣一起住在人子之塔；真正维持城市运作的劳工则居住在地底深处的工人都市，过着暗无天日的悲惨而麻木的生活。在各种惊人壮丽的都市景观中，面对机器的工人们，仿佛自身也成为机器一般，做着全然机械化的劳力工作。在这个影片里，并不主张要毁坏、扬弃机器，因为没有了机器，工人也会灭亡。机器本身是必要的、是中立的；邪恶的只是人心、是使用机器的方式。因此解决之道也在人心。当资本家越来越把工人当耗材使用、当工具使用而失去了善良的本质时，当人与人之间失去了真诚和爱心时，或许只有寻回良心，才能拯救劳苦的人民。

《大都会》生动地表现了印度中产阶级的生活情况，有十分深刻的社会寓意。导演有意让劳工与资本家站在更平等的位置上，要求他们同舟共济。因此他所提出来的解决之道是良心。在大脑与手之间，需要有良心来做仲裁。尽管这是一部说教味浓烈的科幻寓言，但是拍摄得细腻精彩，一气呵成。女主角布里吉特·海姆演技极佳，一人分饰不同的角色却显得游刃有余，各呈姿态。影片的音乐与剧情也衔接得天衣无缝，十分精巧。此外，导演还巧妙地运用了象征和寓意的手法，譬如字幕的文字被排列成金字塔状，就成为一种阶级象征。本片的成功为雷伊赢得了当年的柏林电影节最佳导演奖。

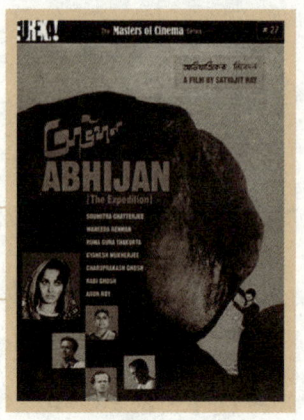

《远征》
Abhijaan，1962

　　本片是雷伊代表作之一，也是其在商业上最为成功的一部电影作品。接近两个半小时的电影在现在看来仍旧让人觉得津津有味，丝毫不觉得疲惫或拖沓。故事其实很简单，不过有一个贯穿了观影前两个钟头的问题一直在缠绕，那就是为什么片名要叫"远征"。看到影片的后半个钟头，当主人公桑吉卖掉心爱的车，在自己开公司以重振家族光荣历史和违法运送违禁品之间痛苦抉择时，观者才逐渐理解了这个片名的蕴意。是啊，在利益与原则的冲突中，哪一个人的心路历程不是一次绝对意义上的远征呢？其实纵观全片，主人公桑吉始终处在两难的抉择中，除了以上所述的最艰难的选择外，电影一开始他就做了一次选择，结果是他拒绝了朋友与他合伙做生意的提议。而在感情上，他除了要设法抚平由于前妻抛弃所带来的创伤外，还要在美丽的朋友之妹倪丽与狡猾的老板苏拉提姆之女仆古拉伊间徘徊，而在是否留在当地开出租车之间、为了倪丽戒不戒酒之间、为了倪丽学不学英语之间、为了开公司筹钱卖不卖爱车之间等等都经历了艰难的抉择。

　　可以说，这一次的危险旅程就是由各种各样的抉择组成的，在抉择当中桑吉完成了一次心灵上的远征，而让他能顺利从这次危险的远征中挣脱出来的根本原因则是他那颗淳朴良善的心灵！导演雷伊通过几个并不复杂的人物关系充分展现了颇为复杂的人物心路历程，同时还以一种平实的姿态全景式地展现了特定历史条件下印度的乡村风貌图。不仅如此，雷伊在电影表现手法上也基本采用了写实手法，没有华丽的镜头语言，没有夸张的布景与道具，力求营造一个符合客观实际的人物生活环境，使得整个故事和故事中的人物显得比较真实可信！

"放下枪,拿起摄影机!"
——[法]让·吕克·戈达尔

Jean-Luc Godard

戈达尔的一生都致力于打破各种常规的、传统的、迂腐僵化的电影体制和叙事。

他用八卷本的《电影史》表述了自己对于电影本体和艺术属性的个人见解,这构成了他的先锋电影的庞大的理论体系

戈达尔：先锋至死

如果电影史上你要找到一个最为激进、反体制、反叙事，并且一辈子战斗到底绝不妥协的老混蛋，那这个人非戈达尔莫属。

戈达尔的一生都致力于打破各种常规的、传统的、迂腐僵化的电影体制和叙事，他一边大叫大嚷，一边用实际行动来战斗，把反叙事玩到了极致。他喜欢玩"跳接"，《筋疲力尽》中自右向左行驶的汽车会突然变成自左向右，被追逐的卡车会突然消失，悲剧一下转接为闹剧。他把不同时态连在一起，他还经常让摄影机突发奇想地游荡开去，无缘无故地在两个连续的动作中插入一些毫不相干的镜头。从而造成剪辑上的"不流畅感"。在《男性/女性》（1965）中，一对夫妻在男女主人公会面的咖啡馆里又打又吵，妻子追着丈夫上了大街，在儿子面前，拔枪打死了丈夫。这些与影片毫无关系的情节，在艺术"成规"看来，都是"多余"的，但却是戈达尔惯用的手段，是他描述世界的方式。

不仅如此，戈达尔还常常让主人公在电影里突然莫名其妙大发议论，喋喋不休，没完没了，完全打破传统叙事，他称自己的电影是"电影化的论文"，是不同于故事电影、纪录电影和实验电影的"第四种电影"。

他是所有电影节的敌人，他炮轰好莱坞电影，认为其营造的是一种将艺术和生活区隔开的虚假的银幕世界，而当社会现实已经变得毫无连贯性可言时，用巧妙情节和精心策划结局构成的银幕故事简直是离奇荒诞，对他来讲，好莱坞就是一个假大空的世界。

对戛纳电影节他也是怒气冲冲，年轻时曾一气之下冲上电影节大会厅，拉下大幕，迫使电影节关闭，多年后，在新片《社会主义》上映前夕，戈达尔又临时放了戛纳国际电影节主委会鸽子。他还经常对戛纳放狠话："究竟是谁主宰戛纳？是至高无上的影像艺术本身，还是票房效应下的大制作体制？"

他经常发表一些惊世骇俗的言论："你要拍电影的话，里面只要有一个女孩和一把枪就够了。""电影——这里每秒有24次真理。""一般来讲，电影要有一个开头，一个过程和一个结尾，但实际上，有时并不需要按照这个顺序。"在新浪潮运动结束后的近半个世纪中，他依然用"戈达尔式"的战斗来批判整个世界，拯救被主流裹挟的电影和观众。

他用八卷本的《电影史》表述了自己对于电影本体和艺术属性的个人见解，这构成了他的先锋电影的庞大的理论体系，这部集大成之作《电影史》的影像叙事语言晦涩、丰富、个性独特，既有对法国古典知识的哲学思考，又展露出狂热的先锋精神；既是对电影历史的彻底挑战与革命，也是对人类历史的反思与写照。它将现代主义的自相矛盾之处展现得淋漓尽致。

这是一个一辈子先锋到底的集大成者，他的作品正是现代世界的最好写照。作家阿拉贡说："今天的艺术就是让·吕克·戈达尔……因为除了戈达尔就再也无人能够更好地描绘这个混乱的社会了。"

一个长相英俊身材欠佳的法国男人在准备一项描写爱情的创作计划，他计划描绘三个阶段的爱情：青年时期、成年时期和老年时期。他准备在四个瞬间里分析爱情这东西：邂逅、争吵、分离和重逢。

　　这应该是一个很好的创作企图。问题是，这个法国男人拿不定主意是该用小说、戏剧还是电影来实现这个创作计划。

　　如果以上是一部电影的内容的话，也应该是一个很好的创作作品。如果这部电影不是由让·吕克·戈达尔来拍的话，我们可能会看到一部好看或是不好看的电影，但终归还是一部电影。

　　很不幸，这就是法国著名导演让·吕克·戈达尔的作品，他2001年的《爱的挽歌》。如果用人们通常对电影的理解，它也许不能被称为电影，它应该是一部用影像的方式来写作的混合着哲学、社会学、心理学、历史学等众多内容的著作。于是关于戈达尔只有一个重要问题：这个神秘兮兮、抛弃叙事的隐士是不是在世的最伟大的电影艺术家？答案是肯定的。

　　说戈达尔之前，必须简单说说好莱坞电影。

　　其实不能说美国本土的好莱坞导演没脑，没机会表现才能是因为制片人制度所制约的。好莱坞对电影的首要要求是票房，导演的个性并不在他们的考虑范围。这也就是为什么威尔斯在《安巴逊家族》拍完后，被打发到墨西哥去的原因了。在《公民凯恩》中得到的待遇一律被剥夺，剪辑室都没能进去。好莱坞承认你有才，但人家要的是票房。

　　再简单说说旧好莱坞电影的成规。电影拍摄时，演员不能直视镜头，不然观众观看影片容易出戏，意识到摄影机的存在；要求无缝剪辑，这样观众不会感到两个镜头之间的衔接显得突兀；大多数影片要求大团圆结局。正反打的拍摄手法，从格里菲斯发明以来，世界各国都在使用着，有节奏感。多数观众是不喜欢看那种对着被摄对象不动的镜头，或者像欧洲电影大师那样，镜头虽然是运动的，但是只有很小位移，节奏感不强，观者容易疲劳。倒不是说正反打手法与单镜头手法表现孰优孰劣，观众接受新鲜事物肯定会有个过程，而这个打破成规吃螃蟹的事，很少有人愿意去当先锋。然而所有这些好莱坞成规到了让·吕克·戈达尔的电影里就统统靠边站去了。仅以《筋疲力尽》为例，当然这部片子在情节上是对莱坞黑色电影模仿的基础上创作出来的。影片明显打破好莱坞陈腔的片段，是戈达尔打破所谓成规中"不准越轴"的神来之笔。戈达尔"一景一镜"的拍摄方式，使得当年新浪潮的几位小将们都尊其为祖师。而在戈达尔的电影里随处可见在主流电影里所谓的穿帮镜头，他本人随时冲到镜头里喊个不停。话筒、轮椅、摄影机出现在画面中更是家常便饭，达尔戈要的就是这种效果。

不管戈达尔是因为没钱而捡来特吕弗的废弃胶片，还是因为他突然灵光一现搞出来的越轴拍摄，跳接剪辑，他的电影中声画不对位、声音的突然插入等等创新，所有这些无论值不值赞赏，他也是第一个迈出了一大步。他把自己推到了一个话题的尖峰，也推到了电影界的尖峰。

有人说，戈达尔之于电影相当于乔伊斯之于小说，斯特拉文斯基之于音乐，艾略特之于诗歌，毕加索之于绘画：他们都是彻底革新一个领域的巨人。昆汀·塔伦蒂诺对戈达尔的崇拜人尽皆知，而这个名单可以延伸到马丁·斯科塞斯、阿巴斯、范·桑特、斯派克·李、拉斯·冯·特里尔、路易·卡拉克斯、吉姆·贾木许、拉乌·卢易兹、马克马尔巴夫、理查德·林克莱特、凯瑟琳·布蕾亚甚至王家卫，他们都从戈达尔那里获益匪浅。想要研究电影艺术就意味着你必得面对他的一堆大作，深吸寒气。戈达尔是一个发动美学革命的独行侠，40年来他的疆域里从未停息过叛乱。他的电影是观影者多年未见的奇怪混合体，轻松、招人同情，却又傲视一切。

贵族家庭的问题少年

对于很多了解戈达尔的人来说,戈达尔是疯狂的,不墨守成规的,孤傲的,甚至目空一切的,人们认为,他的桀骜不驯来源于他的贵族气质。然而,在他的家庭里,他却是最令人头疼的一个。

让·吕克·戈达尔1930年12月3日生于巴黎,他的父亲是一名医生,母亲则是来自瑞士银行家族的大家闺秀。戈达尔在幼年时期移居到了位于法国和瑞士边境、瑞士一侧的雷曼湖畔居住,并在10岁时取得了瑞士国籍——所以,虽然戈达尔一直是以法国导演的身份出现于世人面前,但瑞士文化对他的影响也是不可忽视的,特别是瑞士人崇尚人性自由、无拘无束的生活方式,几乎奠定了戈达尔电影创作风格的基调。不过戈达尔在瑞士待的时间并不长,他很快便返回了法国,在里昂接受教育,随后他又进入了巴黎的索邦大学学习人种学,不过显然这并非戈达尔的兴趣所在,他很快就被电影的魅力所吸引,并加入了学校的电影社团。

他毕业后做过各种工作,如水坝工地工人。1949年,年轻的戈达尔在巴黎拉丁区的电影俱乐部已经成为了活跃分子,并在此结识了安德烈·巴赞。经巴赞介绍,1950年,戈达尔进入法国《电影手册》编辑部,开始从事专职影评工作。并陆续结识了其他几位编辑:弗朗索瓦·特吕弗、埃里克·侯麦和雅克·里维特等人。在这几位良师益友的熏陶下,戈达尔很快就开始撰写影评,并成为权威刊物《电影手册》和《R》的撰稿人之一。此时,他所用的笔名是汉斯·卢卡斯(Hans Lucas)。正是以这群年轻人为核心,掀起了二战以后、也是人类电影史上影响最深远、意义最伟大的电影运动——法国新浪潮。但当时的风云人物还轮不到戈达尔,他毕竟接触电影较晚,还处在一个学习的过程，大多数时候也就是当当吹鼓手而已。而这种情形无疑使得年轻气盛的戈达尔十分郁闷，随后的时间里，他整天泡在电影资料馆，研究和观看了大量各种类型的影片，积累了深厚的电影素养。

可除了作为新思想的电影外，戈达尔居然还沾染了一种不好的新习惯——偷窃，不断去偷并不断被抓，大多时候，只是像那部让他声名鹊起的处女长片《筋疲力尽》一样，小偷小摸。他曾从巴黎舅父那儿偷钱，用来资助同学雅克·里维特拍第一部短片。传记作者麦凯布和戈达尔的弟弟善意地认为，这种偷窃行为是一种对家庭的叛逆和对新教徒吝啬的对抗，然而不知趣的戈达尔却厚着脸皮表示："那是一种对掌控自己世界的渴望。"这种渴望不仅让18岁的他未能按时进入大学，更在4年后将他直接送入苏黎世的监狱——他偷了雇主瑞士电视传媒公司的东西。被父亲保释后，他又进了精神病院接受治疗。1951年，戈达尔中断了与其富裕家庭的关系，被迫自谋生计，但这并没有难倒戈达尔，他甚至开始了自己的环球旅行。两年以后，戈达尔从南美回到了瑞士。

1954年4月25日，戈达尔的母亲因车祸去世，他没去参加葬礼。那年，他以自己参与一座水坝修建的亲身经历，在所工作的堤坝上拍摄完成了第一部短片《混凝土行动》。虽然他已与家庭决裂，但这部短片的拍摄经费，其实正是由他母亲所提供的。

1954年到1958年，戈达尔尝试导演了五部短片，随后，他又拍摄了许多短片。

1959年，这批青年导演纷纷找来资金拍摄长片，戈达尔也不例外。他受特吕弗讲的一个真实故事的启发，请楚浮写成剧本，拍摄了影片《筋疲力尽》。在这部影片的拍摄手法上，戈达尔秉承维尔托夫的"电影眼睛"理论，提着小型摄影机来到巴黎最热闹的香榭丽舍大道，以即兴手法导演了这部处女作，没有一点摄影棚内的戏，演员完全是即兴演出，贝尔蒙多扮演男主人公——一个自我毁灭型的歹徒，口叼香烟，为非作歹，他任意掀起行路女孩的裙子，见车就偷，最后被人枪杀了。戈达尔让贝尔蒙多完全凭内在冲动引导剧情变化，使这个"歹徒"从精神到行动都活灵活现于银幕。戈达尔和贝尔蒙多的成功合作，使这部影片一下子突破了以往电影的樊篱。影片获得柏林电影节最佳导演奖。《筋疲力尽》一片震惊了世界影坛，并彻底奠定了他"新浪潮四大主将之一"的地位（其余三位是巴赞、特吕弗和侯麦）。自此以后，才华横溢的戈达尔开始一部接一部地不停推出他的作品：短片、长剧、录像、电视片、商业广告，甚至还有MTV。当然，他最主要的成就还是集中在新浪潮时期，像《为所欲为》《法外之徒》《狂人皮埃罗》《中国姑娘》《芳名卡门》等片，都已成为影史上的经典之作。特别是1983年的《芳名卡门》，更是为戈达尔赢得了威尼斯电影节的金狮奖，这标志着戈达尔的成就已得到了世界电影界的广泛承认。

戈达尔狂热地拍摄各种各样的影片，如警匪片、科幻片、音乐歌舞片、反战片、社会问题片和个人剖白式的影片。1984年他在接受美国《电影季刊》记者访问时说："在特吕弗、里维特、我和其他人参与的大获成功的新浪潮电影中，我们给电影带回来了它失去的某种东西，即对电影本身的爱。我们爱电影尚在爱女人、爱钱财、爱战争之前。是电影使我发现了生命，它耗费了我30个年头……"

但他也讲过这样一段话："如果你想写一本关于我的书，有一件事你必须写进去：钱。电影就是钱，但钱出现两次：首先你花了大量时间去筹款制片，然后钱通过影片中的形象又回来了。"作为一位第一流的电影导演，一位电影语言的革新者，在他的艺术天地里常常是豪爽地我行我素，才不管会不会让钱出现第二次。

戈达尔对金钱的重视程度是毋庸置疑的，不仅仅表现在他早期为了拍摄电影而偷窃，也表现于他对于金钱的控制欲望。尽管他曾经为了电影与家庭决裂，但那也是因为他的盗窃被家庭发现不得已而为之。戈达尔非常重视对制作成本的控制。

戈达尔曾说过："拍电影你所需要的仅仅是女人和枪，但也需要有人付钱给女人和枪。"电影制作要经济节俭，这一点对新浪潮的弄潮儿，尤其是其中最激进的戈达尔至关重要。而戈达尔为了节省成本，可以"不择手段"。

由于处女作《筋疲力尽》在女主角成本上花费过大——曾为好莱坞电影而选秀出来的塞贝格片酬占了总预算的1/4——戈达尔决定在以后的电影中削减这部分开支，他所采用的方式是将女主角变成自己的老婆。

1959年夏天，戈达尔看到欧莱雅和高露洁的肥皂广告画，就迷上了其中的洗浴女孩。通过电报，他将女孩叫到办公室，到场后，戈达尔告诉她这是一部政治电影，"可我对政治一无所知"，女孩回答。被说服后，女孩又犹豫："我要脱衣服吗？""完全不用。"戈达尔回答。就这样，戈达尔在片场当着女孩男友的面塞纸条抢走了她。这女孩叫卡里娜，不久后成为他第一任妻子，而那部不用脱衣服的政治电影就是《小兵》，果然因当时敏感的阿尔及利亚问题被禁4年。

而第二任妻子维亚泽姆斯基，先是戈达尔通过布列松的电影注意到她。后来，维亚泽姆斯基却因《狂人皮埃罗》和《男性／女性》率先被戈达尔的才华所吸引，并成为他的学生和妻子。

戈达尔的生命中出现过许多重要的女人。在电影中，戈达尔就十分热衷于探讨女性问题。除了他的两任妻子，我们在戈达尔的影片中还可以发现其他许多知名女演员的名字：朱丽叶·比诺什、碧姬·巴铎、简·方达……总之，戈达尔在电影中从不掩饰他对漂亮姑娘的迷恋。但相比上述那些女演员，瑞士女导演、编剧、摄影师、制片人和剪辑师安娜·玛丽·密歇维尔也许更为重要，从20世纪70年代末她与戈达尔在瑞士小镇格勒诺博共同建立独立工作室以来，她已经跟戈达尔合作了20多年，两人合导了大量的影片，可以说，安娜·玛丽·密歇维尔是戈达尔最重要的助手与合作人。说到这里，还有一位重要女性不得不提——戈达尔的母亲，她不仅给了戈达尔生命，还给了他充足的创作资金——而对于一位电影导演来说，两者无疑同等重要。

戈达尔在他的影片里，表达了他对女人的极端不信任以及对女人世界的否定和反对，这或许与他的两位妻子均离他而去有关。他被认为是"不讨女人喜欢的戈达尔"。

可以说，戈达尔的行为是诡异的，无论是为了电影盗窃，还是为了电影娶妻，在很多人看来都不可理解，事实上，这个出身贵族的问题少年，内心却是极度缺乏安全感的。

独一无二的拍摄方式

当年的法国电影人让皮埃尔·梅尔维尔说过："新浪潮没有特定的风格可言。如果说新浪潮确实有某种风格，那就是戈达尔的风格。"电影史学家乔治·萨杜尔更把戈达尔视为毋庸置疑的天才，"在技巧方面，还没人能够如此老练地打破成规。戈达尔把电影语言的所有语法和影片的其他句法都付之一炬了。" 有人说电影史应该分"戈达尔前"和"戈达尔后"来写，因为他不仅以《筋疲力尽》带出整整一代法国电影新浪潮，而且他的作品皆对电影语言产生革命性的影响，即便新浪潮电影从公认的爆发年度到现在已经过去了40年。

这位喜欢研究《毛泽东选集》，推崇中国革命样板戏的其貌不扬的法国人，从他的第一部影片《筋疲力尽》开始，就挥舞他的理论手术刀，将有史以来的电影语言，解析得面目全非。怪异的叙事技巧、被正统列为禁忌的蒙太奇手法，以及影片中一再出现的图片、广告、朗诵引语、书信、纪实访谈、文字游戏和电影中的电影，使得戈达尔的电影成为艰难晦涩和自命不凡的同义词。

特吕弗回忆年轻时的戈达尔"在知识面前常表现出狂躁和不安"，他获取知识的方式常是匆忙、跳跃、拼贴式的，所以他的影视作品也常常以戈达尔式的简练、跳跃、拼贴、无序形成视觉冲击力。这反而成就了他与众不同的一面。尽管很多人批评他的表现手法是错误的，是非电影的，但是，如果没有他的问题，他的与众不同，也许，戈达尔也无法成为一位著名的导演。

政治化地拍电影

20世纪50年代的法国电影在经济上是成功的，但时任文化部长的马尔罗却轻蔑地说道："除此以外，电影就是一个工业。"事实也确实如此，这样看似良性的经济现状其实对电影的艺术性造成很大的负面影响，甚至可以说很糟。国家的电影组合主义和预支票税制度，使年轻导演有很大的机会完成第一部作品，但是老套路高标准的学徒制度，却让进入的导演永远只是技术员，缺乏创新的动力。

新浪潮成功地颠覆了这个良性经济下的老套路，而戈达尔更选择了政治电影的方式，在他真正成为导演之前，一篇发表于《电影公报》的文章《走向政治电影》就明确地摆出他的立场——"电影就是政治的重要组成部分。"

戈达尔的第二部作品《小兵》，描写了阿尔及利亚战争，从这一影片开始，他表现出对政治问题的极大关注和热情，这也是戈达尔与其他新浪潮电影导演的差异之处。如1966年拍的《美国货》、1967年拍的《中国女人》《远离越南》、1969年的《英国之声》《真理》《战斗在意大利》、1970年的《弗拉基米尔和罗莎》等。渐渐地他导演的影片越来越脱离新浪潮的轨道，具有了现代派电影的色彩，戈达尔还宣称：维尔托夫是他的老师。

在与维亚泽姆斯基从恋爱到结婚的1967年，戈达尔完成了对1968年全球左翼青年文化运动预言式的《中国姑娘》，主角正是由维亚泽姆斯基出演。也是从这个时候起，戈达尔开始从传统电影模式转为热衷于毛主义的革命论。

传记作者麦凯布早在《戈达尔：影像、声音与政治》（湖南美术出版社，2002年4月）中就对戈达尔的政治电影做出详尽解析，受到越共春季攻势和"五月风暴"的激励，戈达尔彻底从传统电影工业脱离出来，不仅要拍政治电影，还要政治化地拍电影。即便在后来在米耶维尔的声像制片录影技术时期、20世纪80年代的叙事回归时期、20世纪90年代的电影史影像化时期，乃至21世纪的《爱的礼赞》《我们的音乐》，戈达尔作品强烈的政治特色——热衷讨论政治的角色和标志性的口号宣言跳接——从来就没消退过。

其实，仔细欣赏戈达尔1968年后的作品，就不难发现，每当戈达尔不会讲故事或不想讲故事时，他就会用政治影像和革命宣言来充实画面或者说延续影片。在那里，他可以大肆地谈论影像与声音、摄影与录音等技术问题或者生产力与生产关系、制作与发行等经济问题，只要不讲故事就好，至于那些看似澎湃的政治画面和革命声音与电影工艺和生产体制有多大关系，这样的问题就全留给分析家好了。

作为共产主义和毛泽东在法国电影界最大的追随者，戈达尔无论在艺术形式（形而上）还是电影形式（电影语言）上都最大限度地印上了自己的政治标签。大部分评论认为戈达尔早期的电影（通常认为在《小兵》之前，也就是1960年）还或多或少保持着艺术上的独立性，而未对政治加以过多描述。但仔细分析，就可以发现在戈达尔的第一部长片《筋疲力尽》里就已经汇聚了许多关于政治的思索。

影片中段，米歇尔与派崔西亚在房间里聊天嬉戏，桌上的收音机里正播放着艾森豪威尔抵达巴黎访问刚上任的法国总统戴高乐的消息。而对比着两人身份上的关系（米歇尔是法国人，而派崔西亚则是美国人），这里无疑形成了个人层面与政治层面上的对立联系。不过相比戈达尔中后期的电影而言，这里的对立还是显得过于"遥远"（戈林·麦凯波语）。稍后，米歇尔和派崔西亚走过香榭丽舍大街。米歇尔一边走一边看着《法国晚报》，派崔西亚则小心翼翼地躲开警察的监视。街道上满是拥挤的人群，而当摄影机顺着两人慢慢摇到街道中心时，我们又发现了护送政要的机动车队。而就在这段镜头的运动之中，戈达尔再次说明了个人层面与政治层面的距离。而对比影片本身叙事性与记录性的双重特性，戈达尔成功地完成了艺术形式（形而上）与电影形式（电影语言）间的相互衔接。而这一点也是戈达尔最天才也是最成功的地方。

20世纪60年代中期开始，戈达尔的电影越来越具有侵略性，政治色彩也越来越浓烈。特别是1968年法国"五月风暴"之后，戈达尔与其精神上的导师让·皮埃尔·戈兰组成了吉加·维尔托夫小组。戈达尔声称他信奉苏联早期"电影眼睛派"创始人吉加·维尔托夫的理论，要用影片作为无产阶级革命的武器，同时，"为了摄制革命电影，首先应该对电影进行革命"。戈达尔和他的小组拍了一系列的"政治影片"。其中包括《真理》《东风》《意大利的斗争》《直至胜利》以及《一切顺利》。《中国姑娘》一片基本奠定了维尔托夫小组式电影的总体思路，而《一切安好》和《给简的信》则在思想上（即毛泽东主义）达到了顶峰。在接受《英国之声》采访时，戈达尔说："如果为一部马克思—列宁电影印发一百万份传单，它就成了《乱世佳人》。"

戈达尔执意断开了自己与主流体制的任何联系。通常意义上来说，尽管这个时期的戈达尔电影远离了传统的制片体制，但就算考虑戈达尔自身需要的政治宣传来说，自己的电影进入主流院线也可以大大吸引法国主流群体了解甚至接受自己的政治观点。况且这也符合列宁对电影所持的态度。但显然，戈达尔不这么看。他认为，这些电影远非政治传单那么简单，它们更像是一把把AK47步枪，充满了巨大的杀伤力而非轻描淡写的政治影响力。从这个意义上来说，戈达尔想要的观众是激情澎湃的政治斗争参与者，而非冷静审视政治现象的观察者。一部政治电影不同于普通的商业电影，它所面对的自然是特定情境中的特殊观众群，也就是他需要的政治斗争参与者。

跳接

戈达尔在电影的拍摄技法上有许多破坏性的创造，而其中最典型的技法就是跳接的使用。在"正统"的电影拍摄过程中，为了符合观众们的审美习惯，电影界已经总结出了如下摄影准则：一、如果摄影机在同一机位固定地拍摄同一场景，那么在后期剪辑上必须保持胶片内容的连续性，你可以从前或者从后任意剪掉一段，或者将中间填塞进一段内容，但不能把整个连续场景从中"掏空"一段而直接拼接起来，因为这样会使人物动作出现"跳"的感觉；二、摄影机在表现物体的运动时，要保持轴线的一致性。比如拍摄两人对话的过肩镜头，正反打的摄影机就必须都处于两人连接线的同侧，这样无论是正反面，同一个人物就只会出现在画面的同一侧；而拍摄物体的连续运动时，摄影机也必须置于物体运动轨迹的同一侧，这样画面上物体就始终朝着一个方向前进，如果方向要改变，则必须插入交代物体运动方向改变的镜头，否则观众们就无法理解。

事实上，这些准则至今仍是影视创作的基本原则，如果你翻开任意一本有关电影拍摄的书，都可以看到这些要求。但对戈达尔而言，所有的教条都是臭狗屎，准则对他来说没有任何约束力。在他的第一部剧情长片《筋疲力尽》中，戈达尔就大量采用了跳接的手法。譬如在大街上从左至右行驶的公共汽车，就会莫名其妙的突然变成从右至左行驶；而在追逐的那场戏中，卡车又会突然消失；在男女主人公在咖啡馆里谈话的那场戏中，我们又会看到人物的动作不停地"跳动"。这些都是跳接的结果。到了《狂人皮埃罗》中，戈达尔对跳接的使用更加大胆，他甚至把不同时空的场景直接剪到了一起，丝毫不考虑观众的观影习惯。

戈达尔后来说过"没有正确的影像，有的只是影像"这样的话，他的第一次实践就是在这部片子里。在房间中、马路上、酒吧中，卡里亚娜穿梭来往，搔首弄姿，摄影机却只是在旁观，在一段距离之外自得其乐着，毫不在乎看到的是真是假，深刻与否。日后，戈达尔一直坚持"浮光掠影"式的拍摄手法并将其发扬光大，有人说这反映了戈达尔对世界的感知是非连续性的，这正是现代性电影的特征之一，所以我们说现代性的电影从戈达尔开始。

无剧本的拍摄

现代派导演拍电影，随时会在自己的影片里提醒观众：你们只是在看电影！这是他们的特征和责任，戈达尔也是这样。他一般在开拍前写些影片构想，让演员去即兴创作对白。在拍《我所知道她的二三事》时，他把一个小麦克风藏在演员头发里，自己在摄影机后面提出问题，演员不许发声，只以表情来回答。如果说格里菲斯曾经对以前幼稚的电影语言进行综合利用、发掘和系统化，戈达尔则是对电影史的辉煌过去进行本能的审视和重新觉悟。

戈达尔曾经说："我不写剧本，所谓的剧本其实就是书写的电影，好让出钱的后台老板能够根据写好的剧本去想象未来电影的面貌。我从来不知如何去写剧本，并不是我不愿意去写，而是不会写。假如我会写剧本的话，写完后大概也就不再想把它拍成电影了。"

在他的名片《狂人皮埃罗》里，就没有完整的叙事结构，只是呈现毫无秩序的"大杂烩"，看影片的开头，你会以为是费尔迪南与情人看漫画，在幻想着经历了种种可怕的冒险；看影片的结尾，你会以为男主人公被炸死了，但若联系开头，你或许又以为不过是主人公的一团混乱的思绪，理也理不清。戈达尔正是要表现世界的毫无理性，一片混乱。他指出，疯狂和混乱的世界是原来的电影形式所无法把握的，所以他要创作新的表现方法。在他的影片中，既有暴行，也有爱情；有难懂的隐喻；有风格化的造型，也有完全真实的人物。比如，他请一位美国导演自己演自己，影片的内容从商业广告一直涉及美国侵越战争，他还经常让人物离开情节，就政治、艺术、生活乃至诸如文学作品、箴言和故事来直接同观众对话、讲话。戈达尔说："《狂人皮埃罗》是一部完全凭本能拍摄的影片。直到开拍前两天，我还不知道自己打算拍些什么。"这部影片的成功，在于他对电影语言的全新探索。1972年，英国权威电视杂志《视听》组织全球影评人士评选世界十大名片，有二十几个国家的89位人士参加。评选出的10部名片中，《狂人皮埃罗》名列第9位。

套层结构

这是一个来自于叙事学的术语，原意指的是一环套一环的复杂的叙事结构。譬如说《罗生门》《镜子》这样的影片，都可以归于套层结构的范畴。而在戈达尔那里，套层结构则不仅仅体现在同一部影片中，而是成了前所未有的跨影片的实验。

特别是从1979年到1983年间，戈达尔连续拍摄了数部套层结构电影。譬如他拍摄了《各自逃生（生活）》，又拍摄了《〈各自逃生〉（生活）的剧本》；有《激情》一片的问世，接下来又拍摄了《〈激情〉的剧本》；而当他拍完《向玛利亚致敬》以后，一部名为《关于影片〈向玛利亚致敬〉的手记》的短片也被搬上了银幕。在这几组影片中，后者都是前者的套层衍生，它们互相交织在一起，互为映照，呈现出全新的面貌。事实上，戈达尔的套层不仅跨影片，甚至跨越了艺术形式。他在1974年与马里·米维尔共同创立了"声音影像制作社"，就在实验声音与影像的套层关系。从此，戈达尔创作了大量多媒体作品，在这些作品中，声音和影像是两个互为套层、环环相绕的元素，而不再遵从传统电影理论里的"声画对位""有声电影"这些概念，甚至这些作品是不是电影本身是一个问题。有人就认为戈达尔的这些作品就已经完全超出了电影的范畴，而应称之为"后电影"。1988年至1998年，戈达尔用10年的时间，拍摄了《电影史》。《电影史》共分4部，每部都有

A、B两部分，可以说是他套层结构电影中最宏大的一个系列。

乱发议论

凭借此种手段，戈达尔更加极端地破坏了电影既有的叙事规则。他自称自己的电影是"电影化的论文"，是不同于剧情电影、纪录电影和实验电影的"第四种电影"。戈达尔曾说："电影是每秒24格的真理。我通常是一边拍片一边思考，而不是在拍片完毕以后再开始动脑筋。"

基于此，戈达尔经常在影片里放进各种无法直观呈现的抽象内容，并让影片中的主人公随意地对话，东拉西扯，离题万里，让人不知所云。比如《蔑视》一片，他就在影片中插入了许多古希腊雕像的镜头，同时还有一位导演大谈当导演的甘苦。此剧中的人物也都是极端健谈者，从宗教哲学到波普文化他们几乎无所不知，而且还相当有见解，对于其中一些过于抽象的内容，甚至用歌剧的形式唱了出来。而到了《中国姑娘》中，戈达尔讲述了一个巴黎大学里的"马列研究小组"的故事，剧中毫无保留地记录了研究小组所有成员间冗长的对白、辩论、演讲等行为，甚至穿插了大量的文字、图片、标语和漫画的片段。在大多数时候，这些内容与影片故事本身是相隔甚远的，对观众来说，这无异于导演的"胡言乱语"，它们彻底打乱了剧情，使得影片空前的杂乱无章、没有头绪起来。在《快乐的知识》一片中，戈达尔索性直接采用了对话的形式。整部影片记录的就是两个演员的对话，他们身处一个漆黑的舞台，现场仅有一盏孤灯，正是在这样的环境中，二人大谈"爱情""语言""思想"等等抽象的概念，而且谈话毫无逻辑可言，可以说，《快乐的知识》是体现戈达尔"乱发议论"风格的集大成者。

特立独行的"荣耀藐视者"

要跟读者讲清楚戈达尔电影里复杂的现实不是件容易的事情,毕竟,他的作品不是那么好懂,无法预测,也不赚钱(只有他那部1960年的处女作《筋疲力尽》有幸在全球热销)。

戈达尔桀骜不驯、不善言谈的古怪脾气加重了他的神秘感。数十年来,他一直躲在瑞士的一个小村庄里,远离世界电影的主流,没有什么经纪人、老板,只"受委托"拍一些电影。他对好莱坞和美国颇有微词,宣称对任何人、动物、商业都没有义务,除了对自己。他以从不抛头露面闻名。最经典的段子是他常常手里拿着一张机票去机场,却又掉过头回了家。但是为了实践他"政治化地拍电影"的理论,他不惜冲在政治斗争的最前面。在戈达尔创立维尔托夫小组时,小组就提倡"革命"的实践精神,小组成员曾前往捷克、澳大利亚、巴基斯坦等各地拍片,他们手持摄影机,近距离地接触当地的"斗争"实践,而不仅仅只是旁观。他们不光在语言中表达对世界正统电影界的不屑,还用实际行动反对。在1968年,以戈达尔为首的几位维尔托夫小组成员就曾在戛纳电影节期间冲上舞台、拉下大幕,迫使电影节中断并最终取消。

1995年,纽约影评人协会给他颁发了终身成就奖,他却脸都没露一个,只传真过去一张写得歪歪扭扭的小纸条,大骂斯皮尔伯格、CNN之父特纳、比尔·盖茨和库布里克。2000年,他倒在曾经的福地戛纳现了身。他在一个新闻发布会上旁若无人地自言自语,只给《爱之颂歌》安排了一场影评家内部放映会,还堂吉诃德式地只接受了两个记者的采访,一个俄罗斯人和一个阿根廷人。戈达尔曾经有一部新片在美国本土召开了一个媒体野餐会,全国记者坐了飞机赶来,却发现戈达尔无缘无故没到场。无论大众媒体多么想采访戈达尔,给他唱赞歌，他就是不领情。

　　这样自毁金身的行为实属少见，但这其实也是戈达尔整个生活计划的一部分：电影如何跟观影者和文化产生视觉的、瞬间的、听觉的、情感的和哲学的关联，这样的关联又如何反映历史和记忆？如何投身于一个基于影像的产业却又时时冷静地观照现实、身份、意义和语境？即便年事已高，戈达尔从不想居功自傲，他的探究从未停止。对他而言，电影是生活，电影产业是死亡。这就是为何戈达尔屡屡批评斯皮尔伯格的原因，后者把电影做成了一项横跨全球的大产业，把痛苦当作甜点四处贩卖。《爱之颂歌》的高潮就是斯皮尔伯格之流的电影人拿着美元想从一对老夫妻口中买到纳粹抵抗运动的亲身经历。影像作为现代社会最有力的媒介被用来让我们淡忘历史中的伤害和恐惧。在戈达尔眼里，利润和煽情是现代社会最糟糕的两个弊病，它们鼓动着大众媒体，最终变成了蒙蔽众生的油彩布。2001年9月12日，《爱之颂歌》的北美首映在多伦多电影节揭幕的时候，许多回不过神来的影评人甚至指责它轻视历史——这部电影对好莱坞式假设和美国自我中心的嘲讽并不是那么好让人接受。过了一年之后，对电影的指责才停息下来。

　　戈达尔叛逆的气质也是他在一些亚文化人群中的卖点——文着文身的高中生、反体制的激进者、艾米纳姆、霍华德·斯特恩、戴夫·艾格斯和麦克·摩尔。但他们的赞歌也许并不能说明什么，他电影中那些混乱、非线性的叙事即便对于一个精于此道的观众来说都充满挑战。电影长久以来被当作是大众消费品、止痛药、视觉狂欢，它得给出清晰的线索让我们充分地享受刺激和安全感。这种前现代美学遗留的思维方式倔强地活过了千年线。即便美国最大的连锁书店Barnes & Noble架上摆满了乔伊斯和艾略特，斯特拉文斯基在被不断演奏、录音，毕加索的油画复制品在纽约宾州车站四处可见，但你却找不到几部戈达尔的电影摆在音像店的架子上。

　　当然，戈达尔也有他大行其道的十年，与他并肩的还有伯格曼、费里尼、安东尼奥尼、特吕弗、雷奈、布努埃尔、黑泽明、波兰斯基……回顾20世纪60年代，电影种类的丰富和观众对新形式的接受程度似乎都后无来者。60年代的观众把戈达尔推为一代电影人中的魔法师，他在这期间拍了15部电影，其中包括《筋疲力尽》《蔑视》《另外一帮》《阿尔伐城》《男性／女性》《周末》《快乐的知识》等一批名片。评论界和观众普遍认为戈达尔是一个冷静、理性的导演，但他又用一本回顾自己60年代电影的书让人一头雾水，这本书写得亲切、温暖、现实，跟没有收拾的床铺一样平易近人。他的电影并不仅仅描述事物、呈现情景、讲述故事，它们与生活一起脉动，它们就是生活。

这就是戈达尔始终坚持的观点：电影不是或者不应该是讲述另一种生活方式的平白叙述，而是我们日常生活中一大堆性、食物、工作、友情、疾病、音乐、爱情当中的一部分。很不幸，过去一个世纪以来形成的视觉规则努力抑制电影的这一本质，并且限制着观众的反馈。结果就是，几乎所有的电影都由顺畅的叙事和光彩的美人构成。对戈达尔来说，这种麻痹是有政治意味的。在《筋疲力尽》中，一开始观众就看到男主角贝尔蒙多转向镜头喋喋不休，电影随即开始了不完整的跳跃式剪辑，戈达尔剥掉了主人公和导演的黄金外衣，开始烧毁电影这座殿堂。在戈达尔这里，什么都可能发生，他创立了电影拍摄的新规则。从某些角度来讲，他拍出了历史上第一部电影。

电影中的一切都摆在了你面前：我们所看到的事件，戈达尔和他的团队拍摄的事件，时间的流逝，演员和他们角色之间、转喻和本意之间、镜头和拍摄对象之间亲切的距离感——所有这些赤裸裸地呈现在观众面前，而电影惯用的剪辑技术和情节结构在这里都找不到。在任何时候，电影拍摄的对象都是平等的：早晨的美景、女人凝视的眼神、啮咬导演良心的不公正场景，甚至是他吃苹果的场景。对戈达尔来说，这些都挺好，都可以也应当成为电影拍摄的内容。*Epok*杂志曾刊登了对他的一个采访，戈达尔解释了《人人为己》中一个费解的场景。雅克·杜龙跟他的学生们说玛格丽特·杜拉在隔壁房间，戈达尔解释说杜拉确实曾在隔壁房间——这有什么不对吗？这就是戈达尔，既自相矛盾又控制高超，不动声色。

里程碑式的电影

《筋疲力尽》
À bout de souffle，1960

1960年戈达尔的处女作《筋疲力尽》以一个结尾洞穿了世人对电影的渴望，他为电影史留下了一个处女作经典结局。

米歇尔和帕特利夏开车逃亡，警察在后面紧追不舍。米歇尔的车上还载着中枪死去的布鲁诺。布鲁诺是个卧底，为了替黑帮招安米歇尔，他利用了米歇尔和帕特利夏的感情。在结尾处，布鲁诺与黑帮通了气，准备在米歇尔抢劫巴伐利亚联邦银行时干掉帕特利夏，并以此强迫米歇尔低头。没想到帕特利夏报了警，导致布鲁诺中枪死亡。这时候，依然蒙在鼓里的米歇尔再一次仗义挺身，抢走了布鲁诺的尸体，警察尾追不舍。

帕特利夏对米歇尔说：我报了警。

米歇尔说："贱货。"

米歇尔没有听从同伴的劝说，他没有逃跑。帕特利夏告诉他，我跟着你，是因为想证明一下自己是不是爱你，我之所以向警察告发你，是因为这样我就觉得自己是不爱你的。米歇尔奔跑在大街上，他已经中了一枪。最后他跑不动了，他筋疲力尽了，倒在地上，警察和帕特利夏跟了上来。

米歇尔说:"贱货。"

帕特利夏问警察:"他说什么了?"

警察说:"他说你是贱货。"

这部表现一个彻底的社会叛逆——笨拙的盗贼米歇尔的影片,情节极不连贯,场景换来换去,频繁"跳接"的手法既表现了主人公内心无主、坐立不安的浮躁性格,又反映了社会的无秩序、无方向以及人与社会环境的彻底脱节。拍那部电影的时候,他每天早晨写台词,当场念给演员听,他自己说:"我故意只勾勒出草图,加快拍摄速度,多搞即兴创作。在电影界,像这样的拍法,我从来没有见过先例。"影片拍摄时间总共只有4个星期,戈达尔不用分镜头剧本,不租摄影棚,不用任何人工光源,把摄影机藏在一辆从邮局借来的手推车里,推过去,拉过来……真正富有创造性的是那神经质似的快速变更的剪辑手法,它令所有观众和电影家目瞪口呆,但这又有什么关系,这就是戈达尔带领下的"新浪潮",它影响了其后几代人的电影观念和电影技法。

《赖活》
Vivre sa vie, 1962

《赖活》是戈达尔的第四部长片,导演将影片分割成十二章,拼接式地描述了种种生活场景的片段,但这些片段之间又具有某种内在的关联。影片讲述了女主人公娜娜(安娜·卡里娜饰)如何从一名普通售货员走上卖淫道路的悲情一生。娜娜厌倦了售货员的生活,想要成为一名演员，可命运却让她陷入了出卖肉体的色情深渊。她越是深入了解生命的深刻意义，越是怀疑生活的本来面目。命运辗转，就在她终于遇见她的爱人时，命运又再一次跟她开了个玩笑，当她试图结束这混乱的一切时，她死在了皮条客的枪下。虽然电影的故事可以清楚地阐述，但戈达尔却故意采用了松散的结构，使得叙事主题变得混乱，看似凌乱毫无关联的章节，充满哲理如呓语般的台词，主人公的一切行为难道真的是只是"为拯救灵魂而出卖肉体"吗？

戈达尔自己也承认，《赖活》是他拍摄电影的一次新尝试，他试图用更写实更接近实质的电影来表现世界。因为戈达尔原本认为自己知道《筋疲力尽》说的是什么，但一两年后，他意识到他并不知道。起初戈达尔觉得它是一部写实的电影，但后来又觉得它像是《爱丽丝梦游仙境》，一个完全不真实、超现实的世界。

在《赖活》之中，女性处于一种被消费的地位，实际上女主人公最初受制于生活的窘迫，只能通过身体思考——人是社会的产物，个体行为始终要受制于外部社会，物质社会使得人们之间的关系变得异常冷漠，人与人变得无法沟通，只能诉诸身体消费，在电影中就更为直接，娜娜用身体实现了与他人的沟通，她是那个时代女性悲惨命运的代表，而她遇到的那些客人，则是时代中空虚生命的影射。

女主人公从德莱叶的《圣女贞德受难记》中领悟到了女性悲剧的宿命来源，贞德受难的故事也进一步印证了女主人公的悲剧结局。两个角色都在这种宿命中卑微地寻求着自我解救的方式，也许，身体承受的灾难在死亡的片刻终究宣告结束，精神的出路可以通过这种"仪式"实现救赎。

戈达尔希望这部电影能愉悦大家。他想要让它成为一些矛盾的、并列的事物混合体，而没有必要让它们结合，一部快乐同时而又悲伤的电影，但是似乎难以实现。《赖活》带给人的只有悲伤以及在时代洪流中无法独善的个人命运。

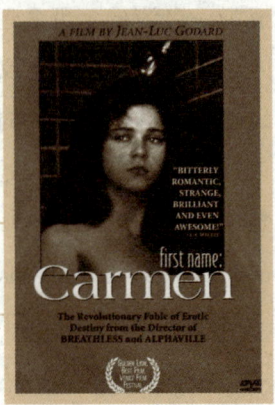

《芳名卡门》
Prénom Carmen，1983

《芳名卡门》的VCD版是作为三级片卖的，还改了名字叫《阁楼宝典》。

这是戈达尔1983年的作品，曾获威尼斯金狮奖和评审团奖。1968年后，当他囫囵吞枣地学习了毛派理论，他对电影已经完全不感兴趣了，提出要政治地拍电影之说。20世纪70年代后期他一直在加拿大讲学，还制作电视片，1983年的《芳名卡门》应该说是他回归大银幕的首作。

卡门找到住在医院的伯父，借口要和朋友拍摄电影，借他海边别墅住。伯父同意了这一要求。在一场抢劫中，卡门结识了警察约瑟夫，两人搏斗中竟互生好感。卡门带约瑟夫来到海边别墅，相处中，卡门越来越冷淡，约瑟夫越来越沉迷，愤怒中他在卡门一次抢劫行动中杀死了她。伯父莫名其妙地卷入了这个案子。而所有事情发生的同时，小提琴手正安静地演奏。

影片充满了对传统电影手法的破坏和创新，与主线几乎平行出现的还有演奏贝多芬《第九弦乐四重奏》的人，以及出现十几次的海浪空镜头。从影片的发展来看，音乐与情节间必然在某一点上有相互交融之处。海浪应该是比较好理解的，这些空镜头除了象征女主角的心理变化外，同时还承担了作者戈达尔对欲望主题的图解。

值得一提的是戈达尔在重归影坛时依然选择了他最喜欢的犯罪片类

型,并亲自饰演卡门的伯父——一个有点疯癫的不时对社会现象进行评论的电影导演!他依然保持着当年旺盛的批判精神,但这与他中期作品淡化情节和多政治评论的不同正反映了他面对当今世界的矛盾心理。《芳名卡门》并不是一部绝妙佳作,但它的创意和意识依然领先于同辈的许多电影导演。

大家公认戈达尔最好的电影是他1968年之前的作品,他的前卫性、颠覆性、预言性都向世人一再证明了他永远是世界电影史上最前卫的。对戈达尔个人而言,《芳名卡门》的意义决不仅仅是得奖那么简单,事实上,从此片开始,标志着戈达尔正式从新浪潮脱身,他的创作进入了一个崭新的阶段——"后新浪潮"时期。

《爱的挽歌》
Éloge de l'amour, 2001

2001年,戈达尔推出了新片《爱的挽歌》。电影的前半部分为一个小时,是黑白的,影片中的主角爱德加要进行一个关于"爱的四个阶段"(邂逅、爱欲、分离、重逢)的创作,但他不知道该用什么形式才好,清唱剧、小说、电影、戏剧?他找了很多演员来试镜,可是总找不着合适的人选去饰演故事中的成年人。后来爱德加找伯蕾来试镜,找她参与他的计划,但她坚决地拒绝了。爱德加最后没有完成他的创作计划,伯蕾自杀了。电影的后半部分时长为半个小时,是彩色的。是在前面故事发生前的两年前。爱德加在巴黎采访一位历史学家,内容是关于二战中的戴高乐。他遇到了一对老年犹太夫妇，他们曾是"自由法国运动"中的抵抗组织成员。一个好莱坞制片商要购买他们传奇故事的电影改编权。他们的孙女叫伯蕾。

本片制作期长达五年，除了其最主要的主题爱情之外，还涉及无家可归、全球化、工人阶层的逐渐缩小等社会问题，从电影中不难发现戈达尔对政治和社会现实问题的一贯关注和敏锐的洞察力。因为影片主题是"爱情"，《爱的挽歌》被誉为是戈达尔的"爱情研究报告"。与一般爱情电影不同的是，戈达尔颠倒了顺序，影片的开头是爱情的结束，而影片的结尾是爱情的开始。从某种意义上来说，《爱的挽歌》就像一首配了画面和音乐的抽象朦胧诗，没有清晰的故事线索，导演并不是用电影来告诉观众爱情是什么，爱情如何发生又如何结束，观众只能自己任意去感觉、去揣测、去意会。而且，在影片中，戈达尔在错落中捕捉爱情：两年前，当伯蕾对着镜头说"没有记忆和普遍性就没有抵抗"的时候，爱德加感受到了爱情的到来；两年后，在黑白影像中，伯蕾是最能够完美阐述爱德加希望表现的爱情的人选，可她却自杀了。现在永远失落在过去里，爱情成了隐喻。

《爱的挽歌》前半部分是黑白的。很多街景拍得极好，很有质感。戈达尔眼中的黑白巴黎非常迷人，恍惚、忧伤、湿润，微微神经质。而影片后半部分的彩色篇章，色彩高度饱和近乎失真，大量自然景物与人的叠化（如慢慢"泅透"的波浪），使得这段回忆犹显珍贵。更为难得的是，虽然戈达尔有意进行DV拍摄的试验，但整个画面又异常稳定，有意排除了DV的晃动传统，可见戈达尔在电影技术上的功力。

戈达尔在《爱的挽歌》中明确地把矛头指向了"电影的政治"，尖锐近乎恶毒地抨击了好莱坞体系。他安排了一个来自"斯皮尔伯格联合会"的美国制片人，他代表斯皮尔伯格前来"购买故事"，连女主角都安排好了——朱丽叶·比诺什，因为她"刚刚得过一尊奥斯卡奖"。戈达尔千方百计地在影片中公然羞辱了这位制片人，对斯皮尔伯格的公然开火更达到尖刻的程度:"辛德勒夫人一分钱都没拿到,她还在阿根廷贫穷地生活。"戈达尔在他的《爱的挽歌》里批评的是好莱坞没有灵感,没有想法,他们有的只有钱,"怪不得他们需要其他民族的传说遗产"。

颇为讽刺的是,尽管片名为爱,但主题还是抵抗。戈达尔一直毫无顾忌地在他的电影中表达、干预和抵抗,尽管不断遭到误解与非议,但抵抗姿态的本身已经成为他的标志。这一次,他似乎终于为他的抵抗找到了理由:爱的缺席。于是他不得不为爱唱一首挽歌。

《我们的音乐》
Notre Musique,2004

2004年,戈达尔携此片参加了戛纳电影节并轰动一时。影片的开篇就标明此片献给埃利阿斯·桑巴(埃利阿斯·桑巴是一位极有影响的巴勒斯坦学者,他曾参加巴以双边协商,并在有关难民问题的多边协商中主持巴勒斯坦委员会)。而本片的拍摄初衷和最终成型除了来自于戈达尔在萨拉热窝的经历,也来自一场他与埃利阿斯·桑巴的对话,在这次公共对话中,两人深度讨论了关于影像、以色列和巴勒斯坦、反视野、想象以及纪录片等众多话题。

《我们的音乐》全片分为"地狱篇""炼狱篇"和"天堂篇"三个部分。在"地狱篇"中,戈达尔用散乱的静态图像表现人类战争和杀戮场面,伴随着挪威当代钢琴大师凯蒂·比约斯坦的演奏,剪辑进一幕幕战争电影场面,一个女声偶尔阐述观点点缀其间。本篇是一本沾满鲜血的历史书,内战、屠杀、种族灭绝充斥字里行间,纪录片式的侵犯性的镜头更是直接复现在大银幕上。"炼狱篇"则讲的是,戈达尔来到内战后的萨拉热窝给学生作关于图像与文本的讲座,在机场偶遇一个埃及籍的以色列年轻人,这个年轻人的父亲是出生于埃及中产阶级家庭的共产主义者,接受天主教教育,关注贫穷,因反抗王权入狱一年半;他的母亲则是犹太复国主义者。年轻人很小就离开以色列,在法国生活,文化上已经完整认同了法国,显然,这个年轻人的身份戈达尔是有意安排的,戈达尔用这种方式表明了他对全球化境遇中文化冲突的隐忧。进入萨拉热窝,戈达尔除了展示许多学术活动,有一位叫奥尔佳的法籍犹太女孩,因自杀性的劫持人质事件被狙击手击毙。最后的"天堂篇"中,被狙击手打死的奥尔佳来到天堂,在天堂里,美景如画,有人安静阅读《没有回程的路》,幸福玩耍的家庭,悠然钓鱼的美国大兵正是这个美丽家园的守护者。而在河畔树下,奥尔佳与另一位男子一同吃着一只苹果(显然是隐喻《圣经》里的伊甸园)。毫无疑问,本篇的主旨是戈达尔对在美国霸权控制下的国际秩序一次彻底的拷问与批判。画面看似美丽温馨,但却是"此时无声胜有声"。其实戈达尔是在提醒人们:在不公正的国际政治秩序下,所谓的"天堂"只能是一条虚幻的、"没有回程的路"。

导演的导演

  看戈达尔的影片，看的不应该是故事和人物。戈达尔的影片的意义在于永无止境的打破和重建，不论是对世界主流电影而言还是对他自己。通常，艺术史上留下印记的是两类作品和艺术家：开创者和风格流派的代表者。但戈达尔例外。戈达尔一辈子都是愤怒的共工，以自己的影片一次又一次地"怒触不周山"，折天柱，绝地维，打破主流电影霸权话语体系，粉碎观众的观影思维惰性……戈达尔像一个天真又固执的孩童，摊了一地的积木，搭建，推倒，再搭建，再推倒……戈达尔以他一生数量众多无一重复的影片向电影界昭示了，无论是盛誉还是抨击，他永不向平庸、停滞、腐朽和商业化低头屈服。戈达尔因之成为一种精神，一种人生状态：心灵永远警觉，警觉自己的追求形成某种风格，落入窠臼，或成为标本。戈达尔的影片，中断旋律，剪碎镜头，揉碎情节，消解对话因果链，人物符号化，加入字幕，加入噪音；幽默、怪诞、夸张、冷峻、疏离、晦涩……所有这些戈达尔的电影元素，成为戈达尔的旗帜和长矛，戈达尔就是一个堂吉诃德，不断刺破和撕开主流电影的沉闷大幕，在痛楚和不快中，主流电影也会吸纳戈达尔们在不断的探索和实验中使用和增添的电影新元素，世界电影便跟在戈达尔们身后缓慢前行。

  戈达尔的贡献可能更多的是对电影人而不是对电影观众。他运用手提摄像机和电影摄影机交替或同时拍摄，力图展现全新的视听世界。他几乎随心所欲的剪接，当这些拍摄的理念与方法被广泛运用之后，戈达尔自然而然地就成为大师了。

  戈达尔的拍摄与众不同。1959年，戈达尔拍他的处女作《筋疲力尽》时，拍摄手法真是石破天惊。他没有剧本，每天早晨写，写完后念给演员听,然后开机。戈达尔说:"我故意多搞即兴创作。在电影界,像这样的拍法,我从来没有见过先例。"这样的方式,真像是骑着骡子走钢丝,非得是那种格外有天赋有胆略的家伙才敢用的,而且还要有足够的资金作支撑。比如说戈达尔,也比如说后来的王家卫。他们都是不要分镜头剧本,甚至连总剧本都不需要。戈达尔把摄影机藏在一辆从邮局借来的手推车里,推过去,拉过来……然后就用这种带有神经质的剪辑方式,把那些搞了一辈子电影的人弄得目瞪口呆。当年的法国电影人皮埃尔·梅尔维尔曾经说:"新浪潮没有特定的风格可言。如果说新浪潮确实有某种风格,那就是戈达尔的风格。"这样的评价,怎么听起来,都不像是一种赞美,而是一种戏谑。

但戈达尔并不在乎类似的评论,他一辈子都想走一条别人没走过的路,而因为费尽心机,实际上他的路走得也很辛苦。他曾经试过政治的反叛、艺术的反叛,超越现实,揭露和批判,甚至热衷于拍摄颓废者、女人、性、卖淫等,但所有的路他在蹚过一遍之后,都发现前面已有先行者。这样的发现使他沮丧,甚至恼羞成怒。在晚年,戈达尔花了很多时间制作了一部《电影史》,一共8卷270分钟。戈达尔把他曾经的电影分解在这些镜头当中,杂花生树别样红。把自己拍电影的历史称为"电影史"是需要相当勇气的。戈达尔说:"我喜欢做联系和比较。人们总是爱从大写的历史当中找故事读,而我不是要证实电影史上有些什么事件,我要寻找和分析这件事和那件事之间的关系,看看我找到的和别人找到的有什么不同。"戈达尔最后说:"我现在已经老了(当时他68岁),人越老想得越深,水面上的事情我已经抓不住了,我在水底继续思考。"

我们印象中的戈达尔不能不令人迷恋:他的气愤和宽容,他的成见,他的炮蹦子,他的令人恼怒的、爆炸性的简单化。他的影片属于从尚无人知的天际陨落的流星,常常照亮我们看不到的东西。

戈达尔希望拍摄一种旨在建树新人和新世界的电影。早期电影中他热衷情于颓废者、女人、性、卖淫等主题，20世纪70年代后政治成了他最主要的主题，此外还有性和技术。戈达尔说："拍一部片子就是去问自己'我们站在哪儿'的问题。"

戈达尔的政治影片力争成为政治的参与者而非旁观者，同时他利用电影表达自己的观点，角色的对白传达的正是他内心深处的思想。所有这些出自于他的"野心"和对电影的狂热感情。对他来说，电影首先是一种道德，他要通过电影去追求真理；其次，电影也是一种形而上学的神圣物；最后电影就是"政治"，电影可使他更自由地生存，因为它为他提供了认识周围世界独一无二的手段。他的"政治"性电影的创作倾向可追溯至苏联爱森斯坦和维尔托夫的传统，但令人遗憾的是，政治电影终又损害了电影作为创意产品的自身属性。戈达尔在20世纪70年代后期又恢复了商业片的制作，同时他制作了相当多的电视节目，并开始对自己和整个电影史进行一些立意鲜明、与众不同的总结评述工作。

让·吕克·戈达尔，这个喜欢戴着黑色墨镜的法国人，被称为"导演的导演"，很多人说他的电影不是拍给观众看的，而是拍给导演看的。但在电影的道路上，戈达尔还是很享受这种独特和孤独的，正如他曾说的那样："这城市发展得太快——太多的灰色，太多的尘埃，太多的有害气体，我几乎无处可去。"

他哪也不需要去，他有自己的一片天地。

异端的嚎叫
——［意］皮埃尔·保罗·帕索里尼

Pier Paolo Pasolini

> 他的一生是一个巨大的激越躁动的矛盾体，而贯穿始终的是他对真正信仰的找寻，他不断重构，又不断推翻，他像极了陀思妥耶夫斯基笔下伊万式的人物，只不过，他比伊万更有行动力，更勇敢，更无畏，更敢于否定自己，对信仰更有焚心蚀骨的饥渴。

皮埃尔·帕索里尼：我是一个极其渴望信仰的异教徒

电影史上，大概没有一个人像帕索里尼这样容易被误读了，无论他的作品，还是他的个人生涯，在无数媒体的渲染和误读下，帕索里尼简直成了魔鬼般的符号，特别是在中国式的道德文化占主流的语境和思维范式下，把帕索里尼冠以"魔鬼""怪胎""病态"是再容易不过了。

他的一生堪称不可思议的疯狂、执着、酷烈、勇敢、无畏，他是自己观念和理念的最纯粹最勇敢的斗士，他简直是"虽千万人吾往矣"的最佳注释，这位饱受争议的天才一生树敌无数，光是和其文学电影作品有关的官司就打了33场之多。他的作品多次遭到抗议、批判和禁映，遗作《索多玛的120天》更是惊世骇俗，位列十大禁片之首，并且最后以最惨烈的被人打死的方式结束了他的一生。

他是纯粹的斗士，不与任何人为伍，却对创造新世界永远热忱：他14岁就放弃了天主教信仰，并一生与教会公开对抗；以无产阶级自居的他在20世纪60年代末的学生运动中却站到了警方一边，反对学生革命；他批评电视开创了一个享乐主义的时代，但是他在影片《定理》和《天方夜谭》中公开蓄意地表现色情；他的影片《软奶酪》因渎神给他带来了四个月的监禁；而两年之后，他又以《马太福音》一片获天主教电影大奖。

由《十日谈》《坎特伯雷故事集》和《天方夜谭》组成的

"生命三部曲"重返情欲奔放、生命力张扬的前工业社会，活色生香的性爱描写，嬉皮笑脸的幽默风格与通俗易懂的故事令影片创造了帕索里尼始料未及的高票房，帕索里尼却用自己作家兼导演双重身份的角度给观众讲述了他心中的欧洲中世纪与文艺复兴时期的景象。他说："我给观众表现的是整个世界，封建的世界，在这个世界里，欲望极其深刻而狂热地起着支配一切的作用。我要推出这个世界并且说：你们可以比较一下，我要向你们表明，我要向你们诉说，我要向你们提醒。"他如此真诚地向观众表明自己的用意，在片中，他用毫不遮掩的裸露和做爱场面以及肆意的哭笑来宣扬对人性的肯定，反对现代世界对人性的各种压迫。

在惊世骇俗的《索多玛的120天》中，帕索里尼一反前几部片子时间上的立足点，开始描写现代社会权力阶层的丑陋堕落。影片问世至今一直都顶着"世界十大禁片之首"的帽子，以至问世后多年都被当作污秽和禁忌的代名词，但这是一部真正俯视深渊、勇敢直面现代世界及人性之恶的杰作，那些法利赛式的人会认为这是魔鬼之作，而真正认真思考过的人会得到某种净化。

他的一生是一个巨大的激越躁动的矛盾体，而贯穿始终的是他对真正信仰的找寻，"我信仰马克思，我信仰性，我信仰自由，信仰革命，信仰美学，信仰极端的暴力与虐待，信仰一切我认为应该信仰的事物……"他不断重构，又不断推翻，他像极了陀思妥耶夫斯基笔下伊万式的人物，只不过，他比伊万更有行动力，更勇敢，更无畏，更敢于否定自己，对信仰更有焚心蚀骨的饥渴。

1975年11月2日，万圣节和万灵节之间的那个夜晚，一具无名男尸在意大利罗马近郊的奥斯梯亚镇内一条肮脏、恶臭的阴沟里被人发现，尸体被人击打得血肉模糊且惨遭肢解，显然，死者生前遭受到了极大的痛苦。从受伤情况来看，凶手使用的应当是棍棒一类的钝器。闻讯赶来的警方迅速封锁了现场，经过详细的调查和现场勘验，他们很快验明了死者的身份——他就是意大利作家、"后新现实主义"的电影导演皮埃尔·保罗·帕索里尼。

经过警方的周密调查，罪犯被锁定为一名17岁的罗马男妓，但帕索里尼是如何与这个男妓搭上关系，又如何惹上杀身之祸，却永远不得而知了。因为那个男妓在行凶时刚吸完毒，还喝了许多酒，神志严重不清。对于整件事情的发生他已毫无印象。帕索里尼的死留下了诸多疑点，迄今仍是神秘的谜团。有人猜测这是有计划的政治暗杀，毕竟帕索里尼是一位斗士；有人则哀叹这是一场艺术的殉难、文化的仪式。帕索里尼生前曾说，他希望自己的尸体上"混合着白色的精液与殷红的鲜血"，没想到一语成谶。这个伟大的导演，就以这样一种苍凉、悲怆的方式离开了这个世界，那混合着黝黑污水的血红，就是他留给我们的最后印记。此时，距离帕索里尼的影片《索多玛的120天》拍摄结束仅数周的时间，而他的新片《丑恶者，肮脏者，凶残者》也正在紧张的筹备中，而所有的这一切——包括帕索里尼53岁的生命——都在那个男妓的乱棒下戛然而止。那部渗透着彻骨绝望的冰冷影片，似乎是他给世界留下的黑色遗嘱，这巧合中传递的死亡信息令人毛骨悚然。

这位毁誉参半的大师的猝然暴毙震动了欧洲文艺界：教士们在他尸骨未寒时便开始驱除他的"邪恶魂灵"，而他的朋友、学生和崇拜者们（其中包括萨特、贝托鲁奇和罗兰·巴特）则为他举行了隆重的葬礼，尊奉他为"圣-皮埃尔·保罗"。

批评家们对帕索里尼的死的评论是"死亡模仿艺术"。这位著名的异端人物一生桀骜不驯，他以其残酷、暴烈、令人吃惊和害怕的电影、文学作品，以其明目张胆的"针锋相对"和"犯上作乱"的一贯做法以及自身传奇般的故事，来颠覆资产阶级的主流社会意识形态和官方说法。就连他的被杀，也极具象征意味，就好似他艺术作品不可分割的一部分，浑然天成的情节，就像是注定的结局。

左派的没落贵族

帕索里尼1922年3月5日生于意大利波伦亚。这是威尼斯东北方的一个偏僻小镇。他的父亲出身城市贵族，同时是一位法西斯主义者，其母亲则是一位来自意大利乡村的性格温柔的学校教师。父母巨大的性格差异和悬殊身份使得他们在婚后争吵不断，即使是帕索里尼的出生也没能弥合父母间的分歧，而随着墨索里尼的上台，帕索里尼家庭中的裂痕也越来越大——父亲加入了法西斯军队，母亲却是坚定的反纳粹主义者，于是，帕索里尼的童年就只能在持续不断的家庭暴力中度过。在帕索里尼的印象中，父亲法西斯般的暴力和母亲宽厚容忍的温柔形成了鲜明的对比，对丈夫的失望让母亲把更多的爱投射到了小帕索里尼身上，这使得年幼的帕索里尼得到了更多的爱与安慰。但是，家庭的不幸对帕索里尼的伤害还是实实在在的，以致多年以后，当帕索里尼在回顾自己的往事时，还认为父母之间的大吵大闹让他"恐惧不已，甚至有了一死了之的冲动"。

在波伦亚没有生活多久，帕索里尼全家就搬到了富里欧，在这里，帕索里尼完成了自己的中小学学业，19岁时，他考上了波隆那大学，但随即而来的战争却中断了帕索里尼的学业，他被应征入伍。好在意大利很快投降，帕索里尼毫发无损地又回到了家乡，并开始进入一所中学教书。就是从这个时期开始，帕索里尼无与伦比的艺术天赋开始显现，他开始用富里欧方言写诗，在当时，以方言写诗还没有得到广泛的承认，称得上是一项创举。很快，一本名为《卡沙萨之诗》的诗集被帕索里尼创作出来，并得到众多文学界巨擘的赞赏。

在文学界声名鹊起的帕索里尼越来越厌恶他的法西斯父亲，虽然他遗传了父亲优雅的贵族气质和良好的艺术品位，但他在阶级立场和政治倾向上都跟母亲更为接近。战后意大利民生凋敝的社会现实也让帕索里尼更加带有批判性地来看待这个世界，他开始阅读马克思、列宁以及意大利共产党领袖葛兰西的著作。由此，帕索里尼的世界观发生了巨大的转变，1947年，帕索里尼加入了意大利共产党，此时的他，已经从政治和个人情感两个方面都与父亲一刀两断了。

尽管如此，帕索里尼那放荡不羁的生活方式和极富攻击性的思想言论也已经让许多人开始感到不快：1949年他被控"道德败坏"，被革除教职，而两年以后，意大利共产党也开除了帕索里尼的党籍，这一次，惹祸的是他的同性恋身份。不过对待这两次开除，帕索里尼的态度是截然不同的：对教会，帕索里尼早就是深恶痛绝了，虽然他一生都声称"景仰神圣的主"，但实际上早在14岁那年帕索里尼就已经放弃了天主教信仰，而且他一直都在自己的作品中对天主教教会进行辛辣的讽刺和无情的批判（这一点在下面还将详细介绍）；而被意大利共产党开除后，帕索里尼还是始终以左派自居，他一生视意共领袖葛兰西为精神导师，并且还创作了献给这位导师的诗集《葛兰西之烬》，此外，帕索里尼在各种公共场合都尽量响应意共的政治主张——除了学生运动和堕胎。

1950年，帕索里尼与母亲一起来到罗马定居，从此，他终于跻身于意大利的文化中心，并开始了创作的黄金期。帕索里尼刚到罗马时，任教于一家地处市郊贫民窟的学校。这是一个几乎被社会遗忘了的角落，在这里，帕索里尼整日接触的都是骗子、窃贼、强盗、妓女和男妓，他看到了各种被污辱与被损害的悲剧发生，还有肮脏、下流、背叛……这些边缘人的生活状态。日久天长，这些人也成为帕索里尼作品中的描绘对象。虽然他记录和表现这些社会边缘人物的文学和电影作品遭到了许多正统的道学先生们的猛烈抨击，但帕索里尼并未退缩，他甚至声称："真正的残酷来自事物本身，是生活的本质使人恐惧。"事实上，在贫民窟的这段生活几乎成了贯穿帕索里尼创作生涯始终的灵感源泉，他作品中那种惊世骇俗、狂放不羁而又彻底批判、毫不妥协的独特气质，在某种程度上正是植根于此。

在此期间，帕索里尼先后写了《生活的年轻人》《激动的生活》等反映罗马贫民生活的小说，是当时为人瞩目的新进小说作家。罗马是意大利电影业的中心，在文学界声誉日隆的帕索里尼很快就受到了电影界的关注，而且由于他的小说比较注重视觉，特别受电影人的喜爱，很多导演纷纷邀请他撰写剧本。他开始以编剧的身份涉足电影业。

帕索里尼首先是为马里奥·索尔达蒂的电影《河女》担任编剧，才华横溢的帕索里尼很快在电影中也显示出他的才华，不久之后，他又应邀为大导演费里尼的影片《卡比里亚之夜》担任了编剧，这是一次十分成功的合作，也让帕索里尼受益匪浅，从此，帕索里尼开始把工作的重心从文学转移到电影上来。接下来，费里尼再次邀请他参与《甜蜜的生活》的编剧工作，这部作品取得了更大的成功，几乎让帕索里尼在罗马编剧界的地位如日中天，值得一提的是，当时还是位懵懂少年的贝托鲁奇就对帕索里尼极为尊敬，并请这位亦师亦友的前辈为他写了处女作《死神》的剧本。

20世纪50年代末，他出版了使他位居最伟大的当代文学家行列的两部作品：诗集《葛兰西之烬》和小说《暴力人生》，后者因描写妓女与皮条客的生活而被指为"猥亵堕落"。

即便帕索里尼已经在文学领域取得了非凡成就，但在电影界的发展越来越让帕索里尼感受到文字的局限，他开始逐步走上影像的前台，着手筹备自己的电影。1961年，帕索里尼执导了自己的处女作《阿卡托尼》（又名《乞丐》）。这部电影讲述了一个流氓无产者的悲剧故事——显然，这些灵感就来自于帕索里尼在罗马贫民窟的那段生活，呈现了被侮辱与被践踏的人们阴暗的世界。电影受到新现实主义的影响，但穿插了宗教般的狂热、梦幻与死亡。同类作品能与之相提并论的只有布努埃尔《被遗忘的人们》。他的处女作震惊了意大利文化界。人们没有想到，这个众所周知的"满嘴意大利俚语的诗人""色情狂"居然开始拍电影了。作为一部处女作，《乞丐》出色地完成了它的使命：给创作者帕索里尼带来了无数的鲜花和掌声，也让帕索里尼轻而易举地筹措到了下一部电影的拍摄资金。

第二年，帕索里尼就推出了第二部电影《罗马妈妈》。《罗马妈妈》延续了他的新现实主义风格和对底层的关注。纪实性的镜头和低俗的意大利民间语言是他一如既往的风格，通过人物所处的低劣环境表达一种"残酷的真实"，可以说他是新现实主义的继承者。但是他与德西卡不同，帕索里尼对一些畸形丑恶的东西倾注了大量的感情，几乎所有的作品都笼罩在肮脏龌龊的布景之下，人物的形象、行为匪夷所思，也经常被人理解为"不道德"。这部电影的视角实际上还是在罗马的贫民窟里，只是这一次的主人公是一位贫困的暗娼，她含辛茹苦地靠卖淫来养活自己的儿子，过着悲惨无望的生活。在他的影片中，充斥着强烈的宿命感和悲剧性。影片再度获得成功，荣获1962年威尼斯电影节俱乐部联盟奖。但以意大利共产党为代表的左翼政党却对这两部电影大加抨击，他们认为帕索里尼抹杀了阶级斗争，从而使影片带有浓厚的布尔乔亚气息而非无产阶级色彩，帕索里尼对这种批评显得相当无奈，他不得不承认自己"更重视意识，而不是现实"的描写，对帕索里尼来说，形式的探索比影片的社会意义更加重要。

1963年，创作欲旺盛的帕索里尼推出了他的短片《软奶酪》，这部作品意味着帕索里尼的电影语言走向成熟，也是举世公认的杰作，帕索里尼甚至请来了美国著名导演奥逊·威尔斯来出演主角。但电影在艺术上的成功却很快湮没在政治性的批评声浪里，由于将基督教和

"次无产阶级"相隐喻，意大利的许多政党和宗教界人士都十分愤怒，影片在意大利国内只公映了一次就被永远禁映，它甚至给帕索里尼带来了一次牢狱之灾——帕索里尼被指控"渎神"而被监禁4个月。不过帕索里尼并未理会这些，他在出狱后开始投入到更加大胆的电影创作中——事实上，在整个创作生涯里，帕索里尼一共受到过多达33次的指控，大多都是"亵渎神灵、道德败坏、伤风败俗"之类的缘由。而帕索里尼却说："以保护他人道德为名禁止色情，是为禁止其他更具危险性的事物找借口。"

帕索里尼在电影艺术的道路上高歌猛进，随后又拍摄了《愤怒》《爱情百科》和《马太福音》三部影片，其中《马太福音》还颇为滑稽地为帕索里尼赢得了一枚来自梵蒂冈的奖章，但与此同时，这部以"无产阶级革命"的方式重构的《马太福音》也使得众多左翼人士把更加猛烈的怒火倾泻到帕索里尼头上。1966年，帕索里尼拍摄了《大鸟与小鸟》（又名《鹰与麻雀》）一片，这部寓言式的作品表达了帕索里尼对自身的反省和思考。在接下来的《俄狄浦斯王》和《美狄亚》中，帕索里尼则开始借用神话故事来表达自己的观点，这与后来的《定理》和《猪圈》截然不同。从1970年到1974年，帕索里尼完成了自己的"生命三部曲"——《十日谈》《坎特伯雷故事集》和《天方夜谭》的拍摄，三部电影把帕索里尼的艺术水准提升到了一个前所未有的高度，但也引起了极大的争议。不过帕索里尼对来自外界的纷纷扰扰充耳不闻，很快便开始投身到那部惊世骇俗的绝笔之作——《索多玛的120天》的拍摄之中去了。《索多玛的120天》揭露现代消费社会残忍的虐待狂般的暴殄天物的力量，把"施虐狂／受虐狂"的称号送给所有的观众，引起轩然大波。而《索多玛的120天》拍摄完成没多久，帕索里尼即被害身亡，这部影片成了这位诗人最后的绝唱。

作为一位身体力行的革命家，帕索里尼的目光总是凝聚在生活在资产阶级世界之外的苦难者身上。他出身典型的小资产阶级，但是他深入骨髓地自我憎恨：“我同莫拉维亚和贝托鲁奇一样，是个小资产阶级分子，也就是说，是个狗屎蛋。"他热爱一无所有的流氓无产阶级，他经常在影片中扮演、重现《圣经》中耶稣受难的场面，而被他视为现世基督的人物往往是窃贼、抢劫犯之流。他以其特有的风格来"污染"神圣。但是他认为：真正被污染的是罗马郊区的平民百姓和广大的被剥削阶级，正是包括自己在内的庸俗油滑的资产阶级用虚伪透顶的教义来"污染"纯真率直的无产阶级群众。

宗教与情色的双重矛盾

帕索里尼称得上是一个混乱躁动的巨大的矛盾综合体，他在生活上的许多行为，都是截然相反的。

他的父亲是一名法西斯军官，母亲是一位反纳粹的乡村教师；他是战后艺术界最著名的马克思主义者，但意大利共产党在1949年以同性恋为由将他开除；他景仰"神圣的主"，但他14岁就放弃了天主教信仰并一生与天主教教会公开对抗；以无产阶级左派自居的他在20世纪60年代末的学生运动中站到了警方一边，反对学生革命；他批评电视开创了一个享乐主义的时代，但是他在影片《定理》和《天方夜谭》中公开蓄意地表现色情；他的影片《软奶酪》因渎神而给他带来了4个月的监禁，而两年之后，他又以《马太福音》一片获天主教电影大奖；这位被称为"文质彬彬、具有深厚美学修养"、反对野蛮暴力的诗人、小说家却拍摄了根据色情作家、臭名昭著的萨德侯爵的小说改编的影片《索多玛的120天》，在银幕上展现了肮脏、血腥、不堪入目的场面（这部帕索里尼绝笔之作在所有国家均被禁映）；直到生命完结的前一天，他还在为同性恋者的平等地位而疾呼，而他却固执地视堕胎为法西斯主义行为……

这一系列完全对立的思想，却融合在一个人的身上，也许，连帕索里尼自己都无法明白，自己内心的真实想法是什么。

倘若单纯地从电影的角度考虑和出发，作为一个导演，帕索里尼内心最大的矛盾冲突就表现在他的两个"三部曲"之上。这就是大名鼎鼎的"神话三部曲"和"生命三部曲"（又被称为"性三部曲"。）

帕索里尼永远是矛盾和争议之源。没有人能真正清楚他的宗教观点到底是什么。以无产阶级自居的帕索里尼早早就宣布放弃了天主教的信仰并公然与教会作对，但他却又多次表现出对神圣与主的信仰；1963年，帕索里尼又拍摄了隐喻讽刺基督教的《软奶酪》，此部短片使他以"渎神"罪而被捕，并被关押了4个月。走出监狱后，他在1964年改编拍摄了《马太福音》，将《圣经》故事以"次无产阶级革命"的方式搬上银幕，并以近乎纪录片的方式运用镜头，在他看来，马太是基督众使徒中最入世、最具革命倾向的一位。但几乎遭到了当时所有"进步的"左翼分子的强烈抗议。

帕索里尼从《马太福音》开始，以自己独特的视点和切入点解构了人们熟悉的神话故事，他开始偏离"新现实主义"传统，转而在神话世界构筑他庞大而新颖的史诗宗教的认识体系。他改编拍摄了神话故事《俄狄浦斯王》和《美狄亚》。在前一片中，他改动了那些人所共知的情节，重新塑造了主人公借以表达他个人的观点：俄狄浦斯不再是一个遭到命运诅咒的悲剧人物，而是一个拒绝理性地自我反思而走向毁灭的暴徒。他最终瞎眼、流浪，罪有应得（这正是盲目愚蠢的现代人的写照）。在《美狄亚》中，美狄亚象征无产阶级的复仇就具有了新的含义：他们借助巫术神话的力量战胜理性与秩序，获得解放和自由。这两部影片进一步展示了帕索里尼对边缘文化和前工业文明的依恋，他认为资本主义建立的世界丧失了神话感性，使人们丧失了对神话身份的认同感，也丧失了与自然和谐相处的能力和耐心。

《马太福音》《俄狄浦斯王》和《美狄亚》构成了帕索里尼的"神

话三部曲",从这些电影来看,帕索里尼似乎又是尊重神明的。

按照一般人的想法,拍摄了"神话三部曲"的帕索里尼应该遵从教义里"禁欲"的守则,不再涉及情欲作品。但帕索里尼偏偏就要离经叛道。他随后就拍摄了也被称为"性三部曲"的"生命三部曲",影片以通俗的嘲讽和展示自由性爱观念来打破中产阶级的性禁忌,完成他对生命和性的思考,以及对中产阶级审美趣味的嘲弄。

相对于"神话三部曲"来说,"生命三部曲"——《十日谈》《坎特伯雷故事集》《天方夜谭》则更近于一种"狂欢",一种大众神话。这些影片以精妙绝伦的奇观景象、轻松幽默及几近下流的色情笑话和精心编排的异国情趣获得了惊人的票房。这三部影片标志着帕索里尼中止了他对古老神话的现代寓意的探究,脱离了对神性的追索,转而与民同乐。他深信"生命三部曲"在性爱上的自由和坦然,正是对现代资本主义强加在人民身上的物化和异化统治的"政治抗争"手段。"身体始终具有革命性,因为它代表了不能被编码的本质。"归根到底,身体生命是不能被禁锢的。

在1975年,帕索里尼完成了自己最惊世骇俗的最后一部电影《索多玛的120天》,将法国18世纪最臭名昭著的作家萨德侯爵的作品搬上银幕。萨德侯爵在法国以至世界文学史上一向难登大雅之堂,他的作品以大肆描绘性风俗尤其是虐待狂而著称。现代学术界在研究虐待狂这一现象时,甚至直接采用萨德的姓氏命名。该作者最著名、最遭非议的就是这部《索多玛的120天》。帕索里尼却将之更进一步,让自己和影片被推至风口浪尖。他将时代背景定在法西斯统治时期,并使原作中狂乱的文字化为影像,实在是惊人之举。有人称这部影片是"一部不可不看,却不可再看"的影片。

帕索里尼的信仰是混乱的,早期的《罗马妈妈》,是典型的新现实主义作品,带有强烈的左派印记。之后的《软奶酪》,帕索里尼开始表现出他的肆无忌惮和对宗教的轻视,他将耶稣说成是因为吃奶酪而噎死的，结果给自己带来了4个月的牢狱之灾。再后面的《定理》《猪圈》，帕索里尼转而在表达上更倾向于象征主义，他用古怪做作的马克思主义和"食人"的政治寓言，从而彻底和新现实主义分道扬镳。帕索里尼始终在他的生命激情、性意识形态和政治两极之间摇摆撕裂，一边是美学、异教、隐逸，一边是现实、大众和革命；一边是弗洛伊德，一边是马克思。他不断地否定自身，超越自身，抛弃自身，直至死亡。

异教徒与同性恋

帕索里尼堪称世界电影史上著名的异端人物。他一生桀骜不驯，以残酷、暴烈、惊怖的作品，以及传奇般的生活故事，来颠覆和对抗社会主流思想。其思想和意识充满了矛盾和极端性，浑身散发着挥之不去的自我憎恨，堪称西方文艺界的"怪胎"，是国际电影界最具争议的人物。

诗人？政论家？抑或小说家？或者导演？任何一种身份都不能代表他，人们是这样评价他的："小说的树根，哲学的灯塔，诗歌的墓碑，光影的基督徒。"他的导演才华可以与安东尼·奥尼媲美，是足以跻身世界电影大师的行列，是的，他的导演身份最被人认可。

可以说，帕索里尼就是个不同寻常的异教徒，他总在寻找着与众不同的生活方式，他要叛逆生活。混乱而战争纷起的时代，怎能再安静作诗？昔日的诗人纷纷缴械投降。或投笔从戎了，走上法西斯的邪恶之路；或彻底绝望，悬梁卧轨，结束生命的征途。与别人不同，帕索里尼选择操起导筒编制崭新的电影之梦。他没有学院派的理论和专业素养，他只有对电影的满腔热爱，他为电影争论为电影冒险甚至牺牲生命。他没有演员的"艺术素养"，却懂得何为最出色的演出。他拒绝一切或明或暗的调色灯，他的电影只有自然光，现实得一尘不染。他是畸恋之神，是暴力的学究，世人视其为异类，他却独来独往我行我素；他固执地沉浸在隐晦艰涩的光影世界，沉浸在异度空间。他无视票房，无视名利，只是纯粹的热爱和付出。诗歌、戏剧、传统、现实、情色与神话同时出现在这个天才导演的作品中。不管是帕索里尼的朋友，还是他的敌人，都无法在他的时代了解他，他超越时代太多。他就是这么一个天才。

"如果你认为我是位异教徒，那么你比我更了解我自己，我或许是位异教徒，但是，我是一个极其渴望信仰的异教徒。"这是帕索里尼对于自己的评价，他渴望信仰，而在"信仰是什么"这个终极问题上，他却始终没有找到正确的答案，不过，他追寻的轨迹全部留在他的电影里了。不遗余力地抨击中产阶级，是帕索里尼所有作品的共同特点，而在他成名之后，中产阶级又是他的作品的主要消费群体，这个矛盾几乎是帕索里尼最痛苦的根本矛盾。这样难以着力还击的吞噬令帕索里尼更加屈辱。

帕索里尼是世界情色电影大师。他的情色从来无法让人兴奋，唯有深深的隐痛和干涩的绝望。这大概源于他自己是一个同性恋者。帕索里尼从不掩饰自己的同性恋身份，他甚至乐于在电影中袒露自己的这种身份。当有人问起帕索里尼的信仰，他说："你见过有共产党员是同性恋吗？"而他的"生命三部曲"，帕索里尼就更是彻底抛弃了全部政治倾向和神学信仰，回归了最纯粹的生命本体，使得这三部电影充满文艺复兴时期喜欢的纵欲风气，完全继承了意大利风俗喜剧的传统，展现了市井小民智慧。或许就如帕索里尼所说，他工作的动力是对于生命的爱。

但是，不管是马克思主义、神学，还是最赤裸的生命体验，都不能让帕索里尼最终找到信仰的方向，最后的《索多玛的120天》让我们看到绝望的帕索里尼最终归于无政府主义和将身体物化的政治化寓言。而这部由臭名昭著的萨德侯爵的小说改编的作品，也可视为他自身毁灭仪式的先声。只不过在萨德原著中，他怀着欣喜之情展现堕落，而帕索里尼将矛头转而对准权力，显然要绝望得多。这部套用了但丁《神曲》的四段式形式、充满了虐待狂冷静狂想的电影，却因为包括太多诸如色情、虐待、吃屎等等细节以及最后那一场惊心动魄的大屠杀，在其后很多年被人提起来都作为污秽和禁忌的代名词，直至今日，仍是"世界十大禁片之首"。

但这部电影讲的究竟是什么？浅显的法西斯主义的批判？用施虐/受虐解构权力？帕索里尼早年在萨罗共和国生活的经历？或者是关于死亡的预感？帕索里尼的死成为他奥德赛一般追寻的终点，而他宣称要拍摄的以《索多玛的120天》为首部曲的"死亡三部曲"，我们再也无缘见到。帕索里尼这个意大利电影界最百无禁忌、最具有政治性的导演最终死在了一个男妓的手上，这个结局充满了宿命般的悲剧。

里程碑式的电影

《阿卡托尼》（又名《乞丐》）
Accattone，1961

　　《阿卡托尼》是帕索里尼的处女作，这部影片的成功，使他正式迈入了电影导演的行列。阿卡托尼是一名皮条客，依靠妓女玛德莲娜混日子，但玛德莲娜遭遇意外事件而锒铛入狱，阿卡托尼顿失依靠，只能依赖另外一些同样贫穷的朋友接济度日。一日，阿卡托尼偶遇一名女孩斯特拉，竟然生平第一次堕入情网，无可救药地爱上了她。但斯特拉与阿卡托尼的差别实在是太大了：斯特拉天真、纯洁、善良，阿卡托尼则游手好闲、劣迹斑斑，为了贪图享受，阿卡托尼竟然逼迫斯特拉也去卖淫，这遭到了斯特拉的断然拒绝。斯特拉离开阿卡托尼后不久，她得知阿卡托尼和同伙在一次偷窃过程中遭到了警察的围捕，惊慌之余阿卡托尼慌不择路，不幸撞车身亡。

　　《阿卡托尼》拍摄之时，意大利新现实主义电影运动正进行得如火如荼，大批导演都把关注的目光对准了中下层人民，帕索里尼的这部作品也迎合了这股潮流。但他从不把自己定义为一个新现实主义导演，与其他同时代的作品相比，《阿卡托尼》的先锋、实验气质显然更浓。虽然帕索里尼也使用了非职业演员，但他并不是只简单地记录真实的生活场景而已,而是大胆地糅合了许多象征、隐喻的因素,比如阿卡托尼沉浸在幻觉中的那一段,就颇有宗教赎罪的意味。而帕索里尼对剧情结构的断然决裂,则体现了他身上的诗人气质,但同时也成为许多自诩的"左派"攻击他的口实。

《马太福音》
vangelo secondo Matteo,1964

圣母马利亚未婚先孕,上帝的使者对她的未婚夫约瑟显灵,告诉他玛利亚是贞洁的,从圣灵而孕,约瑟便接纳了马利亚。马利亚婚后不久产下一子,取名耶稣。耶稣出生时,便有三博士来拜,希律王心存嫉恨,下令屠杀男孩。经由上帝使者的指引,约瑟带全家逃往埃及避难。后耶稣长大成人,接受洗礼,并在各地传教,显现了许多神迹,也吸引了众多的信众,但也引起了官府的不快。后来由于叛徒犹大的出卖,耶稣被逮捕,被钉在十字架上处死并示众,而犹大也因后悔而上吊自杀。随着安息日将尽,忽然大地震动,有上帝的使者从天而降,告知众人耶稣复活了。

从电影的情节来看,本片是对《圣经·新约·马太福音》的再现,基本上忠实于原著,但是在意大利却引起震惊——因为民众多半未曾读过《圣经》,他们对耶稣的理解多半来自神职人员。这部"忠于原著"的影片让民众看到了一个全新又原始的耶稣。影片对《圣经》的忠实,也博得了梵蒂冈的欢心,帕索里尼还因此得到了天主教会的奖章。但帕索里尼并不是机械地复现原著,而是在其中融入了相当多的时代色彩和个人风格。譬如在片头,帕索里尼就打出一行字幕:"献给亲爱的快乐的教皇约翰十三世",这就奠定了全片轻松的现实氛围。

帕索里尼,这个曾因渎神而被判入狱的马克思主义无神论者,此片却获得不同立场人士的一致赞誉。他把耶稣"还原"为在贫瘠的大地上,一个和平民百姓站在一起的革命家。片中大量非职业演员的真实面孔,包括从头到尾无言的约瑟和马利亚(他母亲还出演了年老的圣母马利亚一角),质朴得令人动容。耶稣大段大段的宣讲,配合演员狂烈而疏离的眼神,极具说服力。帕索里尼并没有用写实的手法去掉耶稣的神圣及神秘性,而是着重在与种种神迹并存的、耶稣身处俗世的感性面,使之成为一部拯救赤贫阶级的理想化诗篇。

"马太福音过于粗鲁,约翰福音过于神秘,路加福音则过于感伤、过于布尔乔亚。"在帕索里尼眼中,马太福音是唯一拥有"民众史诗"特质的福音书,他的影片也成功地传达出这种特质。和后来把耶稣世俗化的《基督的最后诱惑》等电影相比,本片影像纯净,风格更贴近民族纪录片,可以看出帕索里尼独特的诗人本质。同时,帕索里尼在此片中开始刻意追求一种间离效果,他大量使用特写镜头,但又经常打断这些特写镜头,从而避免观众的沉迷。

《马太福音》被公认为是帕索里尼最成功、最富诗意、最具有符号学特征的电影作品。它让被宗教和政治派系摒弃的帕索里尼重新赢得了宠爱。

"生命三部曲"
——《十日谈》《坎特伯雷故事集》《天方夜谭》

1970年到1973年，帕索里尼以相对通俗化的手法连续改编拍摄了《十日谈》《坎特伯雷故事集》和《天方夜谭》三部根据薄伽丘、乔叟以阿拉伯神话的原作改编的电影，合称"生命三部曲"。这三部电影在西方国家相当卖座，说明帕索里尼对于这些古典神话著作通俗化的尝试是很成功的。

这些影片正是帕索里尼从新现实主义脱身出来的实验之作，他一改往常对电影艺术性的追求，转而更注重对日常生活真实性的追求。他希望在他的电影里建立起一种新的更接近普通人生活的风格。首先，帕索里尼通过逼真的场景设置、高度还原的服装、精细的装置和具有时代特征的角色类型高度再现了中世纪和文艺复兴早期的生活景象。与此同时，这些影片并不避讳性爱场面，几乎是以赤裸裸的方式直接呈现。

帕索里尼在做导演之前，是一位作家，写过诗，出版过文学作品，他对电影题材的挑选比较偏爱文学巨著，"生命三部曲"的原著都属于世界级的文学巨著。小说《十日谈》被誉为与但丁的《神曲》并驾齐驱的"人曲"，《天方夜谭》是世界民间文学史上的一座丰碑，《坎特伯雷故事集》是"英国诗歌之父"乔叟的现实主义诗作，它深受意大利文艺复兴文学的影响，好多故事都和《十日谈》的某些故事极其相似。

这三部作品在年代和风格都有共同的特点，那就是与城市的真实气氛很协调，充满了俗世的热闹气氛，都宣传了人文主义思想，尊重人的自然属性和生命，这与帕索里尼想要借电影来探索人的最淳朴的根源的想法不谋而合，所以他把这三部影片称为"生命三部曲"。帕索里尼说："我向观众表现的是整个世界，封建的世界，在这个世界里，情欲极其狂热地支配着一切——我要推出这个世界并且说：你们可以比较一下，我要向你们表明，我要向你们诉说，我要向你们提醒。"

帕索里尼在"生命三部曲"中对中世纪世俗风情的出色描绘，不仅真实再现了中世纪人类历史风貌，还是一种态度，是对纯朴民风的回归和内心由衷的赞美。但在俗世的歌颂和赞美之下，不要忘了帕索里尼自身复杂而矛盾的身份，作为一位极富争议的政治评论家、社会革命者和电影导演，他在这三部电影中潜藏的愤怒和无奈，对教会的讽刺，对自然性爱的肯定，这才是帕索里尼脱离新现实主义电影流派的真正尝试。

《十日谈》
Decameron，1971

《十日谈》是以10个青年10天讲了100个故事呈现的，帕索里尼从众多故事中精心挑选了8个故事：一个快乐又有点傻气的年轻人两次被骗，但最终发了财；一个年轻人冒充聋哑人混进修道院，乱了修女们的芳心；一名家庭主妇骗丈夫打扫房间，却继续偷情；一个恶棍临终对神父忏悔撒谎，结果被当成圣人下葬；三兄弟谋杀妹妹的男友；一对青年男女在屋顶偷情，被女方父母发现后加以成全；一个教士谎称能把女人变成母牛，结果当着丈夫的面奸污他的妻子。故事之间穿插着帕索里尼扮演的乔托和弟子们画壁画的场景，壁画完成后他说道："如果对艺术品的梦想要比创作更美好，那为什么要去创造它呢？"

《十日谈》是"生命三部曲"的第一部，帕索里尼有意在影片的拍摄方式、表现手段和主体理念等方面对意大利主流电影进行颠覆，制作出这部极富挑战意味的"世俗风情影片"。因为这也是他的第一次尝试，算是导演此类题材的"试金石"，帕索里尼似乎还没找到合理建构这类电影的方式，对宗教也基本是以讽刺和调侃为主，毫无铺垫就会出现淫乱和暴力。为了表现得更自然，帕索里尼在片中没有使用职业演员，非专业演员的自然演绎再加上他刻意让人物直视镜头的拍摄手法，将角色的"表演"不加掩饰地再现于银幕，而影片所选取的那些故事，全都质朴得几近恶俗，像是流传于街头巷尾的邻里八卦，以精巧的艺术手法来拍摄这样"不规范不专业"的影片，这也是帕索里尼挑战主流电影观念的一种方式。

帕索里尼试图用一种自然主义的手法呈现《十日谈》中描写的中世纪人们的日常生活画卷。影片几乎全部采用自然光照射，有很多处裸露镜头，甚至有几个生殖器的特写镜头。这类镜头并没有美化或者回避闪躲，只是很自然地呈现在观众面前，毫无保留地把生活的原貌摆在我们眼前，观众看到片中人做爱就像看到猫猫狗狗交配习以为常。虽然片中性爱暴力场面露骨，但由于影像出色，又合乎20世纪70年代的反叛精神，日常生活的活泼气息扑面而来。从这一点上看，帕索里尼希望还原《十日谈》所表现的中世纪日常生活原貌的初衷已经达到。电影界也对此表示认同，《十日谈》最终获得了第21届柏林国际电影节主竞赛单位金熊奖提名，并最终获得评审团特别奖。

《坎特伯雷故事集》
racconti di Canterbury，1972

《坎特伯雷故事集》是帕索里尼"生命三部曲"的第二部，取材于14世纪英国诗人乔叟的同名诗体小说集，由23篇相对独立的故事组成，在题材、结构上都与《十日谈》十分相似，同时又充满英国人特有的严谨而不失幽默的味道。《十日谈》电影的成功让帕索里尼尝到了甜头，也知道自己转向"世俗风情电影"的尝试是成功的。帕索里尼依然强调性爱是反抗宗教束缚、争取人性自由的武器，延续了电影《十日谈》中的创作风格，从而也是本片成为"生命三部曲"中最为胆大露骨的一部。

如果说《十日谈》选取的故事都质朴得几近恶俗，对性爱还有点遮掩，有一些温和的伤感，那在《坎特伯雷故事集》中，帕索里尼则选择的几乎都是难以被道德家认可的伤风败俗的故事，将恶俗进行到底，充满了讽刺和嘲弄。人性的阴暗、脆弱、贪婪和虚伪在这些故事中暴露无遗，穷奢极欲的领主在临死前娶了年轻美貌的妻子，最后疯狂了一把；三个去复仇的年轻人为了钱财不被独占，互相残杀全部毙命；小人告密同性恋，结果同性恋被火烤死在广场……

他还刻意安排了大量关于"屁"的故事，甚至直接让地狱中撒旦"放"出无数的教士，其鄙俗让人为之侧目掩鼻。在《坎特伯雷故事集》中，各种人物已不仅仅是自然世俗的小市民，即使帕索里尼最关爱的人物——那个卓别林风格的流浪汉,在他滑稽的外表下,也不再代表纯真善良,他体现的是真实而粗鄙的心态,正如他在电影中与众多裸女共舞的场面,其实正是广大小市民男人的梦想。

在《坎特伯雷故事集》中,没有谁是善的,也没有谁是恶的,每个人物都在自己的位置上达成了自己的心愿。老领主就是要找处女新娘,年轻新娘就是要偷情就是要欺骗,富婆就是要"霸占"年轻的学生,没有谁能得到怜悯和同情,也没有谁能逃脱指责和批评,所有人都是有罪的,所有人又都是被宽恕的。因为就他们自身来讲,他们的愿望都是正常而真实的。

帕索里尼刻意在电影中安排了《坎特伯雷故事集》的作者乔叟假装推动故事情节发展,但是又不曾给乔叟太多镜头,与上一部《十日谈》相比,由旁观者(大画家乔托的徒弟)改为故事的直接叙述者(乔叟),并由帕索里尼自己扮演,在影片中乔叟不时露出暧昧的微笑,充满讽刺意味。

《坎特伯雷故事集》大获成功,获得了第22届柏林国际电影节金熊奖。

《天方夜谭》
fiore delle mille e una notte,1974

《天方夜谭》是帕索里尼"生命三部曲"的最后一部,充满了中世纪异域风情。影片以正面肯定的方式对性爱民俗和同性恋加以描述,把阿拉伯民间故事集《天方夜谭》古老而传奇的故事搬上银幕。本片荣获1974年第27届戛纳电影节主竞赛单元评审会特别大奖，并入围1974年第27届戛纳电影节主竞赛单元金棕榈奖。

影片依照《天方夜谭》故事集的模式，以一个大故事带出若干小故事。

女奴苏玛洛在挑选主人的时候选了穷小子阿拉丁，教给他性爱的快乐，并给他讲了一个书上的故事：国王祭祀出游，国王的诗人弟弟找到三个少男寻找欢乐，国王和王后分别选中最美的少男和少女，想看看谁更美，不料他们同时陷入爱河。

奴隶主抢走了苏玛洛。一个中年女人为了得到阿拉丁，帮他找到苏玛洛，却被强盗劫走。苏玛洛用计逃脱，并被一个小城邦奉为国王，她一边寻找阿拉丁，一边报了仇。

阿拉丁先被两个修女掳走，又被一个女人雇去做工，女人向阿拉丁讲了个故事：所罗门王子塔尤索打猎时遇到一个年轻人，年轻人向他讲述了自己陷入狂爱最后才发现真爱就在身边的悲剧故事。塔尤索发现了公主的锦帕，决定放弃王子身份，去追求公主。

公主经常梦见雌鸟落入网内雄鸟独自飞走的梦境，对求婚的男人深恶痛绝。塔尤索买通园丁，雇人在园中作画。两个画匠向王子讲述了各自的故事：一个为救魔鬼劫掳的公主而被变成猩猩，在另一位公主舍身相救之下才恢复原貌；另一个在神的旨意下出海，毁灭了在海上制造灾难的"铜骑士"，却在神意指引下无意中杀掉无辜少年作为牺牲。塔尤索终于完成了花园的重建，公主见到比翼双飞的画面，心中的忧愁尽去，两人得享幸福。苏玛洛也找到了阿拉丁，阿拉丁在惊异之中见到国王脱下衣服变成自己的苏玛洛，两人历尽艰难终于幸福。

电影的结构一层层，就跟《天方夜谭》的原著故事一样，大故事套小故事。而且在一种梦幻的异国情调中，故事的穿插随意而轻松。经过了《十日谈》和《坎特伯雷故事集》的戏谑和恶俗，《天方夜谭》回归帕索里尼诗人般的气质，开始诗意的叙述以及对人类原始爱欲的赞美。这部电影中，全能的叙述视角取代了前两部影片中的旁观者和叙述者的视角，影片不再是讽刺意味的寓言故事，也不再是无善无恶的市井描绘，而是自然真实地呈现了中世纪的中东风情。帕索里尼在这部电影里把同志之爱推上神坛，影片中出现大量异性爱和同性爱的故事和段落，而且一反前两部影片中只呈现不批判的态度，而以热情洋溢的赞美和歌颂给予自然性爱以全部的热忱。

帕索里尼在影片中采用了大量的纪录片式镜头，再加上宏大的史诗构图，呈现出一部粗犷而又诗意的《天方夜谭》。为了揭示人类的本来面目，让一切变得原始而粗犷，剥离了复杂多余的附加物，电影反而变得更加深刻。

《索多玛的120天》
Salò o le 120 giornate di Sodoma，1976

在1975年，帕索里尼完成了自己最惊世骇俗的最后一部电影《索多玛的120天》，这部寓意反法西斯的影片改编自18世纪备受争议的法国作家萨德的小说，讲述了二战末在纳粹占领的意大利北部某城，四位高官以极其野蛮的方式性虐待和残杀十六对男女少年，而这一切的进行还有专门请来的钢琴师的伴奏。影片一经播放可说是令人目瞪口呆，此片在包括意大利的许多国家都被禁映。影片完成不久，皮埃尔·保罗·帕索里尼就离奇死亡，据报道是被曾和他有染的同性恋少年杀害，这部作品也成为他最后的绝唱。

影片所表现的背景也是墨索里尼统治下最臭名昭著的一段史实——"萨罗共和国"是第二次世界大战最后18个月中法西主义的最后堡垒，在这段统治期间，有7.2万人惨遭屠杀，4万人被截肢，大量的人被送入集中营，一大批妇女少年被奸污或鸡奸。

电影讲述的是北意大利纳兹，在纳粹占领期间，在远方隆隆的炮声中，几个当地政要开始了他们令人发指的暴虐独裁。他们首先绑架了十六对当地青年和富家女子，由三个风骚老女人带着持枪守卫在一所大别墅中对他们实行严格管理。在几个首脑之间，他们相互娶别人的女儿为妻，以维持他们秩序的纯洁与和谐。他们从众多俘虏而来的男孩、女孩中寻找着各自满意的欲望对象，而这些少男少女却没有一点权力表示反抗或者不满。几个法官、神父为首的权力人物，尽最大可能在这个欲望与权力被滥用的大别墅中实施自己所能制定出的荒唐暴虐的法度。在这个被隔离的世界里，男孩和女孩不仅是他们肉体的施虐对象，而且还要承受他们的精神虐待。这些可怜的孩子要随同这些权贵一起进行毫无廉耻的性行为，他们一起听各种猥琐故事，他们满足权力人物随时而起的欲望，他们被安排举行婚礼，他们一起食用粪便——甚至要求"自给自足"，他们被迫进行"最美丽臀部"的评选，他们最后还接受所有能够想象到的肉体伤害。

仅仅从剧情的描述就足以想象这部电影的暴力和性暴露程度，摄影机固定地记录城堡中发生的所有骇人事件，犹如不动声色的注视，纪录片式风格令影像内容更加让人不安。摄影机对暴行总保持一定的距离，或者让其发生在画面之外，让观众发挥想象力比直接展示更可怕。当影片结尾的大屠杀用距离感和无声强化效果时，画面的刺激性达到了触目惊心的顶峰。过于残酷和写实的拍摄手法使得这部电影直到今日仍是"世界十大禁片之首"。

这也许是人类历史上最变态的一部电影，也是一部深刻剖析人性之恶和政治之恶的影片，帕索里尼在影片中极力挖掘人内心的丑恶，肆意地谩骂、侮辱、虐待、强奸、鸡奸、鞭打、喝尿、吃大便、通奸、同性恋以及各种各样丧心病狂的极刑：用蜡烛烧男孩的阴茎和女孩的乳房、用烙铁烫胸部、割舌头、挖眼睛、剥头皮，甚至绞杀和乱枪射死等等。

作为诗人、剧作家、理论家、先锋小说家、色情期刊专栏作家，电影对于帕索里尼只是艺术表达方式的一种。他在处女作《乞丐》中就高声宣布："审判日来了！"而到最后一部作品《索多玛的120天》直接描绘可怕的地狱图景，14年电影之旅犹如一条毁灭之路，之前的"生命三部曲"中洋溢的享乐主义与对欲望的热烈讴歌似乎只是回光返照。